改訂版

税理士のための
介護事業所の
会計　税務
経営サポート

著
藤尾智之
税理士

第一法規

改訂版　はしがき

　平成12年（2000年）4月にスタートした介護保険制度も令和3年（2021年）3月で21年が経過しました。団塊の世代はすでにリタイア世代となり、今後介護保険を利用していく後期高齢者となっていきます。その一方で、介護保険は次の20年を見据えています。その20年とは、団塊ジュニア世代がリタイアに向かっていく20年後のことです。これまで支える一方であった団塊ジュニア世代が支えられる側になると、供給される介護量は足りるのか、介護保険財源は持つのか等、課題は山積みです。

　多くの課題を解決するために、令和3年4月から介護保険が改正されました。この改正はもちろん序章であって、今後数度にわたって改正されていきます。令和3年度改正のポイントとして注目されるのは介護データベースの整備です。LIFEと呼ばれるビッグデータを収集し分析するデータベース作りが進められます。データベースは、実際に提供された介護サービスの中から、優良な介護サービスを抽出するのに役立ちます。これらは、今後科学的介護やアウトカム評価に利用されていきます。

　もう1つのポイントは業務継続計画（BCP）です。新型コロナウィルスは介護事業に大きな影響を与えています。感染症のほかに、昨今大きな被害が目立つようになった自然災害も、介護事業所にとって無視できない存在です。しかし、介護事業所は、要介護者のほか、家族や地域を支える上でなくてはならない社会インフラとなっているにも関わらず、感染症や自然災害の発生に対する準備や検討等の備えが後手となっています。これを改善させるため、BCPを作成し、日ごろから訓練を実施することになったのです。

　ところが、介護事業所は慢性的な人手不足問題に直面しています。明日の事業継続にさえ四苦八苦している状況です。データベースやBCPといった将来のことは考えられないかもしれません。これでは長期的な視野を持った経営はできません。そこで、私たち税理士の出番がくるのではな

いでしょうか。

　改訂版では、介護職員の処遇を改善させるための施策として導入された介護職員処遇改善加算のほか、令和元年（2019年）10月に導入された介護職員等特定処遇改善加算、今後ますます期待される共生型サービスについての説明を新たに加え、令和3年度の介護保険法、介護報酬の改定についても解説を行いました。そのほか、最新の介護経営データへ更新しています。1人でも多くの税理士が、1社でも多くの介護事業所の経営サポートを行うことができれば、健全な経営を行う介護事業所がそれだけ増えていきます。本書がその経営サポートを行う際の一助になれば幸いです。

2021年5月

藤尾　智之

はじめに

　平成 12（2000）年 4 月に始まった介護保険制度は、平成 30（2018）年
4 月には 19 年目を迎えます。家庭内での介護を社会で支え合う介護へと
変えたこの介護保険制度は、民間企業の参入によって平成 28（2016）年
には 10 兆円という大きなマーケットに成長しました。平成 37（2025）年
には 20 兆円規模になるものと見込まれています。

　マーケットの拡大も魅力的ですが、今後 40 年間、業界の存続が見通せ
るというのも介護ビジネスが期待される理由です。日本の人口が減少して
いく中で、団塊の世代、団塊世代ジュニアが消費者として控えています。
しかし、喜んでばかりはいられません。介護報酬の削減による売上の減
少、慢性的な人手不足、遅れている生産性の向上が常に課題としてありま
す。さらに、刻々と変わっていく介護保険制度、共生社会としての介護分
野と障害分野との融合、在宅生活を支えるための医療との連携と、やるべ
きことは山積みです。

　こういった課題や問題を抱えている介護事業所に対して、従来の会計事
務所サービスを提供しているだけでは、介護事業所は満足してくれないの
ではないかと私は思います。私自身、特別養護老人ホームの事務長を務め
ていたころに、会計や税務の問題は自分で調べれば解決できるが、経営に
ついては外部の意見が重要だと感じていました。特に俯瞰的に経営状態を
見て、適確な助言をくれる専門家がいてくれれば安心です。

　実際に私が税理士変更していただいた介護事業所から、税理士さんから
こういった経営のアドバイスが欲しかったと言われることがあります。従
来の記帳代行業務、税務申告書作成という業務だけでは、介護事業所から
物足りないと思われるような時代になっているのです。他の会計事務所や
税理士と差別化を図るうえでも、経営サポートは重要だと思います。

　介護業界、とりわけ介護保険は、専門用語や独特の仕組み、ならわしも
多く、わかりにくい点が多いことは否めません。しかし、経営者とともに

課題を解決していくためには、介護保険の仕組みや用語の理解は必要なことです。もちろん、全部の知識を頭に入れてからスタートする必要はなく、徐々に理解していけば大丈夫です。介護事業所の方と会う機会があったら、その事業所が扱っている介護サービスはどういうものなのかを、まずは本書で調べてみてください。

　経営者の夢や悩みに寄り添い、課題を一緒に考えて解決していく経営サポートこそ、介護事業所が本当に求めているサービスだと思います。新たな事業の柱として、介護事業所への経営サポートにチャレンジしてみませんか。

2017 年 12 月

藤尾　智之

第2章 ▶▶介護業界の動向

第3章 ▶ ▶ 会計上の留意点

第4章▶▶税務上の留意点

第5章▶▶経営サポート

参考資料

著者プロフィール

第1章 介護業界の基礎知識

1 介護とは何？ 介護施設とは何？ という問いに回答できますか？

　介護とは、何ですか？

　介護施設とは、何ですか？

　いきなり質問されたら戸惑う方のほうが多いと思います。介護とは、「食事・トイレ・食事介助です」、介護施設とは、「介護サービスを提供しているところです」と答えられる方がいたら、まだましかもしれません。ただし、「介護とは？」という問いかけに対して上記のように回答してしまっては、介護の表面しかとらえていないと思われてしまいます。介護施設をクライアントにしようとするのなら、少し自分の答えを持ち合わせておいたほうがよいと思います。

　「介護とは？」の答えには、もちろん正解はありません。ただ、介護を事業所と利用者のどちらの視点で回答すべきかといえば、利用者の視点で答えたほうが自然な回答になります。私が「介護とは？」と問われたら、「利用者のやりたいこと、したいことが実現できるように自立を支援する仕事です」と答えます。「やりたいこと」「したいこと」とは、例えば、お孫さんに会いたい、もう一度温泉に入りたい等、利用者や家族が諦めてしまっている夢や希望です。これらの実現のために、介護スタッフ等介護施設の職員が自立支援を行います。最初の「介護とは？」への回答は、すなわち「自立支援についての具体的支援方法にはどんなものがありますか？」という問いへの回答になります。

　ビジネスの世界でも、目的と手段がわからなくなっている時がありませんか？　「税理士とは何ですか？税理士業務とは何ですか？」と置き換えて考えてみると理解しやすいかもしれません。「税理士業務とは何ですか？」という問いに対して、「申告書を作ったり、税務相談にのったりするのが税理士業務です」という回答は、サービス手段の具体的例示であって、本来は、「正しい納税の支援が税理士業務です」という回答になると

思います。まさに介護サービスや税理士業務は、無形サービスのため、見た目が答えとなりやすい共通項を持っています。

　もう1つの質問である、「介護施設とは？」への回答は、「自立支援サービスを提供する場所」となります。介護サービスを行う場所と回答すると、食事介助・トイレの介助や入浴介助が真っ先に浮かんでしまいがちですが、見守りや傾聴といった精神面でのサービスもあるので、総括的に自立支援サービスを提供する場所としたほうがしっくりきます。ただし、狭義では、また別の意味合いになりますので、後述いたします。

　介護保険法第1条では、介護保険法の目的が規定されています。この条文を引用すると、介護サービスは、「要介護状態となり、入浴、排せつ、食事等の介護、機能訓練並びに看護及び療養上の管理その他の医療を要する者等について、これらの者が尊厳を保持し、その有する能力に応じ自立した日常生活を営むことができるよう」に行う「必要な保健医療サービス及び福祉サービス」となります。

知っておきたい　介護用語　送迎

　通所系のサービスを利用する場合に、自宅と介護事業所の片道や往復を自動車で送り迎えすることです。送迎にかかる報酬は、基本報酬に含まれています。利用者によっては歩いて通所される方もいらっしゃいます。その場合、送迎なし減算として報酬が少なくなります。例えばデイサービスの片道の送迎減算は47単位（およそ470円）です。

2 介護サービスとは

　介護サービスは、要介護又は要支援状態にある方に対して行われる自立支援を目的とした介助です。入所して受ける介護サービスと自宅で受ける介護サービスに分けられます。入所の場合は、数か月から数年単位で施設に入所しながら24時間365日の介護を受けることができます。自宅の場合は、自宅にいながら受ける場合と自宅から通って受ける場合とに分けられます。

　入所の場合は、定員の問題からすぐに入所できるとは限りません。そのため順番待ちをしながら自宅で訪問介護を受けたり、自宅から通ってデイサービスを利用したりするケースが多く見受けられます。

　介護サービスを受けるためには、ケアプランが必要となります。入所の場合は、入所した施設の介護支援専門員（ケアマネジャー）が作成し、自宅の場合は、居宅介護支援事業所と呼ばれるケアプラン作成を専門とする事業所にいる介護支援専門員にケアプランを作成してもらってから介護サービスを利用します。

　介護保険の介護サービスは厚生労働省が決めているので、介護事業所が

知っておきたい 介護用語　介福（かいふく）

　介護福祉士のことです。介護福祉士とは、社会福祉士及び介護福祉士法により定められた介護・福祉分野の国家資格です。介護サービスによっては、介護福祉士が一定割合以上勤務する場合に加算（例：サービス提供体制強化加算）を請求できます。そのため、ヘルパー資格よりも好条件で採用されます。

独自にサービスを作って提供することはできません。保険で決められた単価で決められたとおりに提供しなければいけません。そのため、介護保険市場は官製マーケットともいえます。報酬が高ければ安定した事業となる反面、報酬が大きく下げられると赤字に転落しやすいともいえます。

　税理士はすべての介護サービスを網羅する必要はなく、クライアントが提供している介護サービスについて知っておけば良いと思います。なお、介護サービスはこの第1章で1つ1つ見ていきますが、多くの介護サービスについてグルーピングできるので、傾向を知っておくことができます。

3　介護事業について

　介護事業は、2つに区分されます。介護保険法の運営基準をクリアした介護保険事業（介護保険サービス）と、介護保険の枠の中に入らない自費サービス事業（介護保険外サービス）です。後者の自費サービス事業（介護保険外サービス）を行う事業所（例えば、買い物代行サービスや自宅の清掃サービス）は、一般のサービス事業者となんら変わりはありません。自費サービスを行う事業所の顧問をする場合は、通常の事業会社と同様にお付き合いしてください。

知っておきたい 介護用語　疥癬（かいせん）

　疥癬とは、ヒゼンダニが皮膚の最外層である角質層に寄生し、人から人へ感染する疾患です。介護事業所の場合は、介護職員が媒介して他の利用者や職員にうつしてしまいます。感染するとかゆみが出ます。飲み薬や塗り薬で治療します。

　一方、前者の介護保険法の運営基準をクリアした介護保険事業（介護保険サービス）は通常の事業会社とは異なります。理由は、公的保険制度を使ったサービスを提供するため、法律の規制を受けるからです。規制は大きく２つに分けられます。ハード面の規制とソフト面の規制です。ハード面の規制とは、体制です。具体的には人員や資格、設備です。ソフト面は介護サービスです。人員や設備は有形なので目で見てわかりますが、介護サービスは無形のため、細心の注意が必要です。良かれと思ってやった介護サービスが不適切とされてしまうと、せっかくもらった報酬を返還しなくてはいけなくなります。

　例えば、訪問介護で同居家族がいるにもかかわらず、利用者宅のトイレを掃除してしまうと不適切なサービスとなります。普通のサービス業だとおまけでプラスアルファのサービスを提供しても怒られませんが、介護保険サービスでは、よくも余計なサービス（不適切なサービス）をしたなということになるのです。それでも、ヘルパーが利用者の家を訪問した時にトイレが汚れていたら掃除してあげたくなります。介護保険制度でやってはいけないという縛りと、ヘルパーとしてやってあげたい気持ちとのはざまに葛藤があると思います。

　このように、介護保険事業は独特の世界観を持っています。そのため、税理士として、介護事業所をクライアントとする前に、介護保険制度の基本的な仕組みを理解しておくと、より良いパートナーになれると思います。

4　サービスのグルーピング

　介護事業は、いくつかのサービスグループに分けることができます。①訪問○○サービス、②通所○○サービス、③○○施設、④その他です。①から③で７割くらいのサービスを押さえられます。

それでは、次に、○○に入る言葉に着目します。

① 訪問○○サービス

訪問○○サービスは、利用者の自宅に「訪問」して行う介護サービスです。

訪問○○の場合、訪問介護、訪問看護、訪問入浴、訪問リハビリテーションが代表的な介護サービスです。○○の部分から、介護はヘルパーが、看護は看護職が、リハビリテーションはリハビリ職が訪問するイメージが湧くと思います。実際もその通りです。訪問入浴は、看護職とヘルパーが訪問します。

② 通所○○サービス

通所○○サービスは、利用者が事業所に「通所」して受ける介護サービスです。

通所○○の場合、通所介護、通所リハビリテーションが代表的な介護サービスです。通所介護は、通所して介護サービスを受け、通所リハビリテーションは通所してリハビリを受けるというイメージが湧くと思います。ただし、この2つの通所サービスについては名称こそ違いますが、内容は非常に似通っています。通所介護でもリハビリテーションを受けますし、通所リハビリテーションでも入浴や食事の介助が受けられます。

③ ○○施設

○○施設は、利用者が「施設」に入所して受ける介護サービスです。

○○施設の場合、令和3年1月1日現在で、介護老人福祉施設、介護老人保健施設、介護療養型医療施設、介護医療院の4つのタイプがあります。なお、介護療養型医療施設は廃止が決まっていて、令和6年3月末までに介護医療院へ移行しなければいけません。4つとも入所して介護サービスを受けます。介護老人福祉施設→介護老人保健施設→介護療養型医療

施設と右に移動するにつれて、医療への依存度が高くなります。なお、介護医療院は3つの区分が設けられていて、従来の介護療養型医療施設相当（介護医療院（Ⅰ型））、介護老人保健施設相当（介護医療院（Ⅱ型））、有料老人ホーム相当（医療外付け型）の基準があります。介護医療院だから医療の依存度が高いというわけではありません。

　わかりやすい例では、介護老人福祉施設にはめったに常勤医師はいません。1週間に1度、嘱託医が利用者の健診を行う程度です。介護老人福祉施設は、あくまでも生活の場所です。

　介護老人保健施設及び介護医療院（Ⅱ型）は、原則として常勤医師が1名います。介護老人保健施設はリハビリテーションを行い自宅に戻るためのリハビリの場所です。

　介護療養型医療施設及び介護医療院（Ⅰ型）は、所属医師は複数名と

知っておきたい 介護用語　在宅療養支援診療所

　自宅に往診してくれる診療所です。24時間365日体制となっており、夜間でも診療所の職員と連絡がとれるようになっています。緊急時には、他の医療機関と連携して対応できるため、その地域で主たる責任を持って診療にあたる診療所となっています。

知っておきたい 介護用語　訪看（ほうかん）

　訪問看護の略称で、訪問介護事業所のことです。医療系の介護保険サービスです。看護師等が自宅に訪問して利用者の療養生活のケアや診療の補助を行います。介護保険のほかに医療保険の訪問看護が行えます。自費での訪問看護も利用可能で、介護保険の枠を超えて利用する終末ケアを行う場合等に利用されます。

なっています。これらの施設は、医療の必要性が高い方に医療と介護の
サービスを提供する場所です。そのため、実質的には病院・診療所と同等
です。

④その他

　グループに入らなかった残りの3割は、訪問○○、通所○○、○○施設
以外です。例えば、福祉用具の貸与、泊り、通い、訪問のサービスが一緒
になった小規模多機能型居宅介護などです。

5　介護サービスの名称

　ところで、同じ介護サービスであるにもかかわらず、呼び名が複数ある
ことにお気づきでしょうか。

　例えば、すぐに思いつくだけでも下記の5つがあります。

　ショートステイ＝短期入所生活介護＝老人短期入所事業

　デイサービス＝通所介護

　デイケア＝通所リハビリテーション

　特別養護老人ホーム＝介護老人福祉施設

　認知症対応型共同生活介護＝グループホーム

　老人短期入所事業は、老人福祉法第5条の2第4項で定義されている
サービスです。一方で、介護保険法第8条第9項では短期入所生活介護と
定義されています。実は、ショートステイという呼び方は通称です。介護
業界では、ほぼショートステイと呼んでいます。契約書など正式な文章作
成のところで、短期入所生活介護が出てくるくらいです。

　デイサービスは、老人福祉法第20条の2の2で定義されているサービ
スです。一方で、介護保険法第8条第7項で通所介護と定義されていま
す。法律によって呼び方が違うだけで、実態は同じです。介護業界では、

もっぱらデイサービスと呼んでいます。ただし、通所事業と呼ぶ人もいますので、両方を知っておくとよいと思います。

　特別養護老人ホームは、老人福祉法第20条の5で定義され、介護老人福祉施設は、介護保険法第8条第27項で定義されている名称です。ほとんどの場合で特別養護老人ホーム、または、「特養」と略して呼称されます。契約書など正式な文章作成のところで、介護老人福祉施設が出てくるくらいです。

　認知症対応型共同生活介護は、老人福祉法第10条の4第1項第5号で

知っておきたい 介護用語　加算

　基本報酬のほかに、事業所の努力によって得られるプラスアルファの報酬です。介護サービスの種類ごとに規定されています。例えば、デイサービスでは、介護福祉士が一定割合以上勤務する場合のサービス提供体制強化加算、特別養護老人ホームでは、看護師を人員配置基準より多く配置する場合の看護体制加算、介護サービス共通の介護職員の給与を上げるための介護職員処遇改善加算等があります。

知っておきたい 介護用語　減算

　基本報酬の他に、何らかの理由によって自ら報酬を下げることをいいます。原因としては、定員を超過して介護サービスを提供したり適切な職員が配置できなかった場合などがあり、自主的に報酬を減らして対応します。ただし、「自主的」だからと減算の申出を怠ると、実地指導で指摘を受けた場合に、報酬の返還に加えて指定取消等の大きなペナルティに発展する可能性もあります。正直に行うことが望ましいです。

定義され、また、介護保険法第 8 条第 20 項で定義されている名称です。そのため、グループホームという名称は通称となります。ただし介護業界では、ほぼグループホームという名称で呼び、認知症対応型共同生活介護は、やはり正式な書類の時くらいしか使いません。

　さらに、デイケアという名称も通称です。通所リハビリテーションは介護保険法第 8 条第 8 項で定義されている名称となっています（老人福祉法では、通所リハビリテーションについての定義はありません）。

　実際に経営者やスタッフは、いつも使用している名称が、通称なのか法律上の正式な名称なのかは気にしていないと思います。カタカナの名称を

知っておきたい 介護用語　ソフト食

　一般の方が食べる食事の形態を普通食といい、嚥下（飲み込むこと）や咀嚼（噛むこと）が難しい方に対しては、食材を刻んだり、ミキサーにかけて流動化したりと食べやすい形状にします。しかし、刻んでしまうと食べ物がぼろぼろになって食欲が湧かなかったり、流動化してしまうと飲むことになり食べた感じがしなかったりと、食事とならない場合があります。そのため、見た目はその食材そのままのようにゼリー状で復元し、一方で舌でつぶせるような柔らかさを保った食事をソフト食といいます。

知っておきたい 介護用語　ミキサー食

　嚥下や咀嚼が難しく普通食を召し上がれない方に対して提供される食事の形態をいいます。食材ごとにミキサーにかけて流動化させます。ペースト食ともいいます。形がないため元が何かわからなく、色だけの違いになるので、食欲が湧きにくいことがあります。

みんなが使っているので、そのまま使用しているに過ぎません。クライアントとの経営相談において、いったいどの名称で会話が始まるかわかりませんので、双方の関係を知っておくと焦らなくてすむと思います。

6　施設サービスと在宅サービス

　この両者の違いはそれほど難しくはなく、介護老人福祉施設、介護老人保健施設、介護療養型医療施設及び介護医療院が行うサービスを施設サービスと呼び、その他のサービス事業所が行うサービスを在宅サービスと呼びます。また、クライアントとなる対象は、介護老人福祉施設が圧倒的に多く、介護老人保健施設、介護療養型医療施設及び介護医療院は医療法人が運営している場合が多いため、クライアントにはなりにくいかもしれません。

（単位：事業所）

	平成 24 年	平成 25 年	平成 26 年	平成 27 年
介護老人福祉施設	6,590	6,754	7,249	7,551
介護老人保健施設	3,931	3,993,	4,096	4,189
介護療養型医療施設	1,759	1,647	1,520	1,423
	平成 28 年	平成 29 年	平成 30 年	令和元年 （平成 31 年）
介護老人福祉施設	7,705	7,891	8,097	8,234
介護老人保健施設	4,241	4,322	4,335	4,337
介護療養型医療施設	1,324	1,196	1,026	833
介護医療院	0	0	62	245

出典：厚生労働省　平成 24 年〜令和元年介護サービス施設・事業所調査の概況「基本票編　施設・事業所の状況（1）施設・事業所数」より引用

	社会福祉法人	医療法人	その他
介護老人福祉施設	95.2%	―	4.8%
介護老人保健施設	15.3%	75.3%	9.4%
介護療養型医療施設	0.7%	83.2%	16.1%
介護医療院	1.9%	92.3%	5.8%

出典：厚生労働省　令和元年介護サービス施設・事業所調査の概況「結果の概要　1
施設・事業所の状況　(4) 開設（経営）主体別施設・事業所の状況」より引用

　施設の推移の表をみると、介護療養型医療施設だけ減少しています。実
は、平成18年に厚生労働省は、この介護療養型医療施設を平成23年度末
に廃止すると決定していました。理由はコスト高です。ところがなかなか
減少スピードが加速せず依然として800を超える施設が存在していたため

知っておきたい 介護用語　嚥下（えんげ）

　嚥下とは、食べ物を飲み込むことです。高齢者がお餅を詰まらせやす
いのは、飲み込みがうまくできなくなるからです。また、誤って飲
み込んで気道に食べ物が入ってしまうこともあります。

知っておきたい 介護用語　誤嚥（ごえん）

　食べ物や飲み物を誤って飲み込んでしまい、気道に入れてしまうこ
とをいいます。私たちは、飲み込みがうまくできなかった場合は、せ
きこみ、むせるといった反射行動で気道に入らないように対応できま
すが、高齢者の場合はそういった反射行動が起きずに気道に入ってし
まうことがあります。この場合、誤嚥性肺炎という病気になって、亡
くなることもあります。

（令和元年 10 月 1 日時点）、令和 6 年 3 月末まで廃止の期限を延長しています。

7　介護施設、介護事業所とは

　一般的に介護施設と呼んだほうがよいのか、介護事業所と呼んだほうがよいのか迷うことがあります。施設だと建物がある場合が該当するのか、訪問介護や居宅介護支援事業所のように事務所の場合は、介護事業所なのか、と曖昧な定義となってしまいます。

　実は、厚生労働省では、介護老人福祉施設、介護老人保健施設、介護療養型医療施設及び介護医療院を「介護施設」と呼び、その他の介護サービスを行う事業者を「介護事業所」と呼ぶようです。私も介護施設と介護事業所の呼び分けはほぼこの通りにしています。また、介護事業者と呼ぶこともあります。こちらについては、施設・事業所を総括した名称と考えていれば結構です。本書では介護施設・介護事業所を合わせて介護事業所と呼ぶことにします。

　介護老人福祉施設の運営者は、社会福祉法人と地方公共団体に限られて

知っておきたい 介護用語　臥床（がしょう）

　臥床とは、横たわることをいいます。寝ることと考えれば良いでしょう。介護記録では、「〇時に臥床」と記載されます。似た言葉で就寝があります。臥床と就寝を区別して使う場合、同じ意味で使う場合と事業所によって異なりますので、耳にした時に確認してみることで理解が深まると思います。

おり、介護老人保健施設、介護療養型医療施設及び介護医療院の運営者は、一般的に社会福祉法人、地方公共団体、医療法人に限られています。これ以外の介護事業所にはこうした制限はなく、株式会社、合同会社、一般社団法人、NPO 法人など、さまざまな運営者が介護事業を行っています。

8 施設サービスと居宅サービス

　介護保険サービスの中では、介護施設で提供するサービスを施設サービスと呼び、介護施設以外で提供するサービスを居宅サービスと呼んで区別しています。つまり、前頁で「介護施設」とした介護老人福祉施設、介護老人保健施設、介護療養型医療施設及び介護医療院で提供されるサービスが、施設サービスです。

　ただし、居宅サービスの中に、施設サービスと同じように利用者が入所し、介護サービスを提供するものがあります。有料老人ホームやサービス付高齢者住宅、グループホームなどです。これらも実質的には施設サービ

知っておきたい 介護用語 自立支援

　自立とは、人に頼らず自分で考えたり行動したりすることです。高齢者に限らず、身体や精神の老いや障害等により 1 人でできないことが出てきます。この場合、できないところだけを支援してあげて、その他の部分はその方に自分で行ってもらうことで自立につなげるという考え方です。なんでもやってあげるという介護過多、支援過多にならないように距離を保って接することが実は難しいことです。

スのように思えますが、あくまで介護保険の中では「施設」とは上記の4施設のみを指しますので、合点がいかないとは思いますが、居宅サービスとして理解してください。

9　要介護者と要支援者

次の状態を要介護状態といいます。

（介護保険法第7条第1項）

　この法律において「要介護状態」とは、身体上又は精神上の障害があるために、入浴、排せつ、食事等の日常生活における基本的な動作の全部又は一部について、厚生労働省令で定める期間にわたり継続して、常時介護を要すると見込まれる状態であって、その介護の必要の程度に応じて厚生労働省令で定める区分（以下「要介護状態区分」という。）のいずれかに該当するもの（要支援状態に該当するものを除く。）をいう。

そして、次の方を要介護者といいます。

（介護保険法第7条第3項）

一　要介護状態にある65歳以上の者

二　要介護状態にある40歳以上65歳未満の者であって、その要介護状態の原因である身体上又は精神上の障害が加齢に伴って生ずる心身の変化に起因する疾病であって政令で定めるもの（以下「特定疾病」という。）によって生じたものであるもの

　※政令で定めるもの（特定疾病）：施行令第2条

　かみ砕いて説明すると、要介護者とは、原則65歳以上の方で身体や精

神上の障害を持っており生活をしていくうえで介護サービスを必要とする方です。40歳以上65歳未満の方も例外的に該当しますが、その割合は認定者658万人のうちわずか13万人（1.9％）です（厚生労働省「平成30年度　介護保険事業状況報告（年報)」）。

　一方、次の状態を要支援状態といいます。

（介護保険法第7条第2項）
　この法律において「要支援状態」とは、身体上若しくは精神上の障害があるために入浴、排せつ、食事等の日常生活における基本的な動作の全部若しくは一部について厚生労働省令で定める期間にわたり継続して常時介護を要する状態の軽減若しくは悪化の防止に特に資する支援を要すると見込まれ、又は身体上若しくは精神上の障害があるために厚生労働省令で定める期間にわたり継続して日常生活を営むのに支障があると見込まれる状態であって、支援の必要の程度に応じて厚生労働省令で定める区分（以下「要支援状態区分」という。）のいずれかに該当するものをいう。

そして、次の方を要支援者といいます。

（介護保険法第7条第4項）
一　要支援状態にある65歳以上の者
二　要支援状態にある40歳以上65歳未満の者であって、その要支援状態の原因である身体上又は精神上の障害が特定疾病によって生じたものであるもの
　　※政令で定めるもの（特定疾病）：施行令第2条

　こちらもかみ砕いて説明すると、要支援者とは、原則65歳以上の方でこのまま何もしないで暮らし続けると介護が必要になる方です。40歳以上65歳未満の方も例外的に該当しますが、その割合は認定者658万人のうち185万人（28.2％）です（厚生労働省「平成30年度　介護保険事業

状況報告（年報）」）。

　実際に介護サービスを受ける対象となるのは、どのような方たちなのでしょう。静岡県静岡市が公表している「要介護度別の状態区分」がわかりやすくまとまっていますので引用します。

知っておきたい介護用語　記録（きろく）

　介護事業所では様々な書類を整備しており、それを作成することをいいます。介護記録、看護記録、機能訓練記録、生活相談記録のように職種で作成するものの他に、身体拘束の記録、苦情の記録、事故の記録のような事業所の記録もあります。紙の記録が多い状況のため、ICT の導入が求められています。

知っておきたい介護用語　日誌

　利用者の生活や利用の様子を書き込んだ記録です。利用者一人ずつの記録となっていて、勤務に入る前に読んで、利用者の状況を把握します。熱がある、血圧が高い、食欲がない、トイレの回数等の情報は介護サービスを提供する上で重要です。また、病気の場合にもそれまでの生活記録として参照されます。利用者の家族によっては、普段どのように過ごしているか質問してくる場合もあるので、この日誌を使って説明します。

状態区分	各状態区分の平均的な状態
要支援1	①居室の掃除や身の回りの世話の一部に何らかの介助（見守りや手助け）を必要とする。 ②立ち上がりや片足での立位保持などの複雑な動作に何らかの支えを必要とすることがある。 ③排泄や食事はほとんど自分ひとりでできる。
要支援2	①見だしなみや居室の掃除などの身の回りの世話に何らかの介助（見守りや手助け）を必要とする。 ②立ち上がりや片足での立位保持などの複雑な動作に何らかの支えを必要とする。 ③歩行や両足での立位保持などの移動の動作に何らかの支えを必要とすることがある。 ④排泄や食事はほとんど自分ひとりでできる。
要介護1	①〜④は、要支援2に同じ。 ⑤問題行動や理解低下がみられることがある。
要介護2	①見だしなみや居室の掃除などの身の回りの世話の全般に何らかの介助（見守りや手助け）を必要とする。 ②立ち上がりや片足での立位保持などの複雑な動作に何らかの支えを必要とする。 ③歩行や両足での立位保持などの移動の動作に何らかの支えを必要とする。 ④排泄や食事に何らかの介助（見守りや手助け）を必要とすることがある。 ⑤問題行動や理解低下がみられることがある。
要介護3	①見だしなみや居室の掃除などの身の回りの世話が自分ひとりでできない。 ②立ち上がりや片足での立位保持などの複雑な動作が自分ひとりでできない。 ③歩行や両足での立位保持などの移動の動作が自分でできないことがある。 ④排泄が自分ひとりでできない。 ⑤いくつかの問題行動や全般的な理解の低下がみられることがある。
要介護4	①見だしなみや居室の掃除などの身の回りの世話がほとんどできない。 ②立ち上がりや片足での立位保持などの複雑な動作がほとんどできない。 ③歩行や両足での立位保持などの移動の動作が自分ひとりではできない。 ④排泄がほとんどできない。 ⑤多くの問題行動や全般的な理解の低下がみられることがある。

要介護5	①見だしなみや居室の掃除などの身の回りの世話がほとんどできない。 ②立ち上がりや片足での立位保持などの複雑な動作がほとんどできない。 ③歩行や両足での立位保持などの移動の動作がほとんどできない。 ④排泄や食事がほとんどできない。 ⑤多くの問題行動や全般的な理解の低下がみられることがある。

　要支援から要介護度が高くなるにつれて、できないことが増えてきます。なお、この要支援、要介護度と認知症の度合いは結びつきません。要介護度が高いから必ず認知症を患っているということはありません。逆に要介護度が2にもかかわらずランク（次項参照）の高い状態の認知症を患っている方もいらっしゃいます。

　介護報酬は、要介護度に応じて点数が高くなる仕組みですが、認知症状の高い方を受け入れたからといって基本報酬が高くはなりません。このあたりも実際の介護現場の大変さが報酬に反映されていない部分です。

10 認知症とは

　定義については、厚生労働省の「知ることからはじめよう　みんなのメンタルヘルス総合サイト」より引用します。

　　認知症とは「生後いったん正常に発達した種々の精神機能が慢性的に減退・消失することで、日常生活・社会生活を営めない状態」をいいます。

　そして、認知症の判定基準として用いられているのが、厚生労働省による「認知症高齢者の日常生活自立度判定基準」です。

ランク	判断基準	見られる症状・行動の例
Ⅰ	何らかの認知症を有するが、日常生活は家庭内及び社会的にほぼ自立している。	
Ⅱ	日常生活に支障を来たすような症状・行動や意思疎通の困難さが多少見られても、誰かが注意していれば自立できる。	
Ⅱa	家庭外で上記Ⅱの状態が見られる。	たびたび道に迷うとか、買物や事務、金銭管理などそれまでできたことにミスが目立つ等
Ⅱb	家庭内でも上記Ⅱの状態が見られる。	服薬管理ができない、電話の応対や訪問者との対応など一人で留守番ができない等
Ⅲ	日常生活に支障を来たすような症状・行動や意思疎通の困難さが見られ、介護を必要とする。	
Ⅲa	日中を中心として上記Ⅲの状態が見られる。	着替え、食事、排便・排尿が上手にできない・時間がかかる。やたらに物を口に入れる、物を拾い集める、徘徊、失禁、大声・奇声をあげる、火の不始末、不潔行為、性的異常行為等
Ⅲb	夜間を中心として上記Ⅲの状態が見られる。	ランクⅢaに同じ
Ⅳ	日常生活に支障を来たすような症状・行動や意思疎通の困難さが頻繁に見られ、常に介護を必要とする。	ランクⅢに同じ
M	著しい精神症状や周辺症状あるいは重篤な身体疾患が見られ、専門医療を必要とする。	せん妄、妄想、興奮、自傷・他害等の精神症状や精神症状に起因する問題行動が継続する状態等

出典：「『認知症高齢者の日常生活自立度判定基準』の活用について」（平成18年4月3日老発第0403003号）

11 介護サービスの種類とその特徴

　前項までは、介護サービスを知る前に、介護サービスが必要なのはどのような人で、どのような自立支援が必要なのかをご説明しました。ここからは、どのような介護サービスがあるかについて確認していきます。

　介護保険では、令和3年1月現在で、介護サービス及び介護予防サービスとして42種類のサービスがあります。介護予防とは、要介護状態にならないように予防する目的のサービスです。この介護予防サービスは、介護保険の中にも介護予防・日常生活支援総合事業の中にもあるため非常にわかりにくくなっています。理由は、制度改定の過渡期にあるからです。厚生労働省は、介護予防サービスを徐々に介護保険から日常生活支援総合事業へシフトさせたいと考えています。

　次に掲げる（1）〜（6）が介護保険のサービスです。（7）は市区町村のサービスです。

（1）訪問型サービス

　専門職員が自宅を訪問してサービスを提供するため、訪問型サービスと呼ばれます。

　サービス提供時間は、1回あたり15分〜1時間程度です。サービス提供回数は、1日1回というものから1日4〜5回というものまであります。サービスの名称及び詳細は次の通りです。

サービス名	訪問介護
概要	自宅で利用できる介護サービス
詳細	ヘルパー資格を持つ訪問介護員が利用者の自宅を訪問して、身体介護サービスと生活援助サービスを行う。 身体介護サービスは利用者の身体に直接触れる介護サービスで、日常生活動作を中心とした自立支援のためのサービス。

	生活援助サービスは身体介護サービス以外の介護サービスで、家事援助とも言われる。例えば掃除、洗濯、調理など日常生活上の援助。
対象者	要介護 1 以上の認定を受けた方
主なサービスの内容	・入浴介助、排せつ介助、食事介助等の介護（身体介護）サービス ・掃除、洗濯、調理等の家事支援（生活援助）サービス ・生活等に関する相談及び助言

サービス名	訪問看護
概要	自宅での療養生活を支える看護サービス
詳細	医師の指示に基づいて、看護師等が利用者の自宅を訪問して、健康チェックや療養上の支援等を行うサービス。
対象者	要介護 1 以上の認定を受けた方
主なサービスの内容	・病状・障害の観察、健康管理、医師への連絡や報告 ・褥瘡（床ずれ）処置等の医療的ケア ・薬の飲み方指導や管理 ・生活等に関する相談及び助言 ・ターミナル（終末期）ケア

サービス名	夜間対応型訪問介護
概要	夜間帯に定期巡回を行う訪問介護サービス
詳細	夜間帯に行う定期巡回訪問介護サービスがメイン。 利用者から連絡があった場合に随時訪問したり、オペレーターと電話相談したりできるサービスが組み込まれる。
対象者	要介護 1 以上の認定を受けた方
主なサービスの内容	・訪問介護の内容と同じであるが、夜間帯の対応となることから、床ずれ防止の体位変換やおむつ交換等の身体介護がメインとなる。

サービス名	看護小規模多機能型居宅介護（複合型サービス）
概要	デイサービスを中心として、必要に応じてショートステイや訪問介護サービス・訪問看護サービスを受けられる介護サービス

詳細	小規模多機能型居宅介護と訪問看護を組み合わせて提供するサービス。 訪問看護サービスが組み込まれていることから、要介護度が高く、医療的なケアを必要とする人が受ける場合が多い。
対象者	要介護1以上の認定を受けた方
主なサービスの内容	・小規模多機能型居宅介護と訪問看護サービスを組み合わせた介護サービス

サービス名	訪問入浴介護
概要	自宅の浴槽を使っての入浴が困難な方への入浴サービス
詳細	移動式の浴槽を利用者の自宅に持参して、看護職員や介護職員が入浴介護を行うサービス。
対象者	要介護1以上の認定を受けた方
主なサービスの内容	・入浴介助サービス

サービス名	訪問リハビリテーション
概要	利用者の自宅でリハビリを行うサービス
詳細	医師の指示に基づいて、理学療法士等が利用者の自宅を訪問してリハビリテーションを実施する。
対象者	要介護1以上の認定を受けた方
主なサービスの内容	・筋力や体力の低下防止、褥瘡の予防 ・歩行訓練、寝返りや移乗等の基本動作の訓練、食事や入浴に伴う日常生活を行うための動作の訓練

サービス名	定期巡回・随時対応型訪問介護看護
概要	1日の中で短時間かつ複数回、自宅を訪問する介護サービス
詳細	1日を通じて、訪問介護と訪問看護が連携しながら、定期巡回訪問と随時訪問に対応する。
対象者	要介護1以上の認定を受けた方

主なサービスの内容	・定期巡回サービス、随時対応サービス、随時訪問サービス、訪問看護サービスを適切に組み合わせて提供。 ・定期巡回サービスは、ヘルパー資格を有する訪問介護員が定期的に利用者の自宅を訪問して、身体介護サービスと生活援助サービスを提供する。 ・随時対応サービスは、オペレーターが利用者から電話連絡を受けて、救急車を呼ぶ等利用者の状況に応じたサービスの手配を行う。 ・随時訪問サービスは、オペレーターからの連絡を受けて、訪問介護員が利用者の自宅へ伺って訪問介護サービスを提供する。 ・訪問看護サービスは、看護師等が利用者の自宅に伺って、看護サービスを提供する。

サービス名	居宅療養管理指導
概要	自宅での療養生活を送るための支援サービス
詳細	自宅で療養している利用者に対して、医師、歯科医師、看護師等が訪問して、健康管理や生活上の指導、助言等を行うサービス。
対象者	要介護 1 以上の認定を受けた方
主なサービスの内容	・医療の専門家による健康管理や指導

▌（2）通所型サービス

　利用者が、事業所に通ってサービスを受けるため、通所型サービスと呼ばれます。ただし、通所を中心とし、必要に応じて宿泊ができ、また、自宅にヘルパーが訪問することもできるサービスもあります。また、介護を受けるために介護事業所に宿泊するサービスもあります。サービスの名称及び詳細は次の通りです。

サービス名	通所介護（デイサービス）（定員 19 人以上）
概要	介護や機能訓練等のサービスを行う
詳細	デイサービスセンターに来所してもらい、食事や入浴等の日常生活上の支援や機能訓練（リハビリテーション）を実施する。 利用者自ら通うことで心身機能の維持向上に努め、併行して利用者家族の負担の軽減（レスパイト）を図る。
対象者	要介護 1 以上の認定を受けた方
主なサービスの内容	・食事、入浴、排せつの介護サービス ・機能訓練 ・レクリエーション

サービス名	地域密着型通所介護（小規模デイサービス）（定員 19 人未満）
概要	介護や機能訓練等のサービスを行う
詳細	利用定員 18 人以下の小規模のデイサービスセンター。 実施される内容は、定員 19 人以上の通所介護と同様。
対象者	要介護 1 以上の認定を受けた方
主なサービスの内容	・食事、入浴、排せつの介護サービス ・機能訓練 ・レクリエーション

サービス名	認知症対応型通所介護
概要	認知症の方に対するデイサービス
詳細	認知症と診断された利用者にデイサービスセンターに来所してもらい、食事や入浴等の日常生活上の支援や機能訓練を実施する。 実施される内容は、定員 19 人以上の通所介護と同様。
対象者	認知症の症状がある要介護 1 以上の認定を受けた方
主なサービスの内容	・食事、入浴、排せつの介護サービス ・機能訓練 ・レクリエーション

サービス名	通所リハビリテーション（デイケア）
概要	介護老人保健施設等で行うリハビリサービス
詳細	介護老人保健施設等で日常生活での自立を目的としてリハビリテーションを行う。 通所リハビリテーションはデイサービスのリハビリテーションと異なり医師が常駐することから、より専門的なリハビリテーションが期待される。 リハビリテーションの他、通常のデイサービスと同様に食事、入浴、排せつの介護、レクリエーションが提供される。
対象者	要介護 1 以上の認定を受けた方
主なサービスの内容	・食事、入浴、排せつの介護サービス ・医師の指導を受けた機能訓練 ・レクリエーション

サービス名	小規模多機能型居宅介護
概要	通いを中心に、訪問や宿泊を組み合わせたサービス
詳細	デイサービスを中心として、必要に応じてショートステイや訪問介護サービスを受けられる介護サービス。
対象者	要介護 1 以上の認定を受けた方
主なサービスの内容	・デイサービス、ショートステイ、訪問介護サービスを組み合わせた介護サービス

サービス名	短期入所生活介護（ショートステイ）
概要	特別養護老人ホーム等に短期間入所して介護を受けるサービス
詳細	特別養護老人ホーム等の施設に短期間入所して、食事、入浴、排せつ等の支援や機能訓練等を行うサービス。 1 泊 2 日から連続して原則 30 日まで利用できる。 利用者家族にとっては、介護負担の軽減（レスパイト）となる。
対象者	要介護 1 以上の認定を受けた方
主なサービスの内容	・食事、入浴、排せつの介護サービス ・機能訓練

サービス名	短期入所療養介護（療養型ショートステイ）
概要	介護老人保健施設等に短期間入所して介護を受けるサービス
詳細	介護老人保健施設等に短期間入所して、医師や看護職員、理学療法士等から医療的支援を受ける。
対象者	要介護1以上の認定を受けた方
主なサービスの内容	・医療や機能訓練 ・食事、入浴、排せつの介護サービス

▎（3）環境整備型サービス

　自立して生活するために必要な福祉用具や自宅の改修が必要になった時に受けるサービスです。貸与や購入、改修にかかった費用の1割（2割・3割）で利用できます。

サービス名	福祉用具貸与
概要	福祉用具のレンタルサービス
詳細	福祉用具の貸出し。
対象者	要介護1以上の認定を受けた方
主な福祉用具貸与の対象種目	・車いす（付属品含む） ・電動ベッド（付属品含む） ・床ずれ防止用具 ・体位変換器 ・歩行器　等

サービス名	住宅改修
概要	自宅で暮らしやすくする改修サービス
詳細	住み慣れた自宅で引き続き住めるように行う住宅の改修サービス。
対象者	要介護1以上の認定を受けた方

主な住宅改修の対象種目	・手すりの取付け ・段差の解消 ・引き戸等への扉の取替え ・洋式便器等への便器の取替え　等

サービス名	特定福祉用具販売
概要	福祉用具の販売
詳細	衛生上の問題、消耗品等貸与になじまない福祉用具の販売。
対象者	要介護 1 以上の認定を受けた方
主な福祉用具購入の対象種目	・腰掛便座 ・自動排泄処理装置の交換可能部品 ・入浴補助用具 ・簡易浴槽 ・移動用リフトのつり具の部分　等

▍(4) 入所型サービス

　自宅から引っ越して入所する、または一時的に入居して介護を受けるサービスです。

サービス名	介護老人福祉施設（特別養護老人ホーム）
概要	自宅の延長上としての生活の場
詳細	寝たきりや認知症、独居等で、常に介護が必要で自宅での生活が難しい方のための入所施設。
対象者	要介護 3 以上の認定を受けた方。要介護 1、2 の方でも特例的に入所が認められる場合あり。
主なサービスの内容	・食事、入浴、排せつの介護サービス ・機能訓練、レクリエーション

サービス名	地域密着型介護老人福祉施設入所者生活介護
概要	少人数の特別養護老人ホームの入所者に対するサービス
詳細	定員が29人以下の特別養護老人ホーム。 提供される内容は、介護老人福祉施設（特別養護老人ホーム）と同様。
対象者	要介護3以上の認定を受けた方。要介護1、2の方でも特例的に入所が認められる場合あり。
主なサービスの内容	・食事、入浴、排せつの介護サービス ・機能訓練、レクリエーション

サービス名	介護老人保健施設（老健）
概要	リハビリにより自宅への復帰を目指すための施設
詳細	自宅に戻るためにリハビリテーションなどの医療サービスを提供する施設。 所期間は3か月が目途となる。 食事・入浴・排せつの介護サービスも提供される。
対象者	入院治療をする必要はないが、リハビリテーションや看護・介護を必要とする方（要介護1以上の認定を受けた方）
主なサービスの内容	・機能訓練 ・医療的ケア、看護サービス ・食事、入浴、排せつの介護サービス ・レクリエーション

サービス名	介護療養型医療施設（令和6年3月末廃止予定）
概要	長期療養のできる施設
詳細	特に医療的ケアと介護サービスが必要な慢性疾患や長期の療養が必要な方のための施設。
対象者	病状が安定した長期療養が必要な方（要介護1以上の認定を受けた方）
主なサービスの内容	・療養上の管理や看護 ・食事、入浴、排せつの介護サービス ・機能訓練

サービス名	介護医療院
概要	長期療養のできる施設
詳細	長期にわたって療養が必要な方の入所を受け入れ、入所者が可能な限り自立した日常生活を送ることができるようにする入所施設。
対象者	病状が安定した長期療養が必要な方（要介護 1 以上の認定を受けた方）
主なサービスの内容	・療養上の管理や看護 ・食事、入浴、排せつの介護サービス ・機能訓練

サービス名	特定施設入居者生活介護
概要	有料老人ホーム等で提供される介護サービス
詳細	介護保険の指定を受けた介護付有料老人ホーム、養護老人ホーム、軽費老人ホーム、サービス付き高齢者向け住宅等で入居者に対して行う介護サービス。
対象者	要介護 1 以上の認定を受けた方
主なサービスの内容	・食事、入浴、排せつの介護サービス ・機能訓練、レクリエーション

サービス名	地域密着型特定施設入居者生活介護
概要	小規模な有料老人ホーム等で提供される介護サービス
詳細	介護保険の指定を受けた入居定員が 29 人以下の介護付有料老人ホーム、養護老人ホーム、軽費老人ホーム、サービス付き高齢者向け住宅等で入居者に対して行う介護サービス。
対象者	要介護 1 以上の認定を受けた方
主なサービスの内容	・食事、入浴、排せつの介護サービス ・機能訓練、レクリエーション

サービス名	認知症対応型共同生活介護（認知症高齢者グループホーム）
概要	少人数の家庭的な雰囲気の中での共同生活を支援するサービス
詳細	少人数（5人〜9人）の家庭的な雰囲気の中で、認知症状のある方が共同で生活する場所。 入浴、排せつ、食事の介護サービスや機能訓練を行う。
対象者	認知症の症状がある要介護1以上の認定を受けた方
主なサービスの内容	・食事、入浴、排せつの介護サービス ・機能訓練、レクリエーション

▌(5) 予防型サービス

　要支援状態にある人を対象に、要介護状態になることを防ぐことや、今の状態をさらに悪化させないことなどを目的として行うサービスが、予防型サービスです。ただし、予防という名称だけで、実態は、通常の介護保険サービスとさほど変わりません。

サービス名	介護予防訪問入浴介護
概要	自宅の浴槽を使っての入浴が困難な方への入浴サービス
詳細	移動式の浴槽を利用者の自宅に持参して、看護職員や介護職員が入浴介護を行うサービス。 要介護状態になることをできる限り防ぐことを目的とする。
対象者	要支援1または要支援2の認定を受けた方
主なサービスの内容	・入浴の介助 ・更衣の介護

サービス名	介護予防訪問看護
概要	自宅での療養生活を支えるサービス
詳細	医師の指示に基づいて、看護師等が利用者の自宅を訪問して、健康

	チェックや療養上の支援等を行うサービス。 要介護状態になることをできる限り防ぐことを目的とする。
対象者	要支援 1 または要支援 2 の認定を受けた方
主なサービスの内容	・病状・障害の観察、健康管理、医師への連絡や報告 ・褥瘡処置等の医療的ケア ・薬の飲み方指導や管理 ・生活等に関する相談及び助言 ・ターミナル（終末期）ケア等

サービス名	介護予防訪問リハビリテーション
概要	利用者の居宅でリハビリを行うサービス
詳細	医師の指示に基づいて、理学療法士等が利用者の自宅を訪問してリハビリテーションを実施。 要介護状態になることをできる限り防ぐことを目的とする。
対象者	要支援 1 または要支援 2 の認定を受けた方
主なサービスの内容	・筋力や体力の低下防止、褥瘡の予防 ・歩行訓練、寝返りや移乗等の基本動作の訓練、食事や入浴に伴う日常生活を行うための動作の訓練

サービス名	介護予防居宅療養管理指導
概要	自宅での療養生活を送るための支援サービス
詳細	自宅で療養している利用者に対して、医師、歯科医師、看護師等が訪問して、健康管理や生活上の指導、助言等を行うサービス。 要介護状態になることをできる限り防ぐことを目的とする。
対象者	要支援 1 または要支援 2 の認定を受けた方
主なサービスの内容	・医療の専門家による健康管理や指導

サービス名	介護予防認知症対応型通所介護
概要	認知症状があり、要支援と認定された方に対するデイサービス
詳細	認知症と診断された軽度の利用者にデイサービスセンターに来所し

	てもらい、食事や入浴等の日常生活上の支援や機能訓練を実施する。 要介護状態になることをできる限り防ぐことを目的とする。
対象者	認知症の症状がある要支援1または要支援2の認定を受けた方
主なサービスの内容	・食事、入浴、排せつの介護サービス ・機能訓練 ・レクリエーション

サービス名	介護予防通所リハビリテーション（デイケア）
概要	介護老人保健施設等で行うリハビリサービス
詳細	介護老人保健施設等で日常生活での自立を目的としてリハビリテーションを行う。 要介護状態になることをできる限り防ぐことを目的とする。
対象者	要支援1または要支援2の認定を受けた方
主なサービスの内容	・食事、入浴、排せつの介護サービス ・医師の指導を受けた機能訓練 ・レクリエーション

サービス名	介護予防小規模多機能型居宅介護
概要	通いを中心に、訪問や宿泊を組み合わせたサービス
詳細	デイサービスを中心として、必要に応じてショートステイや訪問介護サービスを受けられる介護サービス。 要介護状態になることをできる限り防ぐことを目的とする。
対象者	要支援1または要支援2の認定を受けた方
主なサービスの内容	・予防介護デイサービス、予防介護ショートステイ、予防介護訪問介護サービスを組み合わせた介護サービス

サービス名	介護予防短期入所生活介護（ショートステイ）
概要	特別養護老人ホーム等に短期間入所して介護を受けるサービス
詳細	特別養護老人ホーム等の施設に短期間入所してもらい、食事、入浴、排せつ等の支援や機能訓練などを行うサービス。

	要介護状態になることをできる限り防ぐことを目的とする。
対象者	要支援 1 または要支援 2 の認定を受けた方
主なサービスの内容	・食事、入浴、排せつの介護サービス ・機能訓練

サービス名	介護予防短期入所療養介護（ショートステイ）
概要	介護老人保健施設等に短期間入所して介護を受けるサービス
詳細	介護老人保健施設等に短期間入所してもらい、医師や看護職員、理学療法士等から医療的支援を受ける。 要介護状態になることをできる限り防ぐことを目的とする。
対象者	要支援 1 または要支援 2 の認定を受けた方
主なサービスの内容	・医療や機能訓練 ・食事、入浴、排せつの介護サービス

サービス名	介護予防特定施設入居者生活介護
概要	有料老人ホーム等で提供される介護サービス
詳細	介護保険の指定を受けた住宅型有料老人ホーム、養護老人ホーム、軽費老人ホーム、サービス付き高齢者向け住宅等で入居者に対して行う介護サービス。 要介護状態になることをできる限り防ぐことを目的とする。
対象者	要支援 1 または要支援 2 の認定を受けた方
主なサービスの内容	・食事、入浴、排せつの介護サービス ・機能訓練、レクリエーション

サービス名	介護予防認知症対応型共同生活介護（認知症高齢者グループホーム）
概要	少人数の家庭的な雰囲気の中での共同生活を支援するサービス
詳細	少人数（5 人～9 人）の家庭的な雰囲気の中で、認知症状のある方が共同で生活する場所。 入浴、排せつ、食事の介護サービスや機能訓練を行う。 要介護状態になることをできる限り防ぐことを目的とする。

対象者	認知症の症状がある要支援2の認定を受けた方
主なサービスの内容	・食事、入浴、排せつの介護サービス ・機能訓練、レクリエーション

サービス名	介護予防福祉用具貸与
概要	福祉用具のレンタルサービス
詳細	自宅で生活していく上で必要となる福祉用具の貸出し。 要介護状態になることをできる限り防ぐことを目的とする。
対象者	要支援1または要支援2の認定を受けた方
主な福祉用具貸与の対象種目	・車いす（付属品含む） ・電動ベッド（付属品含む） ・床ずれ防止用具 ・体位変換器 ・歩行器　等

サービス名	介護予防住宅改修
概要	自宅を暮らしやすくする改修サービス
詳細	住み慣れた自宅で引き続き住めるように行う住宅の改修サービス。 要介護状態になることをできる限り防ぐことを目的とする。
対象者	要支援1または要支援2の認定を受けた方
主な住宅改修の対象種目	・手すりの取付け ・段差の解消 ・引き戸等への扉の取替え ・洋式便器等への便器の取替え　等

サービス名	特定介護予防福祉用具販売
概要	福祉用具の販売
詳細	衛生上の問題、消耗品等貸与になじまない福祉用具の販売。 要介護状態になることをできる限り防ぐことを目的とする。
対象者	要支援1または要支援2の認定を受けた方

主な福祉用具購入の対象種目	・腰掛便座 ・自動排泄処理装置の交換可能部品 ・入浴補助用具 ・簡易浴槽 ・移動用リフトのつり具の部分　等

▌(6) サービス計画書（ケアプラン）作成サービス

　介護保険のサービスは、サービス計画書（通称：ケアプラン。以下、「ケアプラン」という。）がないと受けることができません。ケアプランは利用者やその家族が作成することができますが、ケアプラン作成の専門家であるケアマネジャーに依頼することもできます。ケアマネジャーに依頼する場合は、このサービスを使います。

サービス名	居宅介護支援
概要	ケアプランの作成やサービス調整
詳細	ケアマネジャー（介護支援専門員）が介護を必要とされる方に対して、自宅で生活が送れるように、ケアプラン（居宅サービス計画）を作成する。
対象者	要介護 1 以上の認定を受けた方
主なサービスの内容	・ケアプラン（居宅サービス計画）の作成 ・サービスの連絡・調整 ・要介護認定の申請手続、更新認定の申請手続

サービス名	介護予防支援
概要	軽度（要支援 1・2）の方に対するケアプランの作成やサービス調整
詳細	要支援 1 または要支援 2 の認定を受けた方に対してケアプランを作成する。 介護予防支援は、地域包括支援センターで行うこととなっているが、委託を受けた居宅介護支援事業所がケアプランを作成している

	場合もある。
対象者	要支援1または要支援2の認定を受けた方
主なサービスの内容	・ケアプラン（居宅サービス計画）の作成 ・サービスの連絡・調整 ・要介護認定の申請手続、更新認定の申請手続

▎(7) 介護予防・日常生活支援総合事業

　平成27年4月から2年間の移行期間を経て、平成29年4月から全面的に開始した介護予防と支え合いのサービス事業です。このうち、介護予防訪問介護、介護予防通所介護は介護保険から移ってきたサービスです。支え合いのサービスは、住民ボランティアがサービス提供することを念頭に置いています。介護事業所は、市区町村からの受託事業としてサービスを提供することとなります。また、介護保険事業ではないので、一般の事業法人が受託することもできます。

　介護予防訪問介護と介護予防通所介護は、従来から行われていた介護保険サービスですので、全国どこの事業所でもスムーズに行われていますが、それ以外の緩和した基準によるサービス、住民主体による支援などはまだまだ手探り状態です。

　さて、介護予防・日常生活支援総合事業は、介護予防・生活支援サービス事業と一般介護予防事業に分けられ、前者を第1号事業と呼びます。理由は、介護保険法第115条の45第1項第1号において、各介護予防事業について「以下「第1号事業」という。」と規定しているからです。なお、後者の一般介護予防事業は市区町村が実施するサービスです。この第1号事業には、次の通り複数の介護予防事業があります。

① 訪問型サービス（第 1 号訪問事業）（旧介護予防訪問介護）

サービス名	介護予防訪問介護
概要	介護保険の中で行われていた介護予防訪問介護
詳細	自宅で利用できる訪問介護サービス。
対象者	要支援 1 または要支援 2 の認定を受けた方、基本チェックリスト該当者
主なサービスの内容	・入浴介助、排せつ介助、食事介助等の介護（身体介護）サービス ・掃除、洗濯、調理等の家事支援（生活援助）サービス ・生活等に関する相談及び助言

サービス名	訪問型サービス A（緩和した基準によるサービス）
概要	生活援助等
詳細	介護予防訪問介護よりも資格やスタッフ数について要求が緩やかになった訪問型サービスで、ヘルパー資格は問われない見込み。 市区町村によっては住民向けの緩和した基準によるサービスの担い手養成研修を行って、担い手の確保に努めている。
対象者	要支援 1 または要支援 2 の認定を受けた方、基本チェックリスト該当者
主なサービスの内容	・調理、掃除等やその一部介助 ・ゴミの分別やゴミ出し ・重い物の買い物代行や同行　等

サービス名	訪問型サービス B（住民主体による支援）
概要	住民ボランティア、住民主体の自主活動として行う生活援助等
詳細	住民主体による支援として、ボランティアが行う良い意味でのおせっかい制度。
対象者	要支援 1 または要支援 2 の認定を受けた方、基本チェックリスト該当者
主なサービスの内容	・布団干し、階段の掃除 ・買い物代行や調理、ゴミ出し、電球の交換、代筆　等

サービス名	訪問型サービスC（短期集中予防サービス）
概要	・利用者に対する、日常生活のアセスメントを主とした訪問 ・保健師等が利用者の自宅を訪問して、必要な相談・指導等を実施
詳細	ケアマネジメントで、以下のような支援が必要なケースに実施。 ・体力の改善に向けた支援が必要なケース ・健康管理の維持・改善が必要なケース ・閉じこもりに対する支援が必要なケース ・日常生活動作（ADL）や手段的日常生活動作（IADL）の改善に向けた支援が必要なケース ※住民主体の通いの場など多様な通いの場に移行していくことが重要。 ※3〜6か月の短期間で行う。
対象者	要支援1または要支援2の認定を受けた方、基本チェックリスト該当者
主なサービスの内容	・心身の状況により、介護予防のプログラムに通うことが困難な方に、看護職またはリハビリ職（理学療法士等）が訪問して、自宅でできる運動や生活習慣改善のアドバイスなどを行う。

サービス名	訪問型サービスD（移動支援）
概要	介護予防・生活支援サービス事業と一体的に行う移動支援移送前後の生活支援
詳細	車椅子のまま乗れる車、座席が自動車の外に出て乗降を楽にする車、バスなどを使って外出の支援を行うサービス。
対象者	要支援1または要支援2の認定を受けた方、基本チェックリスト該当者
主なサービスの内容	・通所型サービスの送迎 ・買い物、通院、外出時の支援等

② 通所型サービス（第1号通所事業）（旧介護予防通所介護）

サービス名	介護予防通所介護（デイサービス）
概要	介護保険の中で行われていた介護予防通所介護
詳細	デイサービスセンターに来所してもらい、食事や入浴等の日常生活

	上の支援や機能訓練を実施する。 利用者自ら通うことで心身機能の維持向上に努め、併行して利用者家族の負担の軽減（レスパイト）を図る。 要介護状態になることをできる限り防ぐことを目的とする。
対象者	要支援 1 または要支援 2 の認定を受けた方、基本チェックリスト該当者
主なサービスの内容	・食事、入浴、排せつの介護サービス ・機能訓練 ・レクリエーション

サービス名	通所型サービス A（緩和した基準によるサービス）
概要	高齢者の閉じこもり予防や自立支援に資する通所事業
詳細	介護予防訪問介護よりも資格やスタッフ数について要求が緩やかになった通型サービスで、ヘルパー資格は問われない見込み。 市区町村によっては住民向けの緩和した基準によるサービスの担い手養成研修を行って、担い手の確保に努めている。
対象者	要支援 1 または要支援 2 の認定を受けた方、基本チェックリスト該当者
主なサービスの内容	・ミニデイサービス ・運動、レクリエーション活動等

知っておきたい 介護用語　総合事業

　正式名称は、介護予防・日常生活支援総合事業です。市町村が中心となって、地域の実情に応じて、住民等の多様な主体が参画し、多様なサービスを充実することにより、地域の支え合いの体制づくりを推進し、要支援者等に対する効果的かつ効率的な支援等を可能とすることを目指すものです。

サービス名	通所型サービスB（住民主体による支援）
概要	住民主体による要支援者を中心とする自主的な通いの場づくり
詳細	住民主体による支援として、家に閉じこもりがちな高齢者と一緒に行うサロンや趣味活動。 手芸をしたりコーヒーを飲んだりしながら、頭や体を動かし、おしゃべりをすることで、今日も楽しかった、また行きたいと思ってもらえるような事業を行う。
対象者	要支援1または要支援2の認定を受けた方、基本チェックリスト該当者
主なサービスの内容	・体操、運動等の活動 ・趣味活動等を通じた日中の居場所づくり ・定期的な交流会、サロン ・会食　等

サービス名	通所型サービスC（短期集中予防サービス）
概要	日常生活に支障のある生活行為を改善するために、利用者の個別性に応じて、下記のプログラムを複合的に実施。
詳細	ケアマネジメントで、以下のような支援が必要なケースに実施。 ・体力の改善に向けた支援が必要なケース ・健康管理の維持・改善が必要なケース ・閉じこもりに対する支援が必要なケース ・ADLやIADLの改善に向けた支援が必要なケース ※3〜6か月の短期間で行う。
対象者	要支援1または要支援2の認定を受けた方、基本チェックリスト該当者
主なサービスの内容	・運動器の機能向上 ・栄養改善 ・口腔機能の向上 ・膝痛・腰痛対策 ・閉じこもり予防・支援 ・認知機能の低下予防・支援 ・うつ予防・支援 ・ADL/IADLの改善　等

③ その他の生活支援サービス（第 1 号生活支援事業）

サービス名	栄養改善を目的とした配食サービス
サービス名	住民ボランティア等が実施する見守りサービス
サービス名	訪問型サービス、通所型サービスに準じる自立支援のための生活支援

④ 介護予防ケアマネジメント（第 1 号介護予防支援事業）

サービス名	介護予防支援
概要	要支援者及び基本チェックリスト対象者
詳細	自宅で介護予防のためのサービスを適切に利用できるよう、ケアプラン（介護予防サービス計画）の作成や、サービス事業所との連絡・調整などを行う。
対象者	要支援 1 または要支援 2 の認定を受けた方、基本チェックリスト該当者
主なサービスの内容	・ケアプラン（居宅サービス計画）の作成 ・サービスの連絡・調整 ・要介護認定の申請手続、更新認定の申請手続

12　介護保険利用の仕組み

▌（1）要介護・要支援認定の申請

　介護保険は、要介護認定や要支援認定を受けた利用者が介護保険（介護予防）サービスを受けた時に、支払金額が原則介護サービス費用の 1 割（収入が多い方はその収入合計額に応じて 2 割または 3 割）負担となる一種の社会保険です。介護保険サービスを受けるためには、市区町村から「介護が必要な状態」と認定される必要があります。

　「介護が必要な状態」と認定されるためのスケジュールは次の通りです。

要介護認定の申請

↓

市区町村担当者やケアマネジャーによる訪問調査

↓

行政による主治医の意見書の入手

↓

介護認定審査会による審査と判定

↓

要介護認定結果の通知

申請に必要な書類

・「介護保険要介護・要支援認定等申請書」→（役所や地域包括支援セン
ターに備え付けてあります。役所のホームページからダウンロードでき
るようにもなっているようです。なお、市区町村によって申請書名が異
なります。）

・「介護保険被保険者証」（65歳以上の方）

知っておきたい 介護用語 ケアマネ(ケアマネジャー)

　介護支援専門員のことです。ケアマネージャーと表記されている場
合もありますが誤りですので正しく発言・表記してください。介護保
険上も介護業界でもケアマネジャーと呼びます。「ケアマネージャー」
と呼んだり書いたりすると、「この人は介護のことを知らない人だ」
と思われてしまいますので注意してください。ケアマネジャーは、利
用者やその家族から相談を受けたり、ケアプランを作成したりしま
す。そのほか、関係諸機関との連絡や調整を行います。

・「個人番号（マイナンバー）がわかる書類」
・「身元確認ができる書類」（個人番号がわかる書類として個人番号カード
　があればそれで足ります）
・「印鑑や主治医の名前などがわかる書類」など

■ （2）ケアプランの作成

　市町村から要介護状態と認定され、外部の介護サービスが必要というこ
とになると、ケアプラン（介護サービス利用計画）を作成しなければいけ
ません。ケアプランは介護保険を利用するための計画書です。自己作成
（セルフケアプラン）が可能ですが、多くの方はケアマネジャーを利用し
ています。自己作成は手間暇がかかる一方で、ケアマネジャーの利用は費
用負担がないためです。

　ケアマネジャーは、ケアプラン作成にあたり、利用者本人やその家族の
希望を伺います。その結果、必要なサービス種類、サービス量を積算し、
在宅サービス業者の手配を行います。ケアマネジャーによっては、複数の
在宅サービス事業者を提案してくれます。複数の在宅サービス事業所を見
学して決められるように取り計らってくれる方もいます。

　ケアプランは1か月単位で作成します。ケアプランに記載のない介護保
険サービスは受けられません。もし受けた場合は、介護保険は適用されま

知っておきたい 介護用語　褥瘡（じょくそう）

　床ずれともいいます。長い間同じ姿勢でいる場合に体重で圧迫され
ている部位の血流が悪くなって、皮膚の一部が赤くなったり、ただれ
たりしてしまいます。寝たきり状態等となると自分で体位変換ができ
ないため、定期的に体の位置を入れ替えて褥瘡予防を行います。

せんので全額自己負担となります。介護事業所側も原則ケアプランに記載のない介護サービスは行いません。介護サービスの提供はケアプランと表裏一体の関係となっています。

　もしも、急に必要な介護サービスが出てきた場合は、担当ケアマネジャーと連絡をとります。ケアプランが修正されたら、介護事業所はケアマネジャーの指示に基づき対応します。どの介護サービスを利用するにしても、すべてこの流れです。先に未計画の介護サービスを提供した後に、ケアマネジャーに連絡して後付けでケアプランに記載するということは許されません。だからこそ、介護サービスの種類や回数などはケアマネジャーとよく相談して決めておく必要があります。

　また、体調不良や入院、お孫さんが遊びにくるなどの予定外の外出により、利用者が計画通りの介護保険サービスを受けられない場合もあります。その場合は、ケアマネジャーや介護事業所に連絡する必要があります。連絡を忘れてしまうと、計画書に基づいて、ヘルパーが訪問したり、デイサービスの職員が迎えにきたりして迷惑がかかってしまいます。場合によってはキャンセル料が発生することもあります。

知っておきたい 介護用語　相談員（生活相談員、ソーシャルワーカー）

　利用者やその家族に対して相談援助を行う職種です。また、利用者やその家族と介護職員等との間に入って調整を行います。この職種に就くには、社会福祉士や社会福祉主事任用資格が必要ですが、同等以上の能力を有すると認められる者でも就くことができます。

▍(3) 介護サービスの利用

　利用者本人や家族は、ケアプランに組み込まれた介護事業所と事前に利用契約を締結します。契約を結ぶことで、ようやく介護サービスの利用が可能となります。これは、要介護・要支援を問わずすべての介護サービスに共通します。その契約の際に介護事業所側は、生活相談員やソーシャルワーカー、管理者等が契約書の内容、重要事項、利用にあたってのルールの説明を行います。説明に要する時間は 2 時間以上です。初めて聞く言葉、初めて使う介護サービスで理解が難しいうえに、内容は盛りだくさんです。契約書に貼る印紙についてもルールがありますので、第 4 章の印紙税のところで詳しく述べます。

　利用者は、介護サービスを受けると利用料を支払う必要があります。利用料は、介護事業所が月末締めで計算し、翌月 10 日ごろまでに利用料請求書が利用者の手元に届けられます。支払方法は、契約締結の際に決めておきます。多くの事業所では、現金持参、振込、口座振替の支払方法が選択できるようになっています。

▍(4) 被保険者

　介護保険の被保険者とは、65 歳以上の第 1 号被保険者と 40 歳以上 65 歳未満の第 2 号被保険者をいいます。第 1 号被保険者は要介護または要支援認定を受けた時にその理由を問わずに介護保険サービスを受けることができます。一方で第 2 号被保険者は、特定疾病を原因とする場合にのみ介護保険サービスを受けることができます。

　特定疾病とは、がん末期、関節リウマチ、アルツハイマー病、パーキンソン病など心身の病的加齢現象との医学的関係があると考えられる疾病をいいます。そのため、交通事故などが原因の場合は、介護保険の対象外となります。

　介護保険料は、第 1 号被保険者と第 2 号被保険者の場合で徴収方法が異

なり、第1号被保険者は原則として年金から天引きされます。第2号被保険者は、加入している健康保険組合等の健康保険料と一体的に徴収されます。

　介護保険財政の50%は、65歳以上の国民が納める介護保険料と40歳以上65歳未満の国民が納める介護保険料で構成されています。50%のうち27%は40歳以上65歳未満の現役世代が担っています。この27%は第2号保険料と呼ばれ、平成31年度予算では、2.9兆円に上ります。

　第1号被保険者が支払う介護保険料は、市区町村ごとに決められます。市区町村は3年に1度、介護保険事業（支援）計画を作成しますが、その計画に基づいた給付総額をもとに第1号被保険者の総数で割って介護保険料を算出します。この算出金額をもとに、今度は所得に応じた介護保険料となるよう調整します。具体的には、本人が住民税課税で合計所得金額が高ければ多くの介護保険料を徴収し、生活保護受給者等の場合は非常に少ない介護保険料となります。例えば、東京都文京区の場合、令和2年度の最少の介護保険料は、年額21,700円ですが、本人が住民税課税で合計所得金額が3,000万円以上の人の場合は年額252,800円となります。

　第2号被保険者が支払う介護保険料は、加入している医療保険によって

知っておきたい 介護用語　国保連（こくほれん）

　正式名称は、国民健康保険団体連合会です。介護事業所が介護報酬を請求する先です。市区町村等保険者の代理でレセプトの審査や支払い業務を行います。また、苦情処理の窓口を設けて介護保険利用者からの苦情や相談を受け付けています。なお、国保連は各都道府県に1つずつある公団体です。東京都の場合は、東京都国民健康保険団体連合会といい、千代田区飯田橋にあります。

異なり、さらに月額報酬によっても異なります。例えば、協会けんぽ（東京）では、令和2年9月分からの介護保険料は月収40万円の場合、月額7,339円（47,806円−40,467円。法人負担＋個人負担合計）です。賞与が2か月支給されたとして年収を月額の14か月分として計算すると介護保険料総額は、102,746円（7,339円×14か月）となります。

　第1号被保険者が支払う介護保険料は市区町村に入り、第2号被保険者が支払う介護保険料は、医療保険者から社会保険診療報酬支払基金に一括して納付され、その後市区町村に交付されます。介護保険サービスの財源は、これらの介護保険料に国及び都道府県、そして自らの市区町村の負担金を加えたものとなります。

13 介護保険制度の仕組み

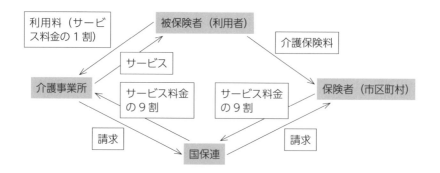

登場人物	役割
被保険者（利用者）	介護保険料を支払う、介護保険サービスを使う、利用料を支払う
介護事業所	介護サービスを提供する、国保連に9割部分を請求する、利用者に1割部分を請求する
保険者（市区町村）	介護保険料を集める、国保連にお金を支払う

国保連 （国民健康保険団体連合会）	保険者からお金を受け取る、介護事業所からの請求を審査する、介護事業所に報酬を支払う

居宅介護支援事業所は、現在のところ利用者負担はないため、全額を国保連に請求しています。

　意外に思われるかもしれませんがお金の流れは非常にシンプルです。登場人物は全部で4人です。お金を集める人、お金を払う人、お金を貰う人、お金の支払を代行する人です。

　複雑なのは、介護報酬の計算です。介護報酬は「基本単位」と呼ばれる要介護度や要支援度に応じて増えていく点数と、プラスアルファのサービスや介護事業所として特別な体制を敷いている場合に請求できる「加算」、介護事業所が望ましくない状態や利用者が一部のサービスを受けなかった場合に自らが報酬額を減額させる「減算」を、それぞれ利用者一人ずつ計算していきます。

14　介護報酬の仕組み（請求から入金まで）

　介護報酬は、介護事業所が利用者に対して介護サービスを提供したことにより請求できる収入（売上）です。このうち9割（年収の高い方は8割、7割となります）は、介護給付費と呼ばれ、介護保険から介護事業所に支払われます。

　介護事業所は、利用者に介護サービスを提供したら、その内容を記録していきます。利用日、利用時間、食事提供の有無とその回数、送迎の有無とその回数等、サービスによって内容は異なりますが多岐にわたっています。この記録は、1か月単位で集計します。1か月単位とは、毎月1日から月末までです。ケアプランも同じく1日から月末までの1か月単位となっています。

　翌月の初めに、前月に提供した介護サービスの記録を集計します。この集計作業をレセプトの作成といいます。介護事業所は、市町村から委託を受けた国民健康保険団体連合会（通称：国保連）にこのレセプトを提出します。提出方法はインターネット回線を使ったデータ送信です。この提出方法を伝送といい、日本全国で利用されています。

　国保連への提出は、毎月 10 日が締め切りです。土日祝日関係ありません。そのため、どの介護事業所も月初めから 10 日までは非常に忙しい状況です。もし税理士が、介護事業所向けのセミナーや営業を計画するのであれば、この期間は除いたほうが賢明です。税理士の確定申告時期、特に 3 月に入ってから事務所にやって来る飛び込み営業に不快感を覚えるのと一緒です。「こちらの繁忙期を知らないで営業する税理士なんて、相手にする必要はない」と思われてしまいます。

　実際に私は介護事業経営者向けのセミナー開催時期と、ファックス DM の時期は慎重に決定しています。セミナー開催は中旬～下旬を絶対条件とし、ファックス DM は月初めの配信は禁じています。一度セミナーの開催を 8 日に行ったことがありましたが、参加者はその他の月に比べて 5 分の 1 から 10 分の 1 でした。また、ファックス DM の反応も、月初めに送ったものに対しては、一部の介護事業所から辛辣な感じで拒否を示される可能性が高いと感じています。

　さて、国保連では、介護事業所から送られてきたレセプトが審査されます。審査とは、レセプトの内容が、ケアマネジャーが伝送してきたレセプト（給付管理票）と一致するかどうかの確認です。施設系の入所サービス、小規模多機能型居宅介護、有料老人ホーム、認知症対応型共同生活介護を除く在宅介護サービスは、必ず外部にケアマネジャーがいます。そのケアマネジャーが伝送したレセプト（給付管理票）と、実際に介護事業所が行って作ったレセプト（請求明細書）とが一致しなければ、介護報酬は支払われない仕組みです。その他、介護サービス内容が一致していたとし

ても利用者の要介護度が間違っていたら、審査では誤りとして処理されます。

　審査の結果、問題がなければ、レセプトが受理され翌月の下旬（23日〜25日ごろ）に介護事業所の銀行口座にお金が直接振り込まれます。振込の2週間くらい前には、審査の結果が介護事業所に通知されます。

　審査の結果、誤っている場合は、保留・返戻という処理になります。

　介護事業所から利用者のレセプト（請求明細書）は提出されているが、居宅介護支援事業所または地域包括支援センターのケアマネジャーからサービス計画（ケアプラン）をまとめた給付管理票の提出がない場合、または提出した給付管理票自体が審査の結果誤りとなっている場合に「保留」となります。「保留」となった案件は国保連の中で2か月間状態を保持されます。2か月間の中で、ケアマネジャーに正しい給付管理票を提出してもらえれば、保留となっていた介護報酬が支払われます。このことを「保留復活」といいます。

　国保連の中で2か月間保留とされていたものについて、ケアマネジャーから給付管理票が提出されなかった場合に、請求が却下されます。この却下が「返戻」です。ただし、返戻となっても再度レセプト（請求明細書）

知っておきたい介護用語　伝送

　介護事業所が毎月10日までに前月のサービスに係る報酬を国保連に請求しますが、そのレセプトの送信がインターネットを介して行うため、伝送といわれています。この伝送方法は、介護保険制度創設時からありましたが、当時はそのシステムが信用できないといって、レセプトデータをフロッピーディスクにコピーして、国保連に持参するという事業所もありました。笑い話の1つです。

を提出することができます。再請求する際にはケアマネジャーと提供した
介護サービス内容を擦り合わせておくことが必要です。

　なお、介護事業所が誤って報酬を請求していた場合は、すでに利用者に
渡している利用料請求書も誤っていることになりますので、返金処理や翌
月への充当処理などが必要となり、経理業務の手間が増えてしまいます。
できる限り間違えないにこしたことはありません。

　最近は、ICT の導入によりレセプト業務を月初めに行わない事業所が
出てきているようです。提供した介護サービスの実績を日々、記録してい
くことで、業務を溜めず、また請求ミスも減らすことが期待できます。記
録にあたっては、タブレット端末が利用されています。

●請求から入金までのスケジュール

4月		5月		6月		7月	
1日	レセプトの作成	1日	レセプトの作成	1日	レセプトの作成	1日	レセプトの作成
10日	国保連、利用者へ3月分の請求	10日	国保連、利用者へ4月分の請求	10日	国保連、利用者へ5月分の請求	10日	国保連、利用者へ6月分の請求
23日	国保連から2月の介護報酬が入金	23日	国保連から3月の介護報酬が入金	23日	国保連から4月の介護報酬が入金	23日	国保連から5月の介護報酬が入金
30日	サービス締め	31日	サービス締め	30日	サービス締め	31日	サービス締め

　税理士が介護事業所をクライアントにした場合に最初に面食らうのがこ
の介護報酬の管理です。上記のように保留や返戻が生じるため、請求した
金額通りに入金されません。入金されないのはなぜか、待っていれば入金
されるのか、売上を修正しなければいけないのか等、事実を確認する必要
があります。

15　利用料の仕組み

　介護報酬のうち国保連に請求しなかった残りの1割（収入の多い方は2割・3割）については、利用者に直接請求します。請求は、国保連に伝送したタイミングに準じて、多くの事業所で毎月8日〜10日に行われています。また、この1割（2割・3割）に加えて、実費分も合算して請求します。この実費分は、以下のように細かく分かれています。

実費の種類	実費の内容
食費	朝食、昼食、夕食ごとや1日分の食費
居住費	1日の滞在費
日常生活サービス費	理美容サービス利用料や嗜好品の利用料

　利用料の請求は、利用者ごとに請求書を紙に印刷して行います。印刷した請求書は、郵送等の手段で送ります。介護事業所と利用者または利用者家族とアナログでコミュニケートするせっかくの機会でもあるので、請求書のほかに個別の手紙や新聞、イベントのお知らせを同封することが多いです。新聞は活動報告のようなもので、前月のイベントに参加された利用

知っておきたい 介護用語　良眠（りょうみん）

　よく眠れていることです。少なくとも眠りにはいってから1時間以上経過した後に巡回した際に起きてしまうことがなく眠り続けていれば、良眠と判断できます。良眠の確認は夜間が多いので、1人勤務の時は利用者の方がよく眠っているのを見るとほっとします。

者のご様子やその時の写真を撮って作成します。主に現場の介護職員が作成します。

　利用料の支払方法は複数あります。

　オーソドックスな方法としては、施設や事業所の事務窓口で現金を支払う方法があります。そのほかに、請求書に記載のある銀行口座へ振り込む方法、事業所の指定する口座振替業者によって指定日に口座振替にてお金を支払う方法があります。基本的に介護事業所と利用契約を締結した時に、支払方法を選択します。もちろん、後日その支払方法は変更できます。ただし、事業所側はなるべく口座振替を勧めます。支払いもれがないことと、事務上の煩雑な業務（銀行口座への入金、現金管理、仕訳本数の増加）が緩和されるからです。

　口座振替は、入所系サービスはもちろんのこと在宅系サービスでも利用を希望する方が多い支払方法です。いちいちぴったりの現金を用意して事務窓口で支払うのも大変ですし、わざわざATMに行ってお金を振り込むのも大変です。時間も手間ももったいないということで、口座振替が重宝されます。法人側としても一気にまとめて入金があったほうが入金の管理が楽になります。

16　介護事業所の年間スケジュール

　介護事業所は毎年事業計画書を作成します。その事業計画書には、1年間の活動予定が記載されています。今年どんな活動をするかは、事業計画書をみるとある程度予測がつきます。具体的に時期が書いてある計画書もあれば、活動予定だけ箇条書きになっているものもあります。特に形式が決まっているわけではないからです。この事業計画書は、社会福祉法人の場合、インターネット上で見ることができます。「社会福祉法人　事業計画」と検索すれば各地の法人の計画書を閲覧することができますので、ど

のようなものかはぜひご覧いただきたいと思います。

　年間スケジュールとして主なものを下記に掲載します。

▌(1) 四季のイベント

　介護サービスを必要とする利用者は、日常生活の中で自分から四季を感じることは難しい状態です。一人で外出ができず、家族や職員の顔色をうかがいながら生活をしているかもしれません。だからこそ、介護事業所は、利用者へ四季を楽しむ時間を提供して、楽しんでいただくことに力を入れています。

時期	イベント名	内容
3月〜4月	花見	近くで花見ができるのであれば、家族に介助をお願いして徒歩で出かけます。近場で花見が難しい場合は、事業所の車で出かけます。
5月〜6月	遠足	車や電車を使って遠出をします。なかなか普段行けない場所を選んで、観光したり食事をしたりします。相談員や介護職は下見を行って、車いす対応のトイレの場所や食事可能な場所を確認します。
7月	七夕	竹は購入したり近所の竹やぶ所有者から譲ってもらったりして準備し、飾りつけをします。近所の小学生や幼稚園生にも参加してもらいます。
8月	納涼祭	夏祭りです。提灯を施設や事業所内につるして灯りを灯します。夕方くらいから開始し、ボランティアの協力を得て、焼きそばやヨーヨー、かき氷、ウインナー、生ビールなど本格的なお祭りとなります。また、大きな和太鼓を囲んで、盆踊りを行います。そのあとにみんなで花火を行って盛り上がります。近所の方、利用者家族など誰でも参加でき、施設・事業所と地域との大切な交流の場所となります。
9月	敬老の集い	敬老膳など少し贅沢な昼ご飯を楽しみます。また催しとして職員の手品や寸劇、ボランティアの演奏やパフォーマンスなどを鑑賞します。バザーが

		同時に開催され、ボランティアが売り子として利用者や近所の方に販売してくれます。
10 月～11 月	遠足	5 月と同じです。
11 月	作品展	芸術の秋として、日々作成した作品を飾ります。
12 月	クリスマス会	サンタクロースやトナカイの恰好に扮する職員があちこちに出没します。クリスマスを感じるお昼ご飯が振る舞われます。
1 月	初詣	近くの神社に徒歩や車などでお参りに行きます。
1 月	初釜	お抹茶を立ててお正月気分を堪能します。
1 月	鏡開き	お正月の間飾っていた鏡餅を開きます。実際にはお餅を食べないケースが多いです。
2 月	節分	職員が赤鬼、青鬼に扮して利用者から豆をぶつけられます。
3 月	桃の節句	雛人形を飾ります。その日はあられ菓子がおやつになることが多いです。

知っておきたい 介護用語 評議員会

　平成 29 年 4 月 1 日以降必置機関となった議決機関です。評議員は、社会福祉法人に関係しない者に限定されています。ところが、評議員には、社会福祉法人の適正な運営に関して識見を有する者としてふさわしい人を選ぶとなっているため、人選が大変になりました。実際には、地域の福祉ニーズに通じている人（地域にある福祉施設の関係者や民生委員）、法律や経営に明るい人（弁護士や税理士、コンサルタント等）が選任されているようです。

▌(2) 委員会活動

委員会とは、管理職、現場職員が利用者の処遇向上や事業所の運営のために話し合いをする場です。基準によって設置開催が義務付けられている委員会がいくつかあります。しかし、多くの委員会は任意設置です。任意ながら委員会を開催しているのは、介護の質の向上や介護事業所の運営をより良くしていくためには職員間での話し合いと決定が必要だからです。各職員は、委員会で決定された方針や判断に基づいて行動します。

どの職員も忙しいですが、掛け持ちで委員を務めて活動を行います。それぞれの委員会のどれが欠けても困る活動です。

次表は、特別養護老人ホームで設置開催されている委員会の例です。なお、法定とあるのは、「特別養護老人ホームの設備及び運営に関する基準」（平成11年3月31日厚生省令第46号）で義務付けられている委員会です。

委員会名	参加者	内容
入浴委員会	介護職、看護職、相談員、ケアマネジャー等	入浴に関することを話し合います。介助の方法、時間帯、物品購入等。
食事委員会	介護職、看護職、相談員、ケアマネジャー、栄養士、調理職員等	食事に関することを話し合います。口からごはんを食べることは体力や健康維持面でとても大切です。
排泄委員会	介護職、看護職、相談員、ケアマネジャー等	トイレ介助、おむつの選定などを話し合います。座位（座る姿勢）が保てる利用者は、トイレの座面に座って用を足すことができます。
（法定）衛生管理委員会（第26条第2項第1号）	衛生管理者、産業医、介護職、看護職等	施設内の職場環境、住環境について話し合いをします。メンタルヘルス管理や予防接種についてもこの委員会で取り扱います。
防災委員会	施設長、介護職、看護職等	年間で3回ほど防災訓練を企画し実施します。火事、水害、夜間など想定される災害をもとに避難を実施します。地域の災害協定を結んでいる場合は共同で訓練を行っ

		たり、消防署の職員の監督のもと実施したりします。
ボランティア委員会	ボランティアコーディネーター、介護職、相談員等	ボランティアについて話し合いをします。新たなボランティアの受入れ、イベント時のボランティアの依頼、小学生や幼稚園児の課外活動の受入れ等を取り扱います。
研修委員会	施設長、事務長、介護職、看護職、相談員、ケアマネジャー等	施設の研修予定を策定し、実施します。施設職員が講師となる研修、講師を呼んで施設内で行う研修、外部研修への参加等です。また、施設で受け入れる教職生や看護学生、初任者研修等実習場所として介護現場を提供する場合も、窓口となる場合があります。
（法定）事故防止検討委員会（第 31 条第 1 項第 3 号）	施設長、事務長、介護職、看護職、相談員、ケアマネジャー、栄養士、調理職員、機能訓練指導員等	ヒヤリハット報告書、事故報告書について協議し対応の確認や今後の予防対策を確認、周知させます。
苦情処理委員会	施設長、事務長、介護職、看護職、相談員、ケアマネジャー、栄養士等	利用者や利用者家族、地域住民等からの苦情について協議し、対応の確認や今後の予防対策を確認、周知させます。
（法定）身体拘束廃止委員会（第 15 条第 6 項第 1 号）	施設長、介護職、相談員、ケアマネジャー、看護職	施設内での身体拘束廃止に向けての現状把握及び改善について検討し、身体拘束をせざるをえない場合の検討と手続き、身体拘束の解除について話し合い、周知させます。（3 か月に 1 回以上開催。）

▌(3) 理事会、評議員会

　平成 28 年 3 月に社会福祉法が大幅に改正され、平成 29 年 4 月より施行されました。どの社会福祉法人ももれなく、この社会福祉法の適用を受けます。最も大きく変わった点は、この理事会と評議員会の力関係が逆転したことです。改正前は理事会が議決機関で、評議員会は諮問機関でした。諮問機関とは意見を言う機関です。諮問機関であったため、評議員の設置

は任意でした。

　平成29年4月より、評議員会は議決機関として必置され、理事会は業務執行機関として法人の経営を行うこととされました。理事と評議員の兼務は禁止され、評議員は職員さえも兼務することができなくなりました。立場は完全に中立となり、法人の経営を厳しく監視する役目を担います。

　会議の開催回数は、最低限で理事会は年に2回、評議員会は年に1回です。理事会は、3月の事業計画・予算理事会、5月～6月の事業報告・決算理事会、9月～10月の中間理事会がスタンダードです。評議員会は、6月の事業報告・決算評議員会を開催すればよいことになっています。

開催時期	会議名	内容	参加メンバー
3月	理事会	事業計画書、予算書の承認	理事、監事
5月～6月	理事会	補正予算、事業報告書、計算書類の承認	理事、監事
6月	評議員会	計算書類の議決	評議員
9月～10月	理事会	経営状況の確認	理事、監事

知っておきたい 介護用語　理事会

　理事会は、理事と監事で構成される業務執行を決定する機関です。監事は理事の業務執行について監督します。理事長または業務執行理事が、3か月に1回以上、自己の職務の執行状況を報告しなければならない定めがあるので、理事会は年4回以上開催することになります（定款で4か月を超える間隔で年2回以上とすることも可能です。3月、5月～6月の他に9月～10月に中間の理事会を開催する法人が多いようです。）。

　法人事務局は、会議に参加はできませんが、書類を作成するのは事務局であるため、質問に対して答えたり補足説明を行ったりします。

▍（4）税理士が関与するイベント

　私たち税理士は、伝票や試算表の確認や経営課題を打ち合わせるために訪問しますが、（1）〜（3）に掲げたイベント、委員会、理事会を参考に介護事業所の状況を聞いてみると良いでしょう。数字だけの把握に留まらず、事業所内の動きを知ることで、次の行動へのヒントが得られるかもしれません。

月	社会福祉法人	営利企業（3月決算モデル）
4月	決算、附属明細書作成	決算、納税見込みオーナーへ説明
	月次決算	月次決算
5月	理事会で説明が必要な場合は事務局側として出席し決算の補足説明	法人税、事業税、住民税、消費税申告書作成
	月次決算	月次決算
6月	評議員会で説明が必要な場合は事務局側として出席し決算の補足説明	月次決算
	公益法人等の損益計算書等の提出 収益事業を行っている場合は、法人税の申告書の提出（詳しくは第4章を参照）	
	月次決算	
7月	月次決算	月次決算
8月	月次決算	月次決算
9月	月次決算	中間申告
		月次決算
10月	月次決算	月次決算

11月	月次決算	月次決算
12月	年末調整	年末調整
	月次決算	月次決算
1月	法定調書	法定調書
	月次決算	償却資産税申告
		月次決算
2月	月次決算	月次決算
	予算作成支援	月次決算
3月	理事会で説明が必要な場合は事務局側として出席し予算の捕足説明	経営打合せ（事業計画、資金繰り、投資計画、年度末着地見込み）
	月次決算	月次決算

第2章 介護業界の動向

1 介護保険制度の財源

　介護保険制度の財源は、大きく2つに分かれます。財源の50%は、40歳以上の国民が支払う介護保険料です。残りの50%（国25%、都道府県12.5%、市町村12.5%）は税金です。合計12.4兆円が令和2年度の介護保険の予算です。また、この予算は年々増大しています。社会保障給付の中では、年金制度、医療（健康保険）制度に次ぐ大きな予算です。介護保険制度は、巨額のお金が動くシルバー産業です。

　下記は、厚生労働省が発表している介護保険給付（総費用額）の推移です。介護保険制度が創設されてから今日に至るまでの予算規模ですが、一度も減ることなく増加の一途をたどっていることがよくわかります。

平成12年度	3.6兆円	平成23年度	8.2兆円
平成13年度	4.6兆円	平成24年度	8.8兆円
平成14年度	5.2兆円	平成25年度	9.2兆円
平成15年度	5.7兆円	平成26年度	9.6兆円
平成16年度	6.2兆円	平成27年度	9.8兆円
平成17年度	6.4兆円	平成28年度	10.0兆円
平成18年度	6.4兆円	平成29年度	10.8兆円
平成19年度	6.7兆円	平成30年度	11.1兆円
平成20年度	6.9兆円	令和元年度	11.7兆円
平成21年度	7.4兆円	令和2年度	12.4兆円
平成22年度	7.8兆円		

　そして、令和7（2025）年度には、18兆円～21兆円になると予測されています。

　介護保険の財源確保は年々苦しくなります。利用者が増えて介護保険の利用がさらに促進されると、介護給付費（支出）は増えていきます。しかし、財源となる介護保険料や税金（収入）は、労働者人口の減少で減っていきます。

　このまま何もしなければ、支出と収入の均衡がとれなくなるため、介護

保険が利用できる対象者の見直しが行われました。世にいう、「選択と集中」です。

　介護度が重い方に対しては財源を振り分け、介護度が軽い方は介護保険の対象とせず、市区町村が住民サービスとして行う事業で対象とする政策です。

　その一部が、平成 29 年 4 月から始まった介護予防・日常生活支援総合事業です。介護保険の中にあった介護予防訪問介護と介護予防通所介護はスライドしてきたため、スムーズに利用されていますが、住民やボランティア主体の訪問介護サービスや通所介護サービスはまだどこも手探りの状態です。住民の教育やボランティアの育成が行われないと受け皿自体がつくれないためです。

　介護予防・日常生活支援総合事業を本格稼働させることで、要介護状態になるまでの時間がゆっくりとなり、その結果、介護保険の利用期間が短くなるというのが国の考え方です。介護予防・日常生活支援総合事業は、ボランティアにサービスを提供してもらうことで、費用も抑えられると見込まれています。

　なお、要支援者が利用する介護予防サービスの多くは、依然として介護

知っておきたい 介護用語　レセプト

　介護報酬を請求するために作成されるサービスの実績表です。介護保険請求ソフトで作成します。各介護サービスで様式が分けられていますが、クライアントの提供する介護サービスのレセプトだけ理解できれば良いと思います。税理士としては、レセプトを 1 枚ずつ確認することはなく、介護サービスごとの報酬、利用料、日常生活サービス費等の合計額を確認して伝票を作成します。

保険サービス内にあります。そのため、これらの介護予防サービスについても、介護予防・日常生活支援総合事業へ移ってくると考えておくべきでしょう。上記の国の考え方を踏まえて介護事業所の経営方針や今後の事業拡大について計画を練っておくと、今後の介護保険制度改正に対応できます。

2 介護現場の実情

　介護現場の雰囲気はそれぞれ違います。定員 100 名を超えるユニット型特別養護老人ホームのような大規模な施設があると思えば、ケアマネジャーが 1 人しかいない居宅介護支援事業所のような小規模な事業所もあります。

　大規模な施設だと、一般的に職員数には余裕があると思われがちですが、よく聞いてみると介護職員が不足していて一部ユニットを閉鎖していることがあります。その一方で、地域密着型のデイサービスで、介護職員は人手不足でフル稼働なんだろうなと思っていたら、週 2〜3 日勤務希望の職員をうまく雇用して人員が満たされているところもあります。つまりは、この規模だとうまくいっている、このサービスだと人は集まるという正解はない状態です。人員が充足できているのは、経営者やオーナーの手腕次第ともいえます。

　さて、厚生労働省が発表した「一般職業紹介状況（令和 3 年 1 月分）について」では、介護サービスの職業の有効求人倍率は、3.87 倍です。会計事務の職業の有効求人倍率が 0.57 となっていますので、やはりというか当然というか、介護業界は人手不足だということがわかります。

　ここで社会福祉法人東京都社会福祉協議会が東京都内の特別養護老人ホームを対象に行った実態調査の結果をまとめた「平成 30 年度特別養護老人ホームにおける介護職員充足状況に関する実態調査」（回答施設数：

385）をご紹介します。

　調査時期は、平成 30 年 5 月 23 日〜6 月 8 日です。平成 28 年 9 月にも調査は行われていましたが、調査レポートは、深刻な介護人材不足は変わらず、依然として厳しい状況が続いていると報告しています。老人福祉法及び介護保険法が定める人員の基準では介護現場は成り立ちませんので、事業所独自で人員の配置を決めています。ところがその事業所独自で人員の配置まで職員を採用できている事業者は、半分程度と回答しています。さらに、人が不足している期間は 6 か月以上とする回答が 71.1％ と非常に厳しい職場環境がみえてきます。この穴埋めは職員の超過勤務対応や派遣スタッフの活用です。

●特養における利用率及び介護職員充足状況に関する実態調査（概要）

施設独自の人員配置基準を定めている施設のうち、その基準を満たしている施設と満たせていない施設の割合

施設独自の人員配置基準の基準値（回答：181 施設）

選択肢		回答数	％
満たしている		83	45.9
満たしていない		97	53.6
	ユニット型	28	28.9
	併設型	12	12.4
	従来型	56	57.7
	無回答	1	1.0
無回答		1	0.6

人員配置基準を満たしていない期間（回答：97施設）

選択肢	回答数	%
1カ月未満	3	3.1
1カ月	1	1.0
2カ月	3	3.1
3カ月	7	7.2
4カ月	3	3.1
5カ月	7	7.2
6カ月以上	69	71.1
無回答	4	4.1

知っておきたい介護用語　管理者

　介護事業所のトップである施設長や責任者のことです。法令により、特別養護老人ホームのトップは施設長となります。その他、介護老人保健施設、介護療養型医療施設、在宅介護サービスの場合は、それぞれの法令で管理者としています。なお、実際に使用する呼称は事業所が独自に決められますので、例えば、センター長と呼んでも構いません。そのため、必ず名刺で確認しておくことが良いと思います。オーナーや理事が管理者を兼務している場合があるため、より上級の役職でお呼びしたほうが良いこともあります。気になるようでしたら、初対面のうちにその方か周りの職員に聞いておくことをお勧めします。

　まさに人手不足の状況です。管理者やオーナーは、薄氷を踏む思いで経営をしています。超過勤務や派遣スタッフの活用は、人件費の高騰を招きます。しかし、介護報酬は改正の都度下がる傾向にあります。収支のバランスが悪化していくのは目に見えています。会計の専門家としての税理士の役割は、ここでこそ発揮されるものであると思います。

3　介護勉強会

　介護業界は人手不足で、超過勤務があり忙しいということがよくわかりました。とはいっても、スキルや知識の獲得、課題の解決のために勉強は必要です。税理士は年間研修時間が 36 時間と義務づけられていますが、介護職員には規定はありません。しかし、忙しいことを理由に自己研鑽をおろそかにはできません。

　介護事業所は、職員の余裕がない中、職員には研修を受けてもらうべくやりくりをしています。日々の業務をこなすのが精いっぱいという状況であっても、事業所として外部の研修に行かせて勉強をしてもらい、その内容を施設内研修という形で参加していない職員にフィードバックしてもらいます。

　ただし、事業所に余裕がないため、管理者やオーナーが研修機会を設けられないケースもあります。それでも、自ら私的に開催されている勉強会や情報交換会に自費で参加する職員も少なくありません。

　動機は単純です。「もっと利用者に良いケアをしたい」、そして「新しい仲間を見つけたい」ということです。

　新しい仲間が見つかれば、他の事業所の情報、他の事業所の職員の情報、利用者のために行っている自分の知らない情報を仕入れることができます。

　勉強会はフェイスブックで公開されているものもあれば、インターネッ

トで検索して見つかるものもあります。ビジネスとして企画会社が運営する勉強会もありますが、介護現場で働く介護職員が有志で行う面白い勉強会もあります。

　私がよく参加するのは、特別養護老人ホームの施設長が企画開催されている「介護ラボしゅう」という勉強会です。毎月1回定例会が開催されており、すでに令和2年12月現在で121回も開催されている歴史のある勉強会です。公式ホームページによると、「仕事や仕事でなくても介護に携っている人、関心がある人や福祉・医療関係者を地域や会社・立場などを越えて集まり、話し合う場をつくり、情報交換や助け合いできる場をつくっています」と書かれています。その記載の通り、毎回様々な業種や職種の方が参加されます。

　私自身も直接介護現場で働いているわけではないですが、じかに現場の方とお話できる機会は貴重と考えています。とりわけ、毎回のテーマについてどのように考えて、解決していくのかの答えは、別の機会に介護事業所経営者の方とお話をする際に、「現場職員はこうも考えませんか」といった提案ができるなど、引き出しを多く持たせてくれます。非常に仕事につながる情報が詰まっています。テーマは毎回異なり、個人ワークとグ

知っておきたい介護用語　施設長

　特別養護老人ホームの管理者のことです。介護老人保健施設や介護療養型医療施設の場合は、法令上は管理者ですが、便宜上、施設長と呼ぶことが多いようです。また、特別養護老人ホームで複数の介護サービスを展開している場合は、1人の施設長が他の管理者を兼務することが多いです。そのため、特別養護老人ホーム以外の所属の職員であっても一括りで施設長と呼んでいるようです。

ループワークを組み込んで課題について考え、話し合ってヒントや答えを見つけていきます。

　介護ラボしゅう　https://kaigolabo-shuu.jimdofree.com

4　介護カフェ

　今、介護業界で旋風を巻き起こしているのは介護カフェです。1 人の女性が始めた「未来をつくる kaigo カフェ」は、100 人、200 人が一堂に会する情報交換イベントです。情報交換会は月に 1 度程度開催されていますが、情報が公開されるや否や数時間で定員に達してしまいキャンセル待ちとなってしまう状況です。

　介護カフェは、毎回講師を招いて、先駆的取り組みや直面している課題などテーマを掲げ、対話を通じて課題解決のヒントを得ていくという場です。カフェという名称からもわかるように肩肘張らず、ゆったりとした感じです。そして大事なことは、「相手を否定しない」というスタンスで対話を行うことです。こんなことを言って笑われやしないか、あんなことを言って怒られやしないかという心配は無用です。対話とは、まさにそういった安全な場所であるからこそ初めてできるものです。相手を論破するのは話し合いではありません。

　未来をつくる kaigo カフェ　https://kaigocafe.com/

5　クレド導入

　クレドとは、経営理念を行動指針に落とし込んだものです。ザ・リッツ・カールトン大阪のクレドは有名ですが、独自のクレドを掲げている介護事業所もあります。介護現場は複数の専門職で組織されるため、各々の

資格・専門領域が邪魔をして、他職種連携の妨げになる場合は少なからずあります。そこで、クレドや経営理念を掲げて、ベクトルを合わせることでより良いサービスの提供に役立たせているのです。

　理念やクレドは存在しているだけではだめです。上司・リーダーの言動が法人の理念や方針に則っていることが重要です。そうすれば、シフトにより様々な職員と協働するにしても、また世代間の開きがあっても、理念や方針が共有されていれば共通言語で話し合いができます。また、夜勤などで1人勤務になっても、クレドという拠って立つ場所があれば、落ち着いて考えられます。

　もちろん、理念やクレドを常に念頭に置いていても実務ではうまくできないこともあります。この場合も、1人で悩まずに上司や同僚とともに理念に基づいて話し合いを行い、答えを職場の総意とすることで、安心して仕事に従事できます。

　会計事務所でもクレドを導入する時代です。まだ導入していない介護事業所に伺う機会があったら、クレドを紹介してみてもよいと思います。

6　社会福祉法人制度改革

▌（1）改正の経緯

　昭和26年3月29日に制定された社会福祉事業法をもとに、旧民法上の公益法人の特別法人として社会福祉法人制度が創設され、社会福祉法人が誕生しました。この社会福祉法人は、措置制度という国・地方公共団体からの福祉事業の委託により、順調に成長・拡大してきましたが、介護保険法の施行により一気に荒波にもまれることとなりました。成長分野と期待される介護業界に対して、チャンス到来とばかりに株式会社や合同会社、社団法人、NPO法人が進出したからです。そのため、社会福祉法人はその役割を終えたのではないか、社会福祉法人だけ優遇されるのはおかしい

のではないか、と矢面に立たされています。補助金や非課税などの優遇がされない民間法人の意見としては当然です。そこで社会福祉法人を所管する厚生労働省は、社会福祉法人に対して新たな役目を負わせることにしました。

　平成12年4月1日に介護保険が始まってから1か月後に、厚生省老人保健福祉局長通知「低所得者に対する介護保険サービスに係る利用者負担額の軽減制度の実施について」（平成12年5月1日老発第474号）が発出されました。この通知の別添3（発出当時）に、「社会福祉法人等による生計困難者に対する介護保険サービスに係る利用者負担額減免措置事業実施要綱」があります。

　社会福祉法人には、社会福祉事業と利用者負担額減免措置事業を期待されたわけです。ところが、この減免措置事業は、強制ではありません。社会福祉法人といえども、その歴史や規模によって台所事情はまちまちです。そのため、減免措置事業の実施は社会福祉法人の判断に委ねられています。法人の判断の結果、その事業を実施するという申出をしなくとも非難されることはありません。例えば、介護保険制度が始まってから誕生した社会福祉法人は、介護報酬の削減のあおりを食らっていて、内部留保どころではない状況です。理事会で将来に備える目的で減免分のお金を内部に貯めておき、減免措置事業は体力がついてから始めることとしていても不思議ではありません。

　潮目を変えたのが平成18年の公益法人制度改革です。これにより、一般社団法人・一般財団法人、公益社団法人・公益財団法人について新たな機関設計が導入されることになりました。役員等の権限・義務・責任の明確化を行い、評議員会による理事などを牽制監督する仕組みを導入し、会計管理の専門機関である会計監査制度の導入により、ガバナンスを強化する措置が公示されたのです。この改革を受けて、上記の各法人と同じく公共性が高い社会福祉法人は、さらに公益性・非営利性を追求されることとなりました。

　ところが、平成25年5月に、社会福祉法人には平均して3億1千万円の内部留保があると報道されました。利用者負担額減免措置事業を行っているはずの社会福祉法人が、実は、巨額のお金を内部に貯めこんでいるとされたニュースです。社会福祉法人の元職員としては、これはあまりに社会福祉法人の仕組みを無視した数字が独り歩きしていると感じました。

　まず、この報道による内部留保の解釈は、「次期繰越活動収支差額」と人件費や施設整備関連の積立金の合計とされています。この合計額には、預貯金や未収金も入っていますが、そのほとんどは土地や建物などの固定資産が占めています。事業会社でも同じです。

　3億1千万円という金額はあまりにも現実とかけ離れているので、厚生労働省は、土地や建物などの固定資産を除いた真の「内部留保」を定義して、再度計算しました。その結果、1施設あたりの内部留保平均額は1億5千万円強となりました。

　余談ですが、税理士の立場から見ても、まず、内部留保は金額だけで判断されるものではないとわかります。正常な企業は、流動資産＞流動負債×3か月を安全水域の目安として経営しているからです。流動資産＝流動負債のような財政状況は、かつかつというよりは、危険水域でしょう。このように理解して指導している税理士は多いのではないかと思います。もちろん、この3か月は規模が大きくなれば変わっていくもので、もっと規模の大きい法人では3か月ではなく6か月や1年程度の流動資産を確保するように努めるはずです。

　さて、厚生労働省は金額のみならず、その内部留保がその法人にとって多いのか少ないのかの多寡の判定を行いました。この結果、内部留保が多いとされた社会福祉法人は全体の3割、内部留保が少ないとされた社会福祉法人は全体の5割とわかりました。これに加えて、「社福軽減の実施・未実施と、内部留保額の多寡との関係は特段見られなかった」とされています。（参照：平成25年5月21日第7回介護給付費分科会―介護事業経営調査委員会　「資料3　特別養護老人ホームの内部留保について」より）

　世間からたたかれるほど悪いことをしているわけではないのですが、し
かし、世間は数字に敏感で、3 億 1 千万円や 1 億 5 千万円という数字が独
り歩きし、社会福祉法人はけしからんとなっていきました。

　そこで、平成 27 年に社会福祉法人改革の口火が切られ、平成 28 年 3 月
31 日に国会で改正社会福祉法（社会福祉法等の一部を改正する法律）が
可決され、社会福祉法人制度が改革されることになりました。この社会福
祉法人制度の改革は、原則、施行日を平成 29 年 4 月 1 日としながらも、
改正の一部を平成 28 年 3 月 31 日、平成 28 年 4 月 1 日施行としています。

(2) 改正社会福祉法のポイント

　今回の「社会福祉法等の一部を改正する法律」のポイントは、大きく 2
つに分けられます。

　「社会福祉法人制度の改革」と「福祉人材の確保の促進」です。このう
ち、社会福祉法人に直接的に関係するのは前者の社会福祉法人制度の改革
です。

　この制度改革は、社会福祉法人制度を公益性・非営利性を確保する観点
から見直し、国民に対する説明責任を果たし、地域社会に貢献することを
目的としており、社会福祉法人の在り方を下記の 5 つの骨子により規定し
ています。

　①経営組織のガバナンスの強化

　②事業運営の透明性の向上

　③財務規律の強化（適正かつ公正な支出管理・いわゆる内部留保の明確
　　化・社会福祉充実残額の社会福祉事業等への計画的な再投資）

　④地域における公益的な取り組みを実施する責務

　⑤行政の関与の在り方

① 経営組織のガバナンスの強化

　理事や理事長に対する内部牽制機能を法人に持たせ、一定規模以上の法

人については、財務会計のチェック機能を強化することとしました。

ⅰ 議決機関としての評議員会の設置義務

これまでは、理事会が法人の議決機関であり、評議員会は任意設置機関、かつ、諮問機関でした。諮問機関は、意見を述べることができますが、その意見は理事会の議決の際に参考にされる程度です。そのため、理事会への牽制は十分ではありませんでした。これを受け、すでに改革された公益法人制度改革を参考に、評議員会を法人の基本的事項を議決する機関として権限を与え、理事、理事長、そして理事会を牽制監督する役割を担うこととなりました。

今回の改革により、理事と評議員の兼務、評議員と職員の兼務など特殊

知っておきたい 介護用語 社会福祉制度改革

平成 28 年 3 月 31 日に可決・成立・公布された社会福祉法等の一部を改正する法律に基づいて行われる社会福祉法人の経営組織のガバナンスの強化、事業運営の透明性の向上等の改革のことです。評議員会の設置義務化、評議員の理事や職員の兼務の禁止など内部統制と法人内部の情報公開が強化されました。

知っておきたい 介護用語 社福（しゃふく）

社会福祉法人のことです。社会福祉法により、社会福祉事業を行うことを目的として、設立される法人です。特別養護老人ホームを経営できる唯一の民間団体です。一方で公益性の高い法人であるため税金の優遇や手厚い補助金を受けることがあります。都道府県や市区町村に 1 つずつある社会福祉協議会も社会福祉法人です。

関係に該当する人は、評議員に任命できなくなりました。この結果、評議員会の独立性が担保されました。

　理事、評議員のほかに監事という役員がいます。監事は、法人の業務執行と会計監査を行う役目を担っています。これまでは理事会への参加義務はなく任意での参加でしたが、今後は参加が義務づけられ、評議員と同じく内部への牽制の役目を負います。監事は、理事はもちろんのこと、評議員の兼任はできません。さらに監事は、職員や顧問税理士・顧問弁護士も兼務はできません。監事も独立性が担保されています。

　今後、監事は理事会の議論を把握して、理事会の議論が法令や定款に違反する決議とならないよう、また、不当な決議が行われないように目を光らせます。

　この経営組織のガバナンスの強化は、平成 29 年 4 月 1 日から行われています。4 月 1 日には評議員がいなくてはいけません。そのため、4 月 1 日から評議員を探していてはとても間に合わないので、実際は、平成 28 年 10 月くらいから準備が行われました。具体的な準備は、定款の変更と評議員の人選です。平成 29 年の 1 月～3 月には、この定款変更が完了し、評議員の人選が行われ、新たに設置された評議員選任解任委員会という機関で評議員が選任されました。どの社会福祉法人も等しく、平成 29 年 4 月 1 日に評議員が誕生しました。

ⅱ 一定規模以上の法人への会計監査の導入

　法人内の内部統制が進む一方で、一定の規模を超える社会福祉法人は会計監査人による外部監査が義務づけられました。外部監査を受ける社会福祉法人の規模は下記の通り激変緩和措置がとられています。年々一定規模が引き下げられ、最終的には、少し大きい規模の社会福祉法人はこの外部監査の対象となります。

（ⅰ）収益 30 億円を超える法人または負債 60 億円を超える法人……平成 29 年度より開始

(ii) 収益20億円を超える法人または負債40億円を超える法人……平成31年度より開始→延期（※）

(iii) 収益10億円を超える法人または負債20億円を超える法人……令和3年度より開始→延期（※）

※ 法人の準備期間等を考慮し、(ii)以降の実施は現在延期されています（平成30年11月2日厚生労働省事務連絡）。

なお、上記は義務化される法人の基準である一方で、任意で外部監査を受けることも可能です。

外部監査が行える者（以下「会計監査人」という）は、公認会計士または監査法人に限られているため、残念ながら税理士の出る幕はありません（社会福祉法第45条の2）。ただし、会計監査人となった公認会計士または監査法人は、社会福祉法人の会計・税務顧問となることはできません。理由は、記帳代行業務を行う公認会計士が、同時に当該法人の会計監査人に就任した場合は、自身が作成した計算書類を自身で監査することとなり、自己点検に該当するため適当ではないからです。このことは、税理

知っておきたい 介護用語　経理規程

　社会福祉法人が備え付けている経理に関するルールです。厚生労働省でひな形が用意されています。経理規程で注意してみておきたいのが、小口現金の限度額、利用料等を現金で受け取った場合の金庫で保管できる日数、月次収支計算書の理事長への報告期限等です。厳格に規定しているにも関わらず、実行できていないケースが散見されます。必要に応じて、できる範囲まで規定を緩和する提案も必要です。できないままの規定で運用していて、実地指導の際に指摘を受けてしまうのは大変残念です。

士・税理士事務所にとっては、通常の業務である会計顧問契約をクライアントと締結し、力を発揮するチャンスを意味します。

　会計監査人の業務について、詳しくは日本公認会計士協会から公表されている「社会福祉法人の計算書類に関する監査上の取扱い及び監査報告書の文例」（非営利法人委員会実務指針第40号）をご覧ください。

ⅲ 専門家による支援

　今回の社会福祉法の改正によって、会計監査でもなく、会計顧問でもない第3のビジネスチャンスが生まれました。厚生労働省の通知「会計監査及び専門家による支援等について」（平成29年4月27日社援基発0427第1号）の中の「専門家による支援について」がそのビジネスチャンスに該当します。

　専門家による支援の目的は、会計監査を受けない法人において、当該法人の事業規模や財務会計に係る事務体制等に即して、毎年度、財務会計に関する内部統制の向上や財務会計に関する事務処理体制の向上を図ることです。

　専門家による支援は、次の2つの支援に分けられます。
・公認会計士または監査法人限定で行われる「財務会計に関する内部統制の向上に対する支援」
・公認会計士、監査法人、税理士若しくは税理士法人により行われる「財務会計に関する事務処理体制の向上に対する支援」

(ⅰ) 財務会計に関する内部統制の向上に対する支援

　財務会計に関する内部統制の向上に対する支援は、上記通知の別添1に掲載されている「財務会計に関する内部統制に対する支援項目リスト」に記載された支援項目に添って、発見された課題及びその課題に対する改善の提案の報告を受けるものとなっています。

　しかし、支援の内容が多岐にわたっており、対応にはそれなりの時間や

労力、コストがかかると思われますので、ある程度事務の体制がしっかりとれている法人でないとこの支援には耐えられないのではないでしょうか。

(ii) 財務会計に関する事務処理体制の向上に対する支援

財務会計に関する事務処理体制の向上に対する支援は、上記通知の別添2に掲載されている「財務会計に関する事務処理体制に係る支援項目リスト」の項目に添って、「YES」「NO」「所見」にチェックしていく書式となっています。社会福祉法人側としては、この財務会計に関する事務処理体制の向上に対する支援は、内容が限定されており、わかりやすく、答えやすい項目だと思います。そのため、導入のハードルは下がるのではないかと思います。社会福祉法人の組織や会計に不慣れな専門家であっても、記載されている確認事項が日頃耳にしている用語で構成されているため、受け入れやすいと思います。例えば、以下の確認事項です。

勘定科目・項目等	確認事項	残高等	チェック		
会計帳簿	・正規の簿記の原則に従って適時に正確な会計帳簿を作成しているか。		YES	NO	所見
	・計算書類に係る各勘定科目の金額は、主要簿（総勘定元帳等）と一致しているか。		YES	NO	所見
	・基本財産（有形固定資産）及びその他の固定資産（有形固定資産、無形固定資産）の金額は、固定資産管理台帳と一致しているか。		YES	NO	所見
	・計算書類に係る各勘定科目の金額は、補助簿（現金出納帳、棚卸資産受払台帳、有価証券台帳等）と一致しているか。		YES	NO	所見

		YES	NO	所見
・経理規程に定められた会計帳簿（仕訳日記帳、総勘定元帳、補助簿及びその他の帳簿）は拠点区分ごとに作成され、備え置かれているか。				

　これまで、社会福祉法人に縁がなかった専門家であっても、いつもの仕事の延長で仕事ができるフィールドです。税理士や税理士法人の新たな業務メニューとしてぜひ加えてください。

(iii) 専門家による支援を受ける理由

　これら2つの支援業務は、いずれも社会福祉法人の任意に基づくものです。では、わざわざやることのない監査のような支援を、お金を払って、時間や労力をかけて受ける理由はどこにあるのでしょうか。その理由は、実地指導との関係です。平成29年4月27日に厚生労働省雇用均等・児童家庭局長より発出された「社会福祉法人指導監査実施要綱の制定について」という通知があります。この通知に基づいて行われる指導監査に対して、社会福祉法人側が日頃からきちんと運営を行い、書類を整備していれば、ほぼ問題がなく終わる調査です。ただし、運営に全く問題のない法人はなく、書類が完璧に揃っているというのは理想であり、実際は何かしら問題を抱えているのが実態です。

　所轄監督庁は、法人の運営状況、会計、サービスの提供状況の3つのポイントに分け、1日～3日程度の日数をかけて調査します。調査中は、理事長、施設長、現場の責任者、ケアマネジャー、生活相談員など主要なメンバーとのヒアリング、場合によっては説明を求めるなどして実態を把握します。各種法令、ルールに基づいていないと判断される項目については、指導を行います。

　万が一、施設の運営や書類の整備状況が悪意に基づいて行われている（例えば、行っていないはずの介護サービスにもかかわらず書類が平然と

整備され、介護報酬の請求を行っている。介護職員数が足りないのに足りていると報告し、介護サービスを行っている等）と判断されると、指導から監査に切り替わり、徹底的に調査が行われます。介護報酬の返還や介護保険サービスの指定取消をされてしまうと、社会福祉法人にとってのダ

知っておきたい 介護用語　実地指導

　社会福祉法人指導監査とは、社会福祉法第56条第1項及び第70条の規定に基づいて所轄監督庁が社会福祉法人に対して実際に赴いて行う実地の指導及び監査です。社会福祉法人が、遵守すべき事項を守って運営しているかの実態調査です。所轄監督庁とは、都道府県や市区町村です。この実地指導は3年に一度といわれていますが、介護事業所数が増加したために対応できていない状況のようです。この実地指導のほかに集団指導というものがあり、都道府県や市区町村が1つの部屋に介護事業所の責任者を集めて注意喚起をするというものもあります。また、書面調査というものもあります。これは、紙面や表計算ソフト上の質問事項に答え、それを所轄監督庁へ郵送やメール添付で返送するというものです。上記の規定の他に、老人福祉法第18条第1項及び第2項、介護保険法第23条または第24条第1項の規定により、社会福祉法人以外の法人についても行われます。

知っておきたい 介護用語　実地監査

　実地指導が行われて重大な不正が見つかった場合、指導から監査に切り替わります。監査となると行政処分となるため、指定取消など重い処分となることもあります。また、通報などにより虐待等が行われている恐れがあると考えられる場合は予告なく監査が行われます。

メージは計り知れません。そのため、どこの社会福祉法人も、この指導までは仕方がないとしても、監査だけは絶対に受けたくないと考えています。

その指導監査について、「アメ」となるのが、この通知の別添「社会福祉法人指導監査実施要綱」の「3　一般監査の実施の周期」に記載のある部分です。会計監査人による監査を受けた場合（会計監査を受ける義務のある法人）と会計監査人による監査に準ずる監査を受けた場合（会計監査を受ける義務はないが、任意で受けた法人）については、通常3年に一度の周期で行われる指導監査が5年に一度と緩和されます。また、専門家による財務会計に関する内部統制の向上に対する支援または財務会計に関する事務処理体制の向上に対する支援を受けた法人は、その周期が4年に一度に緩和されます。つまり、実地指導の回数が減るということです。初めてとなる専門家による支援への期待は、社会福祉法人や所轄監督庁からもあるといえます。

② 事業運営の透明性の向上

社会福祉法人は、その公共性の高さから公益財団法人以上の運営の透明性を求められており、これまでも様々な情報公開を行ってきました。

例えば、事業計画や計算書類の類は、法人窓口に備えつけ、誰でも閲覧できるような状態にしていましたし、ホームページへも計算書類の掲載が義務づけられていました。また、福祉サービス第三者評価の結果は、独立行政法人福祉医療機構（WAM）の福祉サービス第三者評価情報のサイトで見ることができ、すでにガラス張りとなっていました。

（https://www.wam.go.jp/wamappl/hyoka/003hyoka/hyokanri2.nsf/aHyokaTop）

しかし、公益財団法人が制度改革によってさらに書類を開示することとなり、社会福祉法人もさらなる情報を開示することとなりました。具体的には、次表の通りの開示となります。

	社会福祉法人		公益財団法人	
	備置き閲覧	公表	備置き閲覧	公表
事業報告書	○	―	○	―
財産目録	○	―	○	―
貸借対照表	○	○	○	○
収支計算書（事業活動計算書・資金収支計算書）	○	○	○	○
監事の意見を記載した書類	○	―	○	―
現況報告書（役員名簿、補助金、社会貢献活動に係る支出額、役員の親族等との取引状況を含む）	◎	○	○	―
役員区分ごとの報酬総額	◎（※）	◎（※）	○	―
定款	◎	◎	○	○
報酬等の支給の基準	◎	◎	○	○
事業計画書	◎	―	○	―

（※）現況報告書に記載
◎　新たに義務化されたもの

　従来と比較して、現況報告書、定款、報酬等の支給の基準、事業計画書を新たに閲覧対象とすることとなりました。閲覧請求者も法人の直接的な利害関係者にとどまらず国民一般とされました。さらに、定款、報酬等の支給の基準が新たに公表の対象となり、ますます法人の内情を外部に示すことになります。これからは内部統制に加えて、外部の目を意識した法人経営をしなければいけません。

　また、今回、役員区分ごとの報酬総額を公表することとなったことは影響が大きいと思います。すでに、社会福祉法人は、今回の社会福祉法人制度改革の一環として、役員や評議員に支給できる報酬総額を確定させられ

ました。この報酬額をさらに公表することで、理事長や役員が不当に高い給与をもらえないように制度で決め、さらに、外部の目に晒すということで二重の予防策を作ったといえます。ウェブサイトで気軽に社会福祉法人の内情を見ることができる現在、余計な非難を受けないように、社会福祉法人は今後も襟を正した法人経営を行わなければいけません。

③ 財務規律の強化

　財務規律の強化とは、適正かつ公正な支出管理・いわゆる内部留保の明確化・社会福祉充実残額の社会福祉事業等への計画的な再投資のことです。今回の社会福祉法人制度改革の目玉といえます。社会福祉法人の内部留保を放出するための新制度です。それが、社会福祉充実計画です。そして、ここにも、公認会計士、税理士等の新たなビジネスチャンスがあります。

　前項で触れましたが、ことの発端は、社会福祉法人に数億円もの内部留保が蓄えられているという報道によって、社会福祉法人はけしからんとなった巨額内部留保蓄積問題です。新たに始まった社会福祉充実計画によって、この内部留保を、自らの社会福祉事業への活用、地域公益事業への投資へ強制的に使用させることが狙いです。

　このたび、改正された社会福祉法第55条の2では、社会福祉充実残額（「社会福祉充実財産」とも呼ばれます。）がある場合には、それを既存の社会福祉事業や新たな社会福祉事業や公益事業に使うという計画（社会福祉充実計画）を立てて、実施することが義務づけられています。

　社会福祉充実計画を作成すべきかどうかについては、すでに社会福祉充実残額計算シートが用意されていますので（社会福祉法人の財務諸表等電子開示システム内の社会福祉充実残額算定シート）、各社会福祉法人は、その計算シートを使用して確認していくことになります。なお、社会福祉充実残額の算定にあたって、次の概念図が参考になるかと思います。

資産				
	▲負債			
	▲基本金			
	▲国庫補助金等特別積立金			
	活用可能な財産	社会福祉充実残額		→ 社会福祉充実計画を策定し、原則5年間（最大10年間）で既存事業や新規事業に再投資
		▲社会福祉法に基づく事業に活用している不動産等	控除対象財産	
		▲不動産等の再取得に必要な財産		
		▲必要な運転資金		

控除対象財産は、以下の通りです。

社会福祉法に基づく事業に活用している不動産	財産目録により特定した事業対象不動産等に係る貸借対照表価額の合計額－対応基本金－国庫補助金等特別積立金－対応負債
不動産等の再取得に必要な財産	ア＋イ＋ウ 〈ア　将来の建替に必要な費用〉 　（建物に係る減価償却累計額×建設単価等上昇率）×一般的な自己資金比率22％または建設時の自己資金比率（22％を上回る場合） 〈イ　建替までの間の大規模修繕に必要な費用〉 　（建物に係る減価償却累計額×一般的な大規模修繕費用割合30％）－過去の大規模修繕に係る実績額 〈ウ　設備・車両等の更新に必要な費用〉 　減価償却の対象となる建物以外の固定資産に係る減価償却累計額の合計額
必要な運転資金	年間事業活動支出の3月分

　この計算により、社会福祉充実残額が発生した場合は、社会福祉充実計画策定の作業に移ります。この社会福祉充実計画策定は、法人自身がその使途を「見える化」し、自主的に使用していきます。使途は制限されていて、収益事業には使用できません。

使途	具体例
第 1 順位：社会福祉事業	職員処遇の改善 新たな人材の雇入れ 既存建物の建替　等
第 2 順位：地域公益事業	単身高齢者の見守り 移動支援 制度の狭間に対応する包括的な相談支援　等
第 3 順位：公益事業	介護人材の養成事業 ケアマネジメント事業 配食事業　等

　次に社会福祉充実計画原案は、社会福祉法第 55 条の 2 第 5 項により、その原案が妥当かどうか公認会計士・税理士その他財務に関する専門的な知識経験を有する者として厚生労働省令で定める者の意見を聴く必要があります。「厚生労働省令で定める者」とは、監査法人または税理士法人を指しますが、当該法人の顧問税理士や顧問会計士、または当該資格を有す

知っておきたい 介護用語　社会福祉充実残額

　社会福祉法人が保有する財産のうち、事業継続に必要な財産（控除対象財産）を控除した後の財産です。社会福祉充実残額が生じる場合には、法人が策定する社会福祉充実計画に基づき、既存事業の充実や新たな取り組みに有効活用する仕組みを構築しなければいけません。

る理事、監事、評議員、さらには会計監査人でも構わないとされています。

　意見は単に聴けばよいというものではなく、社会福祉法人の経営の自主性の尊重、法人負担軽減の観点から、社会福祉充実残額の算定過程を中心に確認を行い、確認書を作成するものとされています。「手続実施結果報告書」という書式があり、きちんと確認したとのお墨付きを与えることになります。

　とはいっても、社会福祉充実残額は、計算シートに基づいて計算されているので、計算シートに入力された数値が決算書の数値と合っているか、社会福祉充実計画に記載のある事業費用が資金計画や事業の詳細の事業費と整合性を伴っているかを確認する作業となります。決して社会福祉充実残額を使った社会福祉充実計画そのものについてケチを付けるというものではありません。簡単にいうと、計算が合っているかどうかということです。

　社会福祉充実計画を作成した社会福祉法人は、公認会計士・税理士等の意見を聞いて、確認書を作成してもらわないといけないため、公認会計士・税理士にとっては新たなビジネスチャンスになるといえます。大きな報酬にはならないかもしれませんが、確認書という成果物を作成し、そこに捺印するわけですから無料ということにはなりません。すでに顧問となっている先生はもちろんのこと、監事や会計監査人に就かれている先生も積極的に受任されるとよいと思います。

④ 地域における公益的な取り組みを実施する責務

　社会福祉法人の公益性・非営利性を踏まえて、内部留保や社会福祉充実財産の有無にかかわらず、社会福祉法人の本旨から導かれる本来の役割を明確化するため、「地域における公益的な取り組み」の実施に関する責務規定が創設されました。

社会福祉法　第 24 条

二　社会福祉法人は、社会福祉事業及び第 26 条第 1 項に規定する公益事業を行うに当たっては、日常生活又は社会生活上の支援を必要とする者に対して、無料又は低額な料金で、福祉サービスを積極的に提供するよう努めなければならない。

　ここで、社会福祉事業、公益事業、収益事業については再度確認が必要です。

i　社会福祉事業

　社会福祉事業とは、社会福祉法第 2 条で規定される第 1 種社会福祉事業と第 2 種社会福祉事業を指します。高齢者介護に限ると次の通りとなります。

社会福祉事業	根拠条文	施設名・事業名
第 1 種 社 会福祉事業	老人福祉法に規定する事業（社会福祉法第 2 条第 2 項第 3 号）	・養護老人ホーム（老人福祉法第 20 条の4） ・特別養護老人ホーム（老人福祉法第 20 条の 5） ・軽費老人ホーム（老人福祉法第 20 条の6）
第 2 種 社 会福祉事業	老人福祉法に規定する事業（社会福祉法第 2 条第 3 項第 4 号）	・老人居宅介護等事業（老人福祉法第 5 条の 2 第 2 項） ・老人デイサービス事業（老人福祉法第 5 条の 2 第 3 項） ・老人短期入所事業（老人福祉法第 5 条の 2 第 4 項） ・小規模多機能型居宅介護事業（老人福祉法第 5 条の 2 第 5 項） ・認知症対応型老人共同生活援助事業（老人福祉法第 5 条の 2 第 6 項） ・複合型サービス福祉事業（老人福祉法第 5 条の 2 第 7 項）

老人福祉法に規定する施設（社会福祉法第2条第3項第4号）	・老人デイサービスセンター（老人福祉法第20条の2の2） ・老人短期入所施設（老人福祉法第20条の3） ・老人福祉センター（老人福祉法第20条の7） ・老人介護支援センター（老人福祉法第20条の7の2）

　第1種社会福祉事業の経営主体は、行政及び社会福祉法人が原則です。特に個別法により、保護施設並びに養護老人ホーム及び特別養護老人ホームは、行政及び社会福祉法人に限定されています。第2種社会福祉事業は経営主体に限定がかかっていません。すべての主体が届出をすることにより事業経営が可能です。

ⅱ 公益事業

　公益事業は、厚生労働省が発出している「『社会福祉法人の認可について』の一部改正について」（平成28年11月11日雇児発1111第1号、社援発1111第4号、老発1111第2号）で社会福祉法人の行う事業として公益事業が規定されています。また、「『社会福祉法施行令第4条第7号の規定に基づき厚生労働大臣が定める社会福祉法人の収益を充てることのできる公益事業』の一部改正について」（平成19年3月30日雇児発第0330005号、社援発第0330002号、老発第0330002号）で定義されています。

　なお、社会福祉法人が公益事業を行う場合、事前に所轄庁の許可が必要で、また、定款への記載も必要です。もちろん、公益を目的とする事業であって、社会福祉事業以外の事業であることとなります。

　社会福祉事業と密接な関連を有する事業としては、以下の事業が想定されます。東京都福祉保健局「社会福祉法人の設立の手引」を基に筆者が加筆して作成しました。

●公益事業（社会福祉法人審査基準第 1 の 2・審査要領第 1 の 2）

認められる事業	例えばこんな事業
必要な者に対し、相談、情報提供・助言、行政や福祉・保健・医療サービス事業者等との連絡調整を行う等の事業	地域の総合相談窓口の設置
必要な者に対し、入浴、排せつ、食事、外出時の移動、コミュニケーション、スポーツ・文化的活動、就労、住環境の調整等（以下「入浴等」という）を支援する事業	移動サービス（福祉有償運送、福祉タクシー、ハンディキャブの運行、等） 配食サービス
入浴等の支援が必要な者、独力では住居の確保が困難な者等に対し、住居を提供または確保する事業	無料低額宿泊所 生計困難者生活相談
日常生活を営むのに支障がある状態の軽減または悪化の防止に関する事業	地域の一人暮らし高齢者等への見守り活動 買い物やゴミ捨ての支援等、生活支援サービスの取り組み
入所施設からの退院・退所を支援する事業	施設退所者に対する継続的な支援
子育て支援に関する事業	子育て支援、育児サークルの運営 子ども 110 番の実施
福祉用具その他の用具または機器及び住環境に関する情報の収集・整理・提供に関する事業	福祉用具の使い方セミナー、福祉用具展示会
ボランティアの育成に関する事業	サロンの運営 ボランティア、福祉人材の育成（実習生の受け入れ、介護等体験、など） 介護予防教室をはじめとする地域の人びとに対する講座等の開催
社会福祉の増進に資する人材の育成・確保に関する事業（社会福祉士・介護福祉士・精神保健福祉士・保育士・コミュニケーション支援者等の養成事業等）	認知症サポーターの養成、活動支援
社会福祉に関する調査研究等	社会福祉に関する調査研究事業の実施
社会福祉法第 2 条第 4 項第 4 号に掲げる事業（いわゆる「事業規模要件」を満たさないため	生活保護施設等で定員が 5 名未満など規模の小さい事業

に社会福祉事業に含まれない事業)	
介護保険法に規定する居宅サービス事業、地域密着型サービス事業、介護予防サービス事業、地域密着型介護予防サービス事業、居宅介護支援事業、介護予防支援事業、介護老人保健施設を経営する事業若しくは地域支援事業を市町村から受託して実施する事業または老人保健法に規定する指定老人訪問看護を行う事業	居宅介護支援事業所、総合事業等。ただし、居宅介護支援事業等を、特別養護老人ホーム等社会福祉事業の用に供する施設の経営に付随して行う場合には、定款上、公益事業として記載しなくとも差し支えありません。
有料老人ホームを経営する事業	有料老人ホーム
社会福祉協議会等において、社会福祉協議会活動等に参加する者の福利厚生を図ることを目的として、宿泊所、保養所、食堂等を経営する事業	拠り所カフェ
公益的事業を行う団体に事務所、集会所等として無償または実費に近い対価で使用させるために会館等を経営する事業	地域の福祉団体への夜間のホール貸出し等。ただし、営利を行う者（例えば、ダンス教室やヨガ教室等）に対して、無償または実費に近い対価で使用させるような計画は適当ではなく、このような者に対して収益を得る目的で貸与する場合は、収益事業となります。

　なお、上記の「例えばこんな事業」についてはあくまで例示ですので、思いついた事業が公益の考え方に合致すれば、新たな公益事業を行うことができます。

ⅲ 収益事業

　最後に収益事業です。税理士であればすぐに法人税法で規定されている34の収益事業が頭に思い浮かぶと思います。社会福祉法人もこの34の収益事業を実施した場合、法人税が課税されます。当然、法人税等の申告書が必要になります。税理士の出番です。

　社会福祉法人側としては、法人税等を支払うのだからなんの収益事業をしても構わないはずと思ってしまいますが、やはりそこは社会福祉法人の公共性の高さゆえの規制があります。

　まず、法人の社会的信用を傷つけるおそれがあるため、下記の各事業は当然に行えません（社会福祉法人審査要領第 1 の 3 (2)）。

- ・風俗営業等の規制及び業務の適正化等に関する法律（昭和 23 年法律第 122 号）にいう風俗営業及び風俗関連営業
- ・高利な融資事業
- ・前に掲げる事業に不動産を貸し付ける等の便宜を供与する事業

　さらに、社会福祉施設の付近において、騒音、ばい煙等を著しく発生させるようなおそれのある場合や、社会福祉事業と収益事業とが同一設備を使用して行われる場合も認められません（同要領第 1 の 3 (3)）。

　社会福祉法人が行う収益事業としてよく見られるものは、安定した収益が見込める事業です。例えば、当該法人の所有する不動産を活用して行う貸ビル事業、駐車場の経営、公共的施設内の売店の経営等です。

　なお、収益事業を行うにあたっては、以下の条件をクリアする必要があります。

●収益事業（社会福祉法人審査基準第 1 の 3）

①法人が行う社会福祉事業または公益事業（社会福祉法施行令第 13 条及び平成 14 年厚生労働省告示第 283 号に掲げるものに限る。以下③も同様）の財源に充てるため、一定の計画の下に収益を得ることを目的として反復継続して行われる行為であって、社会通念上事業と認められる程度のものであること。
②事業の種類については、特別の制限はないが、法人の社会的信用を傷つけるおそれがあるものまたは投機的なものは適当でないこと。なお、法人税法第 2 条第 13 号にいう収益事業の範囲に含まれない事業であっても、法人の定款上は収益事業として扱う場合もあること。
③当該事業から生じた収益は、当該法人が行う社会福祉事業または公益事業の経営に充当すること。
④当該事業を行うことにより、当該法人の行う社会福祉事業または公益事業の円滑な遂行を妨げるおそれのないものであること。
⑤当該事業は、当該法人の行う社会福祉事業に対し従たる地位にあることが必要であり、社会福祉事業を超える規模の収益事業を行うことは認められないこと。

⑥母子及び寡婦福祉法第 14 条に基づく資金の貸付を受けて行う、同法施行令第 6 条第 1 項各号に掲げる事業については、③は適用されないものであること。

　また、事業は、「一定の計画の下に、収益を得ることを目的として反復継続して行われる行為であって、社会通念上事業と認められる程度のもの」が条件となっているので、この条件に該当しなければ、それがたとえ収益事業であっても、収益事業として定款に記載する必要はなくなります。この場合、社会福祉事業や公益事業の雑収入となります。当然、法人税等は課税されません。下記は、上記条件に該当しないため、定款に記載を要しないとされている収益事業です。

●収益事業（社会福祉法人審査要領第 1 の 3（1））

当該法人が使用することを目的とする設備等を外部の者に依頼されて、当該法人の業務に支障のない範囲内で使用させる場合 （例）会議室を法人が使用しない時間に外部の者に使用させる場合等
たまたま適当な興行の機会に恵まれて慈善興行を行う場合
社会福祉施設等において、専ら施設利用者の利便に供するため売店を経営する場合

　公益事業、収益事業は社会福祉事業と一体とされない限り、同一拠点内であっても、経理区分を分ける必要があります。特に収益事業は、法人税の申告書を作成するために収支がわからないと申告書が作成できません。申告時点で困らないように、はじめから区分経理処理を行ってください。

7　平成 29 年改正介護保険関連法

　平成 29 年 5 月 26 日に改正介護保険関連法が参議院本会議で可決成立しました。ここには、国が掲げて推進している地域包括ケアシステムをさらに加速させるための内容が盛り込まれています。地域包括ケアシステム

は、地域で介護も医療も支えていこうというものです。介護と医療が連携できれば、地域住民の利便性は向上し、利用者のためになります。

　一方で医療機関と介護事業者にとっては、収入という面で厳しい時代に突入することとなります。例えば入院期間を短縮して、在宅でリハビリということになれば、医療機関の診療報酬は減ってしまいます。さらに、保険単位の多い医療保険で提供できたリハビリテーションの一部を保険単位の少ない介護保険で提供することも検討され始めており、やはり収入減の要因となります。介護事業所の場合は、介護報酬の見直しによって報酬減が見込まれています。

　私見ですが、介護保険、医療保険制度の改正の目的は、社会保障関係費の抑制にあるのでないかと考えています。私たち税理士がクライアントとしてお付き合いする事業者の懐事情は、これから厳しくなっていくのは間違いありません。

▌（1）地域包括ケアシステムの深化・推進

① 自立支援・重度化防止に向けた保険者機能の強化等の取り組みの推進（介護保険法）

　保険者とは、市区町村のことです。介護保険制度は国が作った制度ですが、運営は市区町村が行います。例えば、市区町村は 65 歳以上の住民から第 1 号介護保険料を、40 歳以上 65 歳未満の国民健康保険加入者から第 2 号介護保険料を徴収しています。また、医療保険（健康保険組合や協会けんぽ）加入者は天引きされた介護保険料が居住地の市区町村に社会保険診療報酬支払基金を通じて支払われます。

　この保険者の機能を「強化する」とはどういうことでしょうか。実は、保険者機能を強化すると介護保険給付費が抑制されるのです。「風が吹くと桶屋が儲かる」のような関係です。

　市区町村は、3 年に一度、介護保険事業（支援）計画を策定します。この計画には、その市区町村内に、いつ、どんな種類の介護サービスをどれ

くらい用意するという内容が盛り込まれています。そのため、この計画は今後の介護保険制度の財政を左右するものとなります。右肩上がりに介護事業所を作るような計画では、介護保険財政は圧迫されてしまいます。しかし、この計画は住民の高齢者数や要介護度等の予測に基づくものなので、単に介護事業所を作らないとした計画では破たんしてしまいます。そこで、国は自立支援・重度化防止に向けて取り組む仕組みを制度化させようとしています。

　高齢となっても自立できる高齢者が増え、重度化する住民が少なければ介護保険の利用者数はあまり増えないかもしれません。増えない見通しとなれば、介護事業所を増やすことは必要なくなります。計画はゆるやかな右肩上がりのものとなります。そうなると、結果として介護保険給付費は抑制されます。

　この自立支援・重度化防止のために ICT が活用されます。国はこれまで蓄えられた介護保険に関する膨大なデータを整理して、保険者にこのビッグデータを提供します。このビッグデータのうち、とりわけ、ケアマネジャーが作成するケアプランが重要視されています。介護事業所はケアプランに則って介護サービスを提供するため、このケアプランが自立支援・重度化防止を目的としたものであるならば、自然と介護サービスは減少します。

　ここで目が付けられたのは、ケアマネジャーに自立支援・重度化防止プランを作成させている埼玉県和光市と大分県の先進的な取り組みです。介護業界では、和光方式や大分方式といわれています。これらの方式のケアプランを一言で表現するとすれば、筋トレプランです。従来介護業界で考えられていたお預かり介護サービスではなく、自立するためのリハビリ訓練がメインです。介護事業所についたらお茶を飲んで、歌を歌っている暇はありません。

　それでも、この和光方式や大分方式のケアプランは効果が出ています。要介護認定率が全国的には増加しているにもかかわらず、埼玉県和光市と

大分県では減少しています。国としては、これらの方式を取り入れていない保険者に導入させない手はありません。高齢者には、介護保険や介護予防を卒業してもらい、自立した生活を送っていただき、さらに、ボランティアとして地域の支え手になっていただくという流れです。いわゆる「一億総活躍社会」としては文字通りといえます。

　この光明ともいえる考えを後押しするのが財政的インセンティブの付与の規定の整備です。要介護状態の維持・改善度合いが適切な指標を上回れば、国から保険者に対して報奨金（ボーナス）が支払われます。良い意味ではよく頑張ったという感謝の現れでしょうか。

　しかし、私はここに危惧を覚えます。保険者が目標とする要介護状態の維持・改善度合いを達成するために、都道府県による市町村支援の規定が整備されます。ただで支援を行うわけではなく、市区町村が目標達成すれば、都道府県も国から報奨金（ボーナス）がもらえるのです。市区町村には、国からも都道府県からもプレッシャーがかかります。このプレッシャーに負けた市区町村が、例えば要介護認定の基準を厳しくして、これまでの基準に基づけば要介護度は 3 だったのに、状態も変わらないまま要介護度が 2 とされるようなことがないとも言い切れません。要介護度の認定基準は市区町村が決められるからです。こうなると誰のための介護保険制度なのかわからなくなってしまいます。

② 医療・介護の連携の推進等（介護保険法、医療法）

　新たな介護保険施設として「介護医療院」が創設され、既存の介護施設 3 つのうちの 1 つである介護療養型医療施設は平成 30 年 3 月をもって廃止され、6 年以内に介護医療院や介護老人保健施設、有料老人ホーム等へ転換することが定められています。

　介護療養型医療施設は、特別養護老人ホームや介護老人保健施設と比較して医師や看護師の人員配置が厚いため、コスト高となっている一方で、入所者は介護が必要ながらも医療の必要性が低いといわれてきました。そ

のため、介護療養型医療施設は廃止し、介護老人保健施設や医療を外から提供するサービス付高齢者住宅への転換が求められていましたが、なかなか進みませんでした。

　進まなかった理由は、介護療養型医療施設の居室面積が 6.4 m^2 と狭く、転換先である介護老人保健施設の居室面積は 8.0 m^2、有料老人ホームで 13.0 m^2 が必要とされているためです。転換のために居室面積を広げようにも、工事費の問題や、工事中、利用者に移動してもらうわけにいかないという問題もあり、時間だけが経過してしまいました。

　それでも、今回は大ナタが振るわれました。介護医療院は、厚生労働省によると「今後、増加が見込まれる慢性期の医療・介護ニーズへの対応のため、『日常的な医学管理が必要な重介護者の受入れ』や『看取り・ターミナル』等の機能と、『生活施設』としての機能を兼ね備えた、新たな介護保険施設」とされています。そのサービスは要介護者に対し、「長期療養のための医療」と「日常生活上の世話（介護)」を一体的に提供するとなっています。

知っておきたい 介護用語　地域包括ケアシステム

　高齢者の尊厳の保持と自立生活の支援の目的のもと、可能な限り住み慣れた地域で、自分らしい暮らしを人生の最期まで続けることができるように、地域にある様々なサービスや人々の協力を得てできる、包括的な支援・サービス提供体制のことをいいます。医療と介護の連携も地域包括ケアシステムの一部です。

③ 地域共生社会の実現に向けた取り組みの推進等（社会福祉法、介護保険法、障害者総合支援法、児童福祉法）

ⅰ 共生型サービスの誕生

　共生型サービスは、訪問介護、通所介護、短期入所生活介護等の介護保険サービスと障害福祉サービスを同一の事業所で、高齢者や障害児者が共に利用できるようにするため、平成 29 年 5 月 26 日に成立し、平成 30 年 4 月に開始された制度です。共生型サービスは下記の表のとおり、介護保険サービスと障害福祉サービスの双方にある同等のサービスに限られます。例えば障害福祉サービスにある就労継続支援は介護保険にはないサービスなので共生型サービスとはなりません。共生型サービスとなりうるのは、介護保険サービスの訪問介護事業と障害福祉サービスの居宅介護や重度訪問介護、介護保険サービスのデイサービスと障害福祉サービス生活介護や放課後等デイサービス等です。

	介護保険サービス		障害福祉サービス等
ホームヘルプサービス	訪問介護	⇔	居宅介護 重度訪問介護
デイサービス	通所介護（地域密着型を含む）	⇔	生活介護（主として重症心身障害者を通わせる事業所を除く） 自立訓練（機能訓練・生活訓練） 児童発達支援（主として重症心身障害児を通わせる事業所を除く） 放課後等デイサービス（同上）
	療養通所介護	⇔	生活介護（主として重症心身障害者を通わせる事業所に限る） 児童発達支援（主として重症心身障害児を通わせる事業所に限る） 放課後等デイサービス（同上）
ショートステイ	短期入所生活介護（予防を含む）	⇔	短期入所

「通い・訪問・泊まり」といったサービスの組み合わせを一体的に提供するサービス※	（看護）小規模多機能型居宅介護（予防を含む）			
	・通い	→	生活介護（主として重症心身障害者を通わせる事業所を除く） 自立訓練（機能訓練・生活訓練） 児童発達支援（主として重症心身障害児を通わせる事業所を除く） 放課後等デイサービス（同上）	（通い）
	・泊まり	→	短期入所	（泊まり）
	・訪問	→	居宅介護 重度訪問介護	（訪問）

※ 障害福祉サービスには介護保険の小規模多機能型居宅介護と同様のサービスは無いが、障害福祉制度の現行の基準該当の仕組みにおいて、障害児者が（看護）小規模多機能型居宅介護に通ってサービスを受けた場合等に、障害福祉の給付対象となっている。
出典：厚生労働省 「第 142 回 社保審―介護給付費分科会 資料 4 共生型サービス」

　この共生型サービスにはモデルがありました。それは富山型デイサービスです。介護業界でこの富山型デイサービスを知らない人はいないぐらい有名です。富山型デイサービスとは、「高齢者も子どもも障害者もいっしょ」という考えのもと年齢や障害の有無にかかわらず、誰もが一緒に身近な地域でデイサービスを受けられる場所を提供したサービスです（参考：とやまの地域共生 http://www.toyama-kyosei.jp/）。みんな一緒という考え方はこれまでなかったものです。高齢者、障害者、子どもは当たり

> **知っておきたい 介護用語 福祉サービス第三者評価**
>
> 　福祉サービスの評価を専門とする業者が、介護事業所の利用者やその家族、職員などに対して、書面アンケートや対面インタビューを通じて、サービスの質を評価し、また、課題を見つけより良い事業所となるように支援します。評価結果は、インターネットで公表されます。

前のように区分された場所でサービスが提供されていました。私たち自身もそのことを自然に受け入れてしまっていたと思います。しかしこの「区分」ということに疑問を持った方たちが、平成 5 年、富山県で赤ちゃんから高齢者まで包括的に対応する事業を開始しました。

この富山型デイサービスは、国に高く評価されています。平成 15 年 11 月に富山型デイサービス推進特区の認定を受けて「介護保険法の指定デイサービス事業所における知的障害児者の受け入れ」と「身体障害者福祉法の指定デイサービス事業所及び知的障害者福祉法の指定デイサービス事業所での障害児の受け入れ」が特例措置として可能になりました。この特例措置により富山型デイサービスの普及が進みました。さらに、平成 18 年 7 月に富山型福祉サービス推進特区の認定を受けて、介護保険法の小規模多機能型居宅介護事業所における、障害児者の通所サービス（生活介護、自立訓練、児童デイサービス）、短期入所が可能となり、富山型デイサービス事業所の普及がさらに進みました。

しかし、この特例措置には問題がありました。それは、介護保険サービスは指定を受けているため介護報酬がしっかり払われる反面、障害福祉サービスは、本来の指定事業所と比較して基本報酬が低く、送迎加算をはじめとする障害福祉サービスの各種加算が算定できないことから、安定的な経営は難しい状況でした。そこで平成 29 年 5 月、介護保険制度と障害福祉制度において、富山型デイサービスをモデルのひとつとして、高齢者と障害児者が同一の事業所でサービスを受けやすくする「共生型サービス」が創設され、平成 30 年 4 月からサービスが開始されました。

ⅱ 介護保険優先原則

共生型サービスの誕生にはもう 1 つの理由がありました。障害福祉サービスと介護保険サービスには介護保険優先の原則という関係があります。介護保険にある通所介護と障害福祉にある生活介護は、同等のサービスです。ただし、介護保険は原則 65 歳以上の方が対象となります。そのため、

障害者が65歳になると障害福祉サービスの生活介護は利用できず、介護保険の通所介護を利用しなくてはいけません。当事者ではない人が外から見れば、「障害福祉と同じようなサービスが使えるのだから介護保険でもいいのではないか。事業所が変わっても仕方がないよね。」と単純に思ってしまうかもしません。しかし、障害者本人にとってはこれまで慣れ親しんだ場所を離れ、今まで行ったことがない場所、会ったこともない人達と一緒に日中を過ごすことになります。私たちも新しい場所に行く時はどきどきすると思います。障害を持っていればそれ以上に不安になってしまうことでしょう。この問題を解消するために、介護保険事業所が障害福祉サービスを、障害福祉事業所が介護保険サービスを提供するという相互乗り入れ（＝共生型サービス）で、65歳問題の解決が図られることになりました。

　共生型サービスがなかった時であっても介護事業所が障害福祉サービスを行うことはできましたが、介護保険と障害福祉サービスの両方の基準をクリアする必要がありました。同じ場所で同時間帯には介護と障害のサービスを提供できないので、別のフロアや建物、スタッフを用意することになり、結局コストの面からも難しいと考えられていました。

　平成30年4月から介護保険サービスと障害福祉サービスの一部が相互乗り入れした共生型サービスが始まったわけですが、障害福祉サービスを手がける介護保険事業所はあまり増えていません。実は、高齢者介護では障害者のことを詳しく勉強しません。知らないがためになかなか手が出せないといった状況です。以前、ある社会福祉法人と新規事業についてざっくばらんに話をしていた時に、障害者のことはよくわからないし、何かあったら怖いなと本音を漏らしていた施設長がいらっしゃいました。同じ福祉といえども介護と障害とでは大きな隔たりがあることがわかると思います。障害者の場合は年齢層が幅広く、障害の種類も多岐にわたることから、これまでにない環境整備が必要となることも二の足を踏む理由かもしれません。しかし、介護サービスを提供する現役世代が同年代の障害者に

対してサービスを提供することになるので、これまでとは異なったやりが
いや達成感があるように思えます。

　経営者が介護保険以外の福祉サービスについて興味を持たれているとき
に、臆することなくやってみましょうよと背中を押してあげられる存在
は、やはり税理士だと思います。クライアントのさらなる飛躍、事業の拡
大、地域福祉の要となる事業所に成長していくためにも、税理士も未経
験、知識のない事業について経営者と一緒に勉強する姿勢が必要だと感じ
ています。

ⅲ 共生型から福祉事業の横展開の検討

　共生型のメリットを活かして事業展開することのほかに、障害福祉サー
ビスをもう1つの社会福祉事業として位置づけ展開していく方法もありま
す。介護保険は社会福祉の一分野であり、そのほかの社会福祉事業とし
て、障害福祉サービスや保育サービスがあります。介護保険という高齢者
向け福祉サービスに近いのは、障害福祉サービスです。障害とは、身体障
害、知的障害、精神障害の3つに区分され、年齢や障害の状況によって利
用できるサービスが変わってきます。

　介護事業所が介護保険外の福祉事業を行う場合、年齢が18歳以上の障
害者を対象とした就労継続支援や居住支援、小学生から高校生までを対象
とした放課後等デイサービス、未就学児を対象とした児童発達支援事業を
行う例が見られます。

(ⅰ) 就労継続支援

　就労継続支援は、通常の企業で働くことがすぐには困難な障害者に対し
て、就労の機会を提供して、そこで仕事をしてもらい、就労に必要な知識
や能力の向上のために必要な訓練を受けてもらう事業です。簡単にいうと
障害者の方に訓練として働く場所を提供するというものです。就労継続支
援で仕事を覚えていきながらお給料も支払われるので、達成感や喜びを得

ることができます。就労継続支援を実施するためには、障害者に従事して
いただくための仕事を作らなければいけません。例えばパンを焼いて販売
する仕事、外部の会社に出向いて清掃する仕事、農作物を育てて販売する
仕事があります。私のこれまでに関わった例では、介護施設のホールの清
掃業務、カフェの営業、園芸や農作業がありました。就業の練習とはいっ
ても、実際に外部（一般の人）へ商品を売ったりサービスを提供したりす
る仕事です。例えばカフェを営業するには、オーダーをとって、コーヒー
を作って、レジ打ちも行います。障害者の方が当日出勤できなかった場合
は、障害者を支えるスタッフが代わりに従事します。そのため、障害者を
支えるスタッフには肉体的や精神的な負担がかかることがあります。障害
者のお給料は障害者自身が従事する仕事から支払われる原則があるので、
この障害者が従事する事業の経営が難しくて撤退される事業所も多くあり
ます。いかに安定的な収入を得られる仕事を作って、仕事がしやすい環境
を整えて仕事をしてもらうかがカギです。

(ii) グループホーム（居住支援）

　居住支援とは障害者への住居の提供と生活のサポートを行う事業です。
この居住支援をグループホームといいます。介護保険のグループホームは
認知症専門の共同生活ですが、障害者向けグループホームは認知症状の有
無は関係ありません。グループホーム事業を始める場合は、一般的に一軒
家やアパートを用意して、そこに低額な料金で障害者に住んでいただくこ
とになります。一軒家やアパートはルームシェアとなり、キッチンやお風
呂、トイレは共同となります。上記の就労継続支援と居住支援をセットで
事業展開すると、住居の提供と仕事の提供が行えるので相性の良い障害福
祉サービスとなります。

　生活のサポートは、世話人と呼ばれる身の回りの世話をする方を雇用し
なければいけません。介護サービスは必要ないため求人は比較的しやすい
そうです。最近では、この障害者が住むグループホームで動物を飼って、

その飼育を障害者が担うことで精神の安定を図っているという例もあります。グループホームは、用意した部屋すべてに障害者に入居してもらえれば収益に貢献しやすい事業です。グループホームは物件探しがネックですが、複数の物件が近隣に所在していれば、男性棟、女性棟として複数のグループホームを展開でき、安定的な経営にさらに寄与するサービスとなります。

(iii) 放課後等デイサービス

　放課後等デイサービスは、平成 24 年 4 月に児童福祉法（昭和 22 年法律第 164 号）に位置づけられた新たな支援です。小学生から高校生までの障害を持つ障害児が、学校が終わった放課後に事業所に来て夕方までの時間を過ごしてもらうサービスです。障害があるとどうしても家に籠り気味になるので、学校や家庭とは異なる時間、空間、人、体験等を通じて個々の子どもの状況に応じた発達支援を行います。

　放課後等デイサービスでは、個性を伸ばすこと、社会性を育てることに重点を置いています。実際には、子どもたちはスタッフとたくさんおしゃべりをしたり、学校の宿題をしたり、ゲームをしたりして過ごします。障害の程度が子どもによって大きく異なるので、軽度者が多い放課後等デイサービスであれば療育型として買い物の練習をしたり、自分の気持ちを文章で相手に伝える練習をしたりします。重度者が多ければスタッフ 1 名が障害児 1〜2 名に対してじっくり対応し、絵を描いたりストレッチをしたりします。サービスの対象が子どもだからといって決して片手間でできる福祉事業ではありません。しかし、社会的な使命は介護サービス同様に高く、社会から求められている事業です。さらに、未就学児向けのサービスとして児童発達支援サービスもあります。

　いずれの障害福祉サービスでも、介護同様に地域の国民健康保険団体連合会に保険請求を行います。保険サービスであるため貸し倒れはなく、サービスを提供できれば売上が上がります。介護保険の通所介護と同じよ

うに当日キャンセルがあると収入はなくなってしまうため、稼働率がしっかり維持できれば十分に採算が取れて法人を支えるビジネスの柱の 1 つとなります。

　実際、放課後等デイサービスの開所数は年を追うごとに右肩上がりです。厚生労働省の「放課後等デイサービスの状況について」という資料では、平成 24 年度では 2,540 事業所であったものが平成 28 年度には 8,352 事業所まで増えていることがわかります。放課後等デイサービスブームといっても良いと思います。そのため、にわか事業所が適切な発達支援を行わずに単なるお預かりサービスとなっていたり、発達支援の経験や知識が十分でない事業者が軽度の障害児ばかりを集めてサービスを提供していたりと問題になっているようです。そういう事業所は別として、もし放課後等デイサービス事業を開始した場合、高齢者介護とともに障害者介護という両輪で地域に根差していくことでブランド力が高まって、人材採用にもプラスに力が働くと思います。

知っておきたい 介護用語　定款

　事業会社と同様に社会福祉法人にも定款があります。社会福祉法人の場合は、厚生労働省からモデル定款が発表されており、基本的にはこのモデル定款が使用されています。定款に記載されていない事業は原則として行えないため、新たに介護サービスを開始する時、介護保険で介護サービス名が変更となった時等は忘れずに定款も変更してください。

▌(2) 介護保険制度の持続可能性の確保

① 高所得者への 3 割負担の導入（介護保険法）

　介護保険制度の根幹をなす介護保険の自己負担割合は、平成 27 年 8 月に 2 割負担が導入されたばかりですが、平成 30 年 8 月から一部高所得者の 3 割負担が導入されます。もともと現役世代並みに所得のある利用者は、介護保険利用者 496 万人のうち 45 万人とされています。この 45 万人のうちさらに所得の高い方を 3 割負担とします。対象となる利用者は約 12 万人（全体の約 3%）とされています。

●利用者負担の判定の流れ

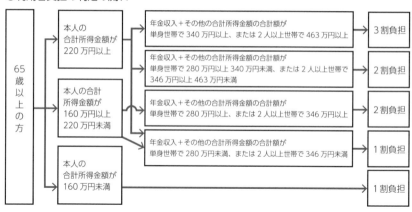

※第 2 号被保険者（40 歳以上 65 歳未満の方）、市区町村民税非課税の方、生活保護受給者は上記にかかわらず 1 割負担

　この改正が大きな影響を及ぼすのかといえば、影響を受けるのは全体の 3% であり、特に所得の高い方が対象なので、なかったことになるぐらいだと思います。さらに、全体の 3% の人にも、高額介護サービス費の上限が適用されるので、月額利用料≦44,400 円の構図に変わりはありません。44,400 円を超える支払にはならないので実際に影響はないでしょう。影響とは、利用料が増えることでの利用控えを想定しています。

　しかし、この介護保険料の改正はほんの序章だと私はみています。3 割負担という制度を作っただけで今回はよかったのです。しかし、「制度を作ったが最後…」ともいえます。

　3 割負担となる年金収入等の金額は、政令によって定められます。税制改正でもそうですが、本法は国会での審議にかけられますが、そのあとの政省令は国会では関与しません。上記の 3 割負担の年金収入等の基準も、出てくるのを待つしかありません。気づいたら年金収入等の基準が下がり、去年まで 1 割負担となっていた年収基準が 3 割負担の基準になっているということだって可能な状況です。これは大きな打ち出のこづちを持たせてしまったということになります。

　高額介護サービス費の上限が 44,400 円と設定されていますが、これも青息吐息の状態です。このまま上限が維持されるという可能性は低いと考えられます。一足早く健康保険（医療保険）の高額療養費の上限が平成 30 年 8 月から 57,600 円に上がりました。介護保険は健康保険の後を追いかけている状況です。44,400 円も平成 26 年の介護保険法改正において、特に所得が高い、医療保険における現役並み所得に相当する所得がある方については、37,200 円（世帯）から医療保険の現役並み所得者の多数回該当と同じ水準である 44,400 円（世帯）とされたところです。順次、上限が上がっていくと考えておくべきです。さらに、健康保険（医療保険）の高額療養費の上限が今後さらに上がっていったらと考えると恐ろしくなります。

　こうなると利用者は自分の懐を見ながらの介護保険の利用になります。例外なく、利用控えにつながっていきます。介護事業所は、サービスの提供内容は変わらずに介護報酬でもらうのか利用者からもらうのかの違いなので、利用控えによって間違いなく売上が減ります。同じ利用者に同じサービスを続けていては、じり貧経営となってしまいますので、生き残りをかけた対策が必要となってきます。

② 介護納付金への総報酬割の導入（介護保険法）

　第 2 号被保険者の介護保険料を加入者割から総報酬割へ変更する改正が行われました。

　この制度改正は、介護保険の利用者ではなく現役世代の私たちに関わる内容です。特に上場企業や職域で加入する健康保険組合の組合員の介護保険料に影響を及ぼします。

　40 歳以上 65 歳未満の世代が負担する介護保険料の総額を介護納付金といいます。この介護納付金を第 2 号被保険者数で割って出た額に、各医療保険の組合員数を乗じます。この乗じた金額は、その医療保険組合等が徴収すべき介護保険料総額です。この保険料総額が徴収できるように標準報酬額の介護保険料が決められます。これを加入者割と呼びます。

　この加入者割の場合、1 人当たり平均介護保険料は、給与の高い人にとっては負担割合は低くなり、給与の低い人にとっては負担割合は高くなります。つまり、給与の高い人にとって有利に働いていたことになります。これを受け、所得に応じた公平な負担とするため、速やかに総報酬割へ移行すべきとされ、改正により介護納付金の分担は、組合員の人数ではなく報酬総額で按分することになりました。給与の高い人が多く加入している健康保険組合は総じて介護納付金の総額は増えます。ただし、全面移行を即座に行ってしまうと影響が大きいため、平成 29 年 8 月は総報酬割分を 2 分の 1 だけにして、その後 4 分の 3、全面的と、段階的に導入を進めていくこととされ、令和 2 年からは全面導入されています。

8　令和 3 年度介護保険法改正

　平成 29 年（2017 年）に引き続いて令和 3 年（2021 年）も介護保険法が改正されます。今回の改正は、第 8 期介護保険事業計画（令和 3 年 4 月〜令和 6 年 3 月）を対象としています。団塊の世代が 75 歳以上となる令和

7年（2025年）は第9期介護保険事業計画ですので、第9期に向けて助走するための大事な期間です。持続可能な制度としていくために、これまで検討されてきた諸問題を解決すべく対策がちりばめられています。主要な改正内容を確認していきます。

① 地域包括支援センターの役割の強化

　断らない相談支援として、地域包括支援センターの役割を強化します。すでに介護保険制度の地域窓口として中核を担っている地域包括支援センターですが、重層的支援体制整備事業として、さらに役割が増えます。近年、高齢の親と中年となった子どもの引きこもりの家庭問題（8050問題）が注目されています。親が高齢になり介護が必要となったときに、子どもはどうすることもできず、親子共倒れの可能性が出てきます。そのため、地域包括支援センターを介護（地域支援事業）、障害（地域生活支援事業）、子ども（利用者支援事業）、貧困（生活困窮者自立相談支援事業）、参加支援（就労支援、居住支援、居住地機能の提供等）の相談窓口として一本化を図りたいと考えています。これらは、多様な社会参加に向けた支援です。

　しかしながら、この取り組みは市区町村の判断に委ねられます。すでに業務で手がいっぱいの地域包括支援センターにさらなる業務を上積みさせることとなるので、この重層的支援体制整備事業が広がっていくか不透明です。もし、この事業が前に進めばおのずと地域包括支援センターの業務調整の観点から、予防介護ケアプラン作成のさらなる外注化は増えると考えられます。

② 高額介護サービス費の引き上げ

　医療保険の高額療養費制度と同じように、介護保険にも高額介護サービス費制度があります。介護保険の高額介護サービス費は、医療保険の高額療養費と同一とするルールがあるため、すでに引き上げられている医療保

険の高額療養費まで介護保険の高額介護サービス費も引き上げられます。
具体的には、年収約 1,160 万円以上の利用者の場合の上限は 140,100 円へ、
年収約 770 万円以上約 1,160 万円未満の場合の上限は 93,000 円へと引き上
げられます。年収約 383 万円以上約 770 万円未満の場合の上限は 44,400
円と現状維持となります。結果として高所得者にとって厳しい改正となり
ます。

●高額介護サービス費の引き上げ案

年収区分	自己負担額の上限（円／月額）	
	改正前	改正後
年収 1,160 万円以上	44,400	140,100
年収 770 万円～1,160 万円未満	44,400	93,000
年収 770 万円未満	44,400	44,400

③ 補足給付の対象者の縮小

　介護保険施設やショートステイを利用する低所得者に対して行われる食
事代及び室料への公的補助ですが、第 3 段階（利用者本人の年金収入等が
80 万円超かつ世帯全員の市町村民税が非課税）をさらに①と②の 2 区分
に分けることとなりました。第 3 段階①は、世帯全員が市町村民税非課税
で、かつ利用者本人の年金収入等が 80 万円超 120 万円以下であること、
第 3 段階②は、世帯全員が市町村民税非課税かつ本人の年金収入等が 120
万円超であることとされました。第 3 段階②において特別養護老人ホーム
のユニット型個室の場合は、月 22,000 円の負担増となります。平成 31 年
3 月時点で第 3 段階の利用者数は 31.4 万人と補足給付対象者全体の 6 割を
占めるため、多くの方に影響が生じると考えられます。

●特別養護老人ホーム・ユニット型個室の場合

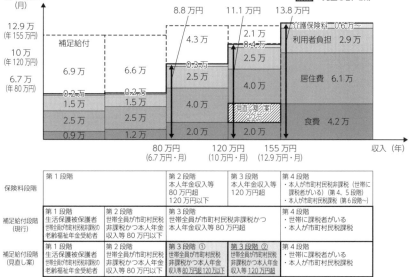

〔特別養護老人ホーム・ユニット型個室の場合〕

	第1段階		第2段階 本人年金収入等 80万円超 120万円以下	第3段階 本人年金収入等 120万円超	第4段階 ・本人が市町村民税非課税（世帯に課税者がいる）（第4、5段階） ・本人が市町村民税課税（第6段階～）
保険料段階					
補足給付段階 （現行）	第1段階 生活保護被保護者 世帯全員が市町村民税非課税の老齢福祉年金受給者	第2段階 世帯全員が市町村民税非課税かつ本人年金収入等80万円以下	第3段階 世帯全員が市町村民税非課税かつ本人年金収入等80万円超		第4段階 ・世帯に課税者がいる ・本人が市町村民税課税
補足給付段階 （見直し案）	第1段階 生活保護被保護者 世帯全員が市町村民税非課税の老齢福祉年金受給者	第2段階 世帯全員が市町村民税非課税かつ本人年金収入等80万円以下	第3段階① 世帯全員が市町村民税非課税かつ本人年金収入等80万円超120万円以下	第3段階② 世帯全員が市町村民税非課税かつ本人年金収入等120万円超	第4段階 ・世帯に課税者がいる ・本人が市町村民税課税

出典：厚生労働省「社会保障審議会介護保険部会（第88回）令和元年12月16日　参考資料3
制度の持続可能性の確保（参考資料）」

知っておきたい 介護用語　ユニット型個室と従来型多床室

　特別養護老人ホームはユニット型特養と従来型特養に区別されます。ユニット型特養は全室が個室となりこれをユニット型個室といいます。プライバシーが守られ、自宅で使用していた家具が持ち込めるので自分の部屋と考えることができます。一方で従来型特養には、従来型個室と従来型多床室があります。従来型個室はユニット型個室と比較して居室面積は狭いですが、自分の部屋と考えることができます。従来型多床室は、多くは4人部屋で、間仕切りはカーテンや可動式の家具が使われるためプライバシーの問題があります。

●特別養護老人ホーム・多床室の場合

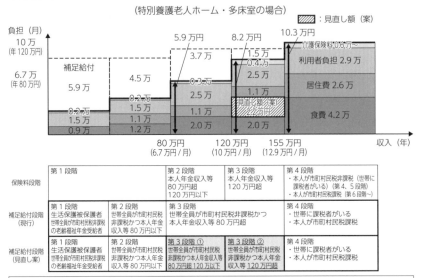

<table>
<tr><td rowspan="2">保険料段階</td><td colspan="2">第 1 段階</td><td>第 2 段階
本人年金収入等
80 万円超
120 万円以下</td><td>第 3 段階
本人年金収入等
120 万円超</td><td>第 4 段階
・本人が市町村民税非課税（世帯に
　課税者がいる）（第 4、5 段階）
・本人が市町村民税課税（第 6 段階〜）</td></tr>
<tr></tr>
<tr><td rowspan="2">補足給付段階
（現行）</td><td>第 1 段階
生活保護被保護者
世帯全員が市町村民税非課税
の老齢福祉年金受給者</td><td>第 2 段階
世帯全員が市町村民
税非課税かつ本人年
金収入等 80 万円以下</td><td colspan="2">第 3 段階
世帯全員が市町村民税非課税かつ
本人年金収入等 80 万円超</td><td>第 4 段階
・世帯に課税者がいる
・本人が市町村民税課税</td></tr>
<tr></tr>
<tr><td>補足給付段階
（見直し案）</td><td>第 1 段階
生活保護被保護者
世帯全員が市町村民税非課税
の老齢福祉年金受給者</td><td>第 2 段階
世帯全員が市町村民
税非課税かつ本人年
金収入等 80 万円以下</td><td>第 3 段階①
世帯全員が市町村民税
非課税かつ本人年金収入
80 万円超 120 万円以下</td><td>第 3 段階②
世帯全員が市町村民税
非課税かつ本人年金
収入等 120 万円超</td><td>第 4 段階
・世帯に課税者がいる
・本人が市町村民税課税</td></tr>
</table>

（参考）
○医療保険料：H30・31 全国平均の被保険者均等割額 45,116 円 / 年に、各保険料区分の乗率（令和 3 年度以降、軽減特例が無くなり本則 7 割軽減となった乗率）を乗じ、1,128 円 / 月。153 万円以上からは更に所得割が加算される（153 万円を超えた額の 8.81%）
○外来医療費：住民税非課税の場合、高額療養費の外来上限 8,000 円 / 月が最大。高額医療介護合算制度（※1）により、上乗せされる自己負担額は年間 1 万円（10 年で 10 万円程度）
　　※1 第 2 段階の合算上限額は 19 万円 / 年、介護保険の利用者負担額は 18 万円 / 年のため、差し引き 1 万円 / 年の負担（第 3 段階の合算上限額 31 万円 / 年、介護保険 30 万円 / 年のため同額）
○入院医療費：特養・ユニット・第 2 段階では月額 7.5 万円の負担に対して、一般病床では 4.7 万円（▲2.8 万円）、療養病床では 6.1 万円（▲1.4 万円）（※2）
　　※2 生活費は特養と同等と仮定。医療費は高額療養費と高額介護サービスの上限額が同じであるため、介護保険利用料と同額。
○生活費：平成 28 年介護サービス施設・事業所調査における理美容費、教養娯楽費、洗濯費、預かり金の管理費等の合計 20,353 円 / 月

出典：厚生労働省「社会保障審議会介護保険部会（第 88 回）令和元年 12 月 16 日　資料 4　制度の持続可能性の確保」

　さらに、ショートステイでは食費部分の補足給付が見直され、第 2 段階、第 3 段階の負担限度額が引き上げられます。これは、食費が補足給付対象外となっているデイサービスとの均衡の観点から行われるものです。改正後の負担額は 1 日あたり、第 2 段階で 210 円増、第 3 段階①で 350 円増、第 3 段階②で 650 円増となります。結果として 1 日あたりの補足給付額は、ショートステイ・多床室の場合、第 1 段階は 1,947 円（変更なし）、第 2 段階では 1,277 円、第 3 段階①は 877 円、第 3 段階②は 577 円となります。ショートステイでは 1 か月近く入所される利用者もいらっしゃいます。その場合、食費だけでも 1 か月あたり数千円〜2 万円弱の負担増にな

ります。そのため、ロングショートステイを希望される常連利用者に対して事前に説明しておく必要があります。

●ショートステイ・ユニット型個室の場合

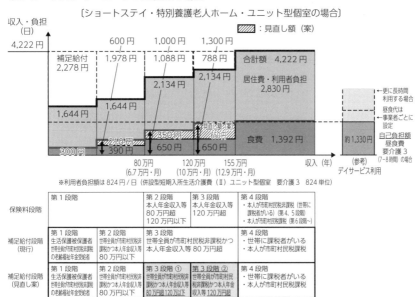

〔ショートステイ・特別養護老人ホーム・ユニット型個室の場合〕

	第 1 段階	第 2 段階	第 3 段階		第 4 段階
保険料段階	第 1 段階		第 2 段階 本人年金収入等 80 万円超 120 万円以下	第 3 段階 本人年金収入等 120 万円超	第 4 段階 ・本人が市町村民税非課税（世帯に課税者がいる）（第 4、5 段階） ・本人が市町村民税課税（第 6 段階～）
補足給付段階 （現行）	第 1 段階 生活保護被保護者 世帯全員が市町村民税非 課税の老齢福祉年金受給者	第 2 段階 世帯全員が市町村民税非 課税かつ本人年金収入等 80 万円以下	第 3 段階 世帯全員が市町村民税非課税かつ 本人年金収入等 80 万円超		第 4 段階 ・世帯に課税者がいる ・本人が市町村民税課税
補足給付段階 （見直し案）	第 1 段階 生活保護被保護者 世帯全員が市町村民税非 課税の老齢福祉年金受給者	第 2 段階 世帯全員が市町村民税非 課税かつ本人年金収入等 80 万円以下	第 3 段階 ① 世帯全員が市町村民税非 課税かつ本人年金収入等 80 万円超 120 万円以下	第 3 段階 ② 世帯全員が市町村民 税非課税かつ本人年金 収入等 120 万円超	第 4 段階 ・世帯に課税者がいる ・本人が市町村民税課税

出典：厚生労働省「社会保障審議会介護保険部会（第 88 回）令和元年 12 月 16 日　参考資料 3　制度の持続可能性の確保（参考資料）」

●ショートステイ・多床室の場合

(特別養護老人ホーム・多床室の場合)

負担（日）

2,971 円

| | 補足給付
1,947 円 | 600 円
1,277 円 | 1,000 円
877 円 | 1,300 円
577 円 | ▨▨：見直し額（案）
合計額　2,971 円 |

居住費・利用者負担（※）
1,579 円

| 724 円
300 円 | 1,094 円
210 円
390 円 | 1,094 円
350 円
650 円 | 見直し額（案）
650 円
650 円 | 食費　1,392 円 |

80 万円 120 万円 155 万円　　収入（年）
(6.7 万円／月) (10 万円／月) (12.9 万円／月)

約 1,330 円

→ 更に長時間
　利用する場合
→ 昼食代は
　事業者ごとに
　設定
　自己負担額
　昼食費
　要介護 3
　7～8 時間利用の場合

（参考）
デイサービス利用

※ 利用者負担額は 724 円／日（併設型短期入所生活介護費（Ⅱ）多床室　要介護 3　724 単位）

	第 1 段階	第 2 段階 本人年金収入等 80 万円超 120 万円以下	第 3 段階 本人年金収入等 120 万円超	第 4 段階 ・本人が市町村民税非課税（世帯に 　課税者がいる）（第4、5段階） ・本人が市町村民税課税（第6段階～）
保険料段階				
補足給付段階 （現行）	第 1 段階 生活保護被保護者 世帯全員が市町村民税 非課税かつ老齢福祉年金受給者	第 2 段階 世帯全員が市町村民税 非課税かつ本人年金収 入等 80 万円以下	第 3 段階が市町村民税非課税かつ 本人年金収入等 80 万円超	第 4 段階 ・世帯に課税者がいる ・本人が市町村民税課税
補足給付段階 （見直し案）	第 1 段階 生活保護被保護者 世帯全員が市町村民税 非課税かつ老齢福祉年金受給者	第 2 段階 世帯全員が市町村民 税非課税かつ本人年金収入等 80 万円以下	第 3 段階① 世帯全員が市町村民税 非課税かつ本人年金収入 80 万円超 120 万以下	第 3 段階② 世帯全員が市町村民税非 課税かつ本人年金収入等 120 万円超	第 4 段階 ・世帯に課税者がいる ・本人が市町村民税課税

出典：厚生労働省「社会保障審議会介護保険部会（第 88 回）令和元年 12 月 16 日　資料 4　制度
の持続可能性の確保」

　また、給付を受けるための資産要件も変更されます。収入が低いために
補足給付の対象となる場合でも、一定金額以上の預金残高を有している場
合は、補足給付は受けられません。この現在の基準である単身者 1,000 万
円以下の預金残高を第 2 段階では 650 万円以下へ、第 3 段階①では 550 万
円以下へ、第 3 段階②では 500 万円以下へと見直しされます。

　これまで、介護老人福祉施設は有料老人ホームと比べて費用が安く、同
じようなサービスを提供する有料老人ホームから見ると不公平だと思われ
ていても仕方がありませんでした。しかし、その介護老人福祉施設の利用
料を減免させるこのような補足給付の対象者が限られてくると、いよいよ
有料老人ホームと費用面で差がなくなります。近隣に介護老人福祉施設が
ある有料老人ホームを経営する事業者にとっては、この改正はチャンスと
なるというふうにとらえてみてはいかがでしょうか。

④ 居宅介護支援事業所の管理者要件の見直し

　居宅介護支援事業所の管理者を主任介護支援専門員に限定する平成30年度改正では、令和3年3月31日までが猶予期間とされていました。しかし、この猶予期間がさらに6年間延長されて令和9年3月31日までとなりました。ただし、令和3年4月1日以降に新規にオープンする場合や管理者が変更となる場合は主任介護支援専門員であることが求められます。（不測の事態や中山間地域等の特殊な場合は特例が用意されています。）

⑤ 社会福祉法人を中核とする非営利連携法人の創設

　社会福祉法人は税制面で優遇されているため、一般的に経営や資金繰りの心配がないように思われがちですが、小規模の法人、特に1法人1施設や施設の規模が入所者数40～50人定員規模の法人の経営状態は厳しい状態にあります。そのため、資金面、人材面、購買面で非効率な経営となったり、そもそもチャレンジしない経営方法となったりしてますます負のスパイラルに陥ります。

　そこで、社会福祉法人を中核とした非営利連携法人の設立が認められるようになります。ここで、中核とありますが、非営利連携法人に参加する社会福祉法人数が過半数あれば、社会福祉法人以外の民間介護事業所も参加可能です。

　この非営利連携法人の目的は、小さな法人も数が集まれば疑似的に大きな法人となるため、これまで小規模のためできなかった経営手法を採用できるようにすることです。例えば、求人広告を行う場合、1施設だけであれば、数万円の広告枠が精いっぱいだったかもしれませんが、たくさんの法人からお金を集めれば、非営利連携法人として大々的に広告を行うことができます。また、非営利連携法人で共通のリクルートページを作って、そこへ各法人のウェブサイトをリンクさせれば、興味をもってくれた転職希望者等を自法人に誘導することも可能です。そのほか備品購入や研修等

自社だけの力では難しい業務も、共同購入、共同研修によって可能性が広がります。

　また、資金に余裕のある社会福祉法人が非営利連携法人に参加した場合、非営利連携法人を通じて参加した他の社会福祉法人に貸し付けが可能となります。

⑥ 住民主体の通いの場と総合事業の推進

　平成 29 年 4 月からはじまった総合事業ですが、介護予防訪問介護、介護予防デイサービスは、ほとんど内容が変わらぬまま第 1 号訪問事業や第 1 号通所事業の中で、現行の介護サービス相当として引き継がれている状態です。そのため、要介護度 1〜2 の軽度者とされる利用者の総合事業への移行はめどが立ちません。しかしながら介護保険制度の維持のためには、要介護度 3〜5 の重度者を集中的に対象としていく方針に変わりはありません。

　一方で、介護予防の観点から、体操や趣味活動を行える「通いの場」としてサロンが注目されています。このサロンは住民主体のボランティアによる運営となります。市区町村は、この通いの場を今後は類型化して住民主体の多様なサービスとして展開していく考えです。そのため、今後は、サロンや介護事業所でボランティアをした人へのポイント付与や有償ボランティアの推進等の取組等が重要視されます。住民主体による支援や住民ボランティア等が行う見守りサービスが拡充していけば、総合事業の受け皿が確実に準備されていくことになります。そして、準備が整えば、要介護度 1〜2 の軽度者を総合事業へ移行していくことになり、それはもう遠い将来ではないと考えるべきです。

　要介護度 1〜2 の利用者が多い介護事業所の場合、介護保険から総合事業への移行が行われると、事業所の収入は確実に減少します。まだ先のこととは考えずに今から移行した時のことを想定して、準備を始めてみませんか。収支のシミュレーションだけでも構いません。どれほどの影響額が

あるのか経営者自身が知っておくことで、次の行動が起こしやすくなります。

9 令和3年度の介護報酬改定

　令和2年（2020年）の初頭から年末にかけて令和3年度の介護報酬の改定が審議されました。まず、全体的な話として、介護報酬は0.7％のプラス改定となりました。この0.7％のうち0.05％は、新型コロナウイルス対策費として位置づけられています。消毒用アルコールやマスク等の購入費が嵩むため、それを補うための特別増額で令和3年9月末までの限定となります。今回の介護報酬改定は、新型コロナウイルス感染症等への対策強化が1つの目玉といえます。以下に令和3年度の介護報酬改定の基本的な考え方と、事業所数が比較的多い介護サービスの改定内容を見ていきたいと思います。

　基となる情報は、厚生労働省ホームページに掲載されている「令和3年度介護報酬改定に関する審議報告」です。

　https://www.mhlw.go.jp/stf/shingi2/0000188370_00002.html

▌(1) 基本的な考え方

　基本的な考え方として、5つの柱が挙げられています。
① 感染症や災害への対応力強化
② 地域包括ケアシステムの推進
③ 自立支援・重度化防止の取組の推進
④ 介護人材の確保・介護現場の革新
⑤ 制度の安定性・持続可能性の確保

① 感染症や災害への対応力強化

感染症や災害への対応力強化についてですが、そもそも介護サービスの対象者は高齢者であり、感染症対策はコロナ以前から求められています。例えば、夏場は食中毒やO-157、冬場はインフルエンザやノロウイルス、シーズンを通して結核や肝炎等、常に介護現場は感染症と隣り合わせです。新型コロナウイルスは未知のウイルスでしたが、介護事業所は、試行錯誤を重ねて、手指消毒やうがいに加えてマスク着用やアクリル板の使用等を行うことによりなんとかサービスを継続している状況です。

介護事業所としても事業継続体制の強化を検討しています。新型コロナウイルスに利用者やスタッフが感染した場合を想定しておく必要があります。最近耳にしたのは、地域の介護事業所同士で協定を結んで、万一の際は利用者の受け入れや職員の派遣ができるようにしているとのことです。自社のみの場合でも、同じ拠点内で複数のサービスを展開している場合は、拠点内のサービス管理者同士で万一の際の対応を検討しておく必要があります。

さて、今回の介護報酬改定による感染症への対応力強化策として、具体的に感染症対策委員会の開催、感染症対策指針の整備、研修の実施及び訓練（シミュレーション）の実施の4点が義務づけられました。特に訓練は具体的に行動が伴うこともあり、それらをしっかりと記録しておく必要があります。また、災害対策も同様に、業務継続に向けた計画等の策定、研修の実施、訓練（シミュレーション）の実施が義務づけられます。例えば、水害や地震、火災等の災害に備えた訓練は、地域の住民や消防署等との連携が必要不可欠です。日ごろから地域コミュニティの担当者と連絡を取り合って協力いただかなければいけません。新型コロナウイルスの影響が令和3年以降も続く場合、地域の方に事業所に来てもらって合同訓練するというのもなかなか難しい状況です。実施に向けた慎重な計画と準備が必要となります。

② 地域包括ケアシステムの推進

　地域包括ケアシステムの推進は、これまでも叫ばれてきましたが、道半ばの状態です。地域包括ケアシステムの担い手は地域住民やボランティアとなっており、これまで認知症サポーターの養成や介護事業所を使った介護予防教室等が開催されていますが、実際には認知度は低く、地域住民の関心も低いままではないでしょうか。しかしながら、1947年〜1949年生まれの団塊の世代の多くはリタイアを迎え、あと数年で後期高齢者となる75歳が到来します。時間の経過とともに確実に地域では高齢者や認知症状者が増え、今以上に介護保険を利用する人、予防介護を利用する人が増えて状況が変わってくると考えられます。地域でこれらの人々を支えていかなければいけなくなる時期が間違いなく来ます。今後、地域自治体からの働きかけにより、地域包括ケアシステムは少しずつ身近なものとなっていくものと考えられます。

　今回の改正により、介護事業所に対しては、さらなる認知症対応力が求められます。例えば介護に直接携わる医療や福祉系の資格を持たないスタッフについては、認知症基礎研修を受講させるために必要な措置を講じることが義務づけられます。もちろん医療や介護の有資格者であってもブラッシュアップは必要なので、介護事業所として認知症対応力を向上させている取り組みを介護サービス情報公表制度において公表することが求められます。

　そのほか、介護事業所において看取り（ターミナル）対応の充実が求められます。これまで施設系サービスであっても看取りは病院でという流れがありましたが、最期まで入所施設内で過ごすことや、在宅介護サービスを利用している場合は介護事業所のサポートのもと自宅で過ごすということが求められます。これは介護事業所だけではなく、利用者本人やそのご家族まで理解や決意が必要です。地域包括ケアシステムは、地域住民やボランティアが中心と書きましたが、利用者家族自身が地域包括ケアシステムの支え手であるともいえます。

③ 自立支援・重度化防止の取組の推進

　自立支援・重度化防止に向けた取り組みの推進は、介護事業所にとって待ったなしの状況になりました。これまで介護サービスは、お世話型といわれるお預かりサービスの性格が強いものでしたが、今後は介護サービスを利用することで、介護サービスを利用せずとも生活できるようになる「卒業」や利用頻度の減少、要介護度の改善が求められていきます。つまり、介護サービスは自立生活や介護状態の改善を目的としたリハビリサービスの性格が強くなります。厚生労働省では「科学的介護情報システム（LIFE）」（VISIT, CHASE）といったデータベースにより、利用者の一定の情報（総論（ADL）、栄養、口腔・嚥下等）が整備されています。ここから科学的に効果のあるケアプランや機能訓練内容等を抽出し、今後のAI活用に向けて準備を進めています。今回の介護報酬改定では、一歩進んで個別機能訓練計画を求める加算が創設されたり、ハードルを下げて機能訓練加算を取りやすくする改正が行われたりしていますが、すべては自立支援・重度化防止に向けた取り組みの序章だと考えられます。

　なお、在宅サービスの場合、施設サービスと異なり利用者は自宅で生活します。自宅であることから家族も支え手となります。そのサポートのために外部の医師、歯科医師、薬剤師、歯科衛生士、管理栄養士等の役割を充実させることが挙げられています。こういった役割の充実も地域包括ケアシステムの推進に一役買うことになります。

④ 介護人材の確保・介護現場の革新

　介護人材の確保・介護現場の革新は、口で言うのは簡単です。しかし、その方法は如何に？となると現実的に効果のあるものを挙げることは難しい状況です。人員不足問題には明るい兆しはまったく見えません。スタッフを募集しても集まらず、やっと集まっても定着せずという負のスパイラルに陥っています。そのような中でできることは、やはり処遇（給与）の向上だと思います。応募を増やす方法の1つとして、給与アップはわかり

やすい方法です。今回の改正においても処遇改善は継続されています。介護スタッフの給与を上げて人材を確保する方法は、やらなければ他の介護事業所に求人広告で負けてしまいます。

　一方で今回の改正では、ITの活用や人員基準の緩和によって省人化ができるようになります。具体的には、見守り機器（離床センサーやインカム）を使った夜勤者の負担軽減や省人化、グループホームなどの1ユニット1夜勤者から3ユニット2夜勤者への基準緩和等があります。

　実際に私が顧問先を見ている中で感じたことですが、介護業界は人員不足と言われながらも、人材派遣や人材紹介等を含めれば人員は足りています。多くの入所系サービスでは直接雇用の介護職員が減少している中、派遣の介護職員が増えています。結果として、総数でいうと介護サービスに従事するスタッフ数は確保できていることになります。問題はいかに人材派遣や人材紹介というコストのかかる間接的な手当ではなく、直接的な雇用関係にシフトし、さらに定着化を図るかということです。これが機能すれば、今より必ず経営しやすい状態に改善できるものと考えられます。

⑤ 制度の安定性・持続可能性の確保

　（介護保険）制度の安定性・持続可能性の確保の意味合いは、保険料の支払者や報酬財源の確保のことだと思います。国民の共同連帯の理念から、支え手となる年齢層の拡大や介護保険利用時の負担割合の拡大等今後本格的に議論されていくものと考えられます。

▌（2）主な介護サービスの改定内容

　次に主な介護サービスの改定内容を見ていきます。

① 通所系サービス

　通所系サービスでは自立支援・重度化防止に向けた改正が目立ちます。例えば個別機能訓練加算です。小規模事業所の場合、コストの面から機能

訓練指導員の配置が難しく個別機能訓練加算の算定率が低いと指摘されています。そのため、配置時間の定めのない（つまりコア時間だけいればよい）機能訓練指導員を 1 名以上専従配置することで算定できるように見直される予定です。また、現状の個別機能訓練加算（Ⅰ）及び（Ⅱ）は統合されます。その代わりにサービス提供時間帯を通じて機能訓練指導員を 1 名以上専従させた場合、上位の区分の算定ができるようになります。

　小規模事業所の場合、加算の算定が可能かどうか費用対効果の面から検討すべきです。しかし、今後の介護保険の方向性として機能訓練が求められることは間違いありません。忘れてはいけないのは、今回の改正で、自立支援・重度化防止に向けた取り組みの推進が大きなテーマとして挙げられていることです。介護事業所は、介護状態の改善を行うサービスとして、結果が求められていきます。地域の通所系サービスと連携して、機能訓練指導員をシェアするなどして実現に向けて動き出す必要があると思います。また、すでにサービス提供時間帯を通じて機能訓練指導員を 1 名以上専従させているのであれば、上位の区分を算定して売上減を回避する必要があります。

　2 つ目の改正点として入浴介助加算の改正があります。私も経験しましたが、これまでの介護保険制度では、多くの介護事業所が加算を算定するようになるとその加算は縮小・廃止される傾向があります。今回もそのようになります。現行の入浴介助加算は縮小され、上位の加算が新設されます。上位の加算算定にあたっては、一定の職種が利用者宅を訪問して浴室環境を把握したうえで、個別入浴計画を作成し、利用者が自宅でも利用者自身又は家族の介助により入浴を行うことができるようにしようというものです。訪問介護サービスによって自宅で入浴介助を受けている利用者も多くいると思いますので、他の介護サービスとの多職種連携が必須になります。また、個別入浴計画の作成が義務となるため、書類作成にどれほど時間や労力がかかるのかもよくよく検討する必要があります。

② 訪問介護

　通院等乗降介助について、これまで出発地及び到着地が自宅以外である目的地間の移送は、通院等乗降介助を利用できませんでした。複数の病院にかかる場合で訪問介護サービスを利用するときは、１度自宅に帰らなければ利用できなかったということです。普通に考えて不便な制度であったことから今回改正され、今後は自宅が始点または終点であれば、介護サービスを使って通院のはしごができるようになります。利用者にとっても喜ばしく、訪問介護事業所にとっても効率のよいサービス提供につながります。

　一方で、ヘルパーの成り手が減少し、訪問介護事業所の人手不足の問題が顕著になってきました。施設系や通所系介護サービスよりも採用は困難になっています。これは１つの問題として、介護の有資格者しか雇用できないということがあります。施設系や通所系介護サービスは介護系の資格を保有していなくても就業できますが、訪問介護事業所の場合は、少なくとも介護職員初任者研修（旧ヘルパー２級相当）を修了しておく必要があるからです。働く前にお金をかけて資格を取得しておかないといけないとなると、施設系や通所系介護サービスに流れてしまう可能性も否定できません。

　また、給与の問題もあると思います。第193回社会保障審議会介護給付費分科会資料13「訪問介護・訪問入浴介護の報酬・基準について」p12によると、訪問介護の特定処遇改善加算の算定率は（Ⅰ）（Ⅱ）合計で53.7％と、全介護サービス平均65.5％と比較して低調となっており、給与の上乗せが行われにくい状況が見てとれます。これには、特定処遇改善加算を算定するための条件である特定事業所加算の算定条件が厳しいことも１つの要因と考えられます。訪問介護員は介護系の資格取得者に限定されていることもあるので、よりいっそう給与アップを実施して、ヘルパー事業所を就業先として考えてもらえるようにすることが最低限取り組むべき課題だと思います。事業所数自体も減少傾向にあることから、ヘルパー

として就業したくなるような労働環境にしていかないと在宅介護が立ち行かなくなってしまう可能性もあります。

　そこで、訪問介護の特定事業所加算について見直しが行われます。事業所を適切に評価する観点から、訪問介護以外のサービスにおける類似の加算であるサービス提供体制強化加算の見直しを踏まえて、「勤続年数が一定期間以上の職員の割合を要件とする新たな区分」が設けられます。訪問介護事業所には特定事業所加算を算定してもらい、処遇改善加算及び特定処遇改善加算をしっかりと算定することで、加算分をスタッフにしっかりと還元してほしいという国の考えが伝わってきます。

③ 認知症対応型共同生活介護

　認知症グループホームについて、ユニット数の弾力化とサテライト型事業所の創設が行われます。本体とサテライト型事業所は、ユニット増が可能であれば事業拡大が期待できます。もし本体で 2 ユニット、サテライトで 1 か所×2 ユニットの全 4 ユニットまで増やせれば、大きな収益の柱となります。もともと認知症対応型共同生活介護（グループホーム）は安定した収益の柱となりやすいので、併設する通所介護等の波のある事業を支えてくれる存在となるでしょう。

　夜勤職員の配置人数については、当初 1 ユニット 1 名から 2 ユニット 1 名体制に大きく舵を切るような提言が行われましたが、結局は原則 1 ユニット 1 名のまま、3 ユニットの場合等で例外的に夜勤 2 人以上の配置に緩和できることとなりました。ただし、認知症対応型共同生活介護の夜勤者数は、ローカルルールが存在しているため改めて保険者の見解を確認する必要があると考えています。この夜勤職員の配置人数に関しては、当初の案で進めた場合、介護報酬減は免れず、余剰人員となる職員をどう異動するかなど大変な事態になったと思いますので、まずは元の鞘におさまって良かったと胸を撫でおろしました。

　また、ケアマネジャーについて、ユニットごとに 1 名以上の配置から、

事業所ごとに1名以上の配置に緩和する案が示されています。これは、ケアマネジャー等の採用が困難化している事業所にとっては良かったとも言えます。しかし、人員基準が緩和されれば、今勤務されているケアマネジャーの業務量は増えます。

④ 居宅介護支援事業所

　特定事業所加算（Ⅲ）の下位区分に事業所間の連携を促進させる加算が新設されます。常勤の主任ケアマネジャー1名、常勤のケアマネジャー1名及び非常勤のケアマネジャー1名とこれまでよりも人員の条件が緩和され、24時間連絡体制の確保も連携でも可能といったものになっています。訪問介護と同じく居宅介護支援事業所のケアマネジャーも成り手が減ってきており、小所帯の居宅介護事業所は特定事業所加算の算定が難しく万年赤字というところも少なくありません。少しでも収入が増えることは喜ばしいことです。

　また、ケアプラン数が40件以上になると介護報酬が逓減される措置も、ICT活用等の条件に合致すれば45件以上からに緩和されます。ただし、私の知る限りケアマネジャーは40件でさえも手一杯だと考えている人が多いです。そうなると諸手を挙げて喜ぶ内容ではないかもしれません。ただし、ケアプラン作成に対してAIの活用を将来的に導入したいと国は考えているはずです。今後45件にとどまらず、緩和されていくのではないかと思います。

⑤ 特別養護老人ホーム

　特別養護老人ホームは多床室を中心とする従来型施設と個室を中心とするユニット型の施設があり、最近はユニット型が主流です。ユニット型は、1ユニットの定員を「おおむね10人以下」としてきましたが、今回の改正で「原則としておおむね10人以下とし、15人を超えないもの」へと緩和されることになりました。介護保険サービスは、小規模よりも中規

模、中規模よりも大規模のほうが介護報酬が多く安定した経営ができるため、規模が大きいに越したことはありません。すでにあるユニットを改築することは現実的ではありませんが、今後新築や大規模修繕を行う場合は、試算を行うことは必須となります。

特別養護老人ホームにも個別機能訓練加算の見直しが行われます。より利用者の自立支援等に資する個別機能訓練の提供を促進する観点から、「LIFE」へのデータ提出とフィードバックの活用による更なる PDCA サイクルの推進・ケアの向上を図ることを評価する新たな区分が設けられます。特別養護老人ホームへの入所は原則要介護 3 以上となっており、認知症状のある方も多く入所されていることから、自立支援・重度化防止に向けた取り組みは難しいのではないかと想像できますが、まずはデータ収集を行い、分析を行うことから国は始めるようです。

また、口腔衛生管理の強化として、口腔衛生管理体制加算を廃止し、同加算の算定要件の取り組みに一定の緩和を行った上で、基本サービスに含めることになります。強化するために加算を廃止と聞くと一見矛盾した言い方に思えますが、強制的にサービスを提供しなければいけないという形です。これまで任意だったものが強制となるので、確かに国にとっては口腔衛生管理の強化となります。これまでは利用者の口腔衛生の向上に努めることで加算が算定できましたが、改正によって加算はなくなり、介護報酬の基本部分に組み込むということになります。多くの介護事業所が加算を算定するようになるとその加算は縮小・廃止される傾向があると書きましたが、今回は廃止の方です。多くの特別養護老人ホームで収入が減少することになります。

栄養マネジメント加算も廃止され、栄養ケア・マネジメントを基本サービスに含めることになります。上記口腔衛生管理の強化と同じやり方です。特別養護老人ホームは、加算がなくなって基本報酬に含まれる改正内容が多いことから、きちんとシミュレーションを行って影響額を見定める必要がありそうです。

第3章 会計上の留意点

1　とっつきにくい介護保険事業の会計

　介護保険事業の会計を行うにあたって、「勘定科目になかなか慣れない」、「よくわからない」といった声をよく聞きます。確かに一般的には耳にしない言葉の羅列のように感じます。その勘定科目ですが、費用（経費）科目は普段から目にしている科目とほぼ同じなので、さほど問題にはなりません。問題は、収益（売上）科目です。こちらは、残念ですが慣れていくほかありません。

　勘定科目は、長い漢字で構成されており、しかも、どれも似たような名称なのではじめはとっつきにくいと思います。でもよくみると、実は規則性がありますので、目に触れる回数が多ければ理解が深まると思います。私が思うに、介護保険事業の会計に今一歩踏み込めない税理士の方が多い理由は、慣れない勘定科目名にプラスして、同じ勘定科目が至るところにあることでいっそう理解が困難になっているからではないでしょうか。

　でも、安心してください。実は、サービス区分によって使用する科目・しない科目がはっきり分かれています。すべての科目を網羅する必要はありません。クライアントが実施している介護事業の仕訳に使う勘定科目だけ押さえておけばよいのです。他の勘定科目は、必要の都度理解していけば構いません。

　さて、次項に掲げる勘定科目は、社会福祉法人会計基準で挙げられている勘定科目です。社会福祉法人ではない株式会社やNPO法人では、それぞれの会計基準で勘定科目が用意されていますので、社会福祉法人会計基準の勘定科目を使う義務はありません。

　ただ、税理士としては、介護事業でどんな収益（売上）があるのかを知っておく必要があると思います。知っていれば、事業主が社会福祉法人でも株式会社でも対応できます。また、その売上がいったいどんな源泉（介護サービスはもとより、介護報酬なのか利用者実費なのか等）から成

り立っているかを知らないと経営指導があやふやになります。さらに、消費税の課税問題もあり、把握するためには、社会福祉法人会計基準の勘定科目を覚えてしまうほうが理解が深まります。

　経営者は、売上の中に介護報酬や実費（実費の中でも食事代や日常生活サービス費等の区分）があることを知っています。介護報酬の改正によってどのように影響を受けるのか、食事代は適正であるか等を知らないと経営できません。計算書類は貴重な経営の情報源ですので、経営者と対等に会話するためにも勘定科目の理解は必須です。

　また、介護保険事業を行っていると、都道府県や市区町村から、実地指導と呼ばれる法定監査を受けることがあります。その時の会計監査で説明する際、財務諸表が社会福祉法人会計基準の勘定科目に準拠していると、説明が省けることがありますので、売上科目に社会福祉法人会計基準の勘定科目を設けてみるという方法もあります。

2　勘定科目

　それでは、社会福祉法人の勘定科目のうち特異といわれている収益（売上）の勘定科目について中身をみていきます。

　収益（売上）の科目は、大きく介護報酬の９割（ケアマネは10割）（保険者からの支払）、介護報酬の１割（利用者からの支払）、実費の３つに分かれます。基本はこれだけですが、介護サービスによって勘定科目の位置や勘定科目名が変化しますので、ここがポイントです。

　例えば、特別養護老人ホームの介護報酬の９割、通常規模型のデイサービスの介護報酬の９割、認知症対応型のデイサービスの介護報酬の９割、そしてケアマネジャーのケアプラン報酬は、それぞれ次頁の表に記載した勘定科目で仕訳を切ります。どれも、介護報酬収入ですし、どの勘定科目にも「介護」が付きます。

●事業活動計算書の勘定科目の例

大区分	中区分	小区分	説明
介護保険事業収益	施設介護料収益	介護報酬収益	特別養護老人ホームの介護報酬の９割
	居宅介護料収益	介護報酬収益	通常規模型デイサービスの介護報酬の９割
	地域密着型介護料収益	介護報酬収益	認知症対応型デイサービスの介護報酬の９割
	居宅介護支援介護料収益	居宅介護支援介護料収益	ケアマネの介護報酬10割

　上記の通り、通常規模型デイサービスの介護報酬は、（中区分）居宅介護料収益（小区分）介護報酬収益でしか仕訳を切りません。他の勘定科目は一切みません。もし、クライアントとなる介護事業所が通常規模型デイサービスだけを事業展開しているのであれば、居宅介護料収益のところだけ理解できていれば対応できるというわけです。

（1）介護報酬

　もう少し詳しく内容をみていきましょう。

　介護報酬と呼ばれるのは、次に掲げる勘定科目です。介護報酬は、９割部分と１割部分とに分かれます。９割部分は保険者（市区町村）から支払われ、１割部分は利用者が支払います。

　勘定科目上では、介護報酬のうち９割部分を介護報酬収益と呼び、１割部分を負担金収益と呼びます。なお、利用者の中には収入が多いために２割負担や３割負担の方もいらっしゃいますが、その場合は介護報酬収益を８割または７割、負担金収益を２割または３割で仕訳を切ります。便宜上、本書の説明では介護報酬の９割、介護報酬の１割と記載します。さらに、介護報酬の１割の勘定科目は２つに分かれます。公費と一般です。

　公費というのは、生活保護の場合に利用者ではなく保険者（市区町村）

に請求する部分です。一般は、利用者に請求する部分です。事業者や会計事務所にとってはこの2つを分けるメリットは感じられません。あくまで行政や保険者側の資料として分けていると考えられます。

●事業活動計算書勘定科目（介護報酬）

大区分	中区分	小区分	説明
介護保険事業収益	施設介護料収益	介護報酬収益	特養、老健、療養型の介護報酬の9割
		利用者負担金収益（公費）	同上の1割（生活保護の公費請求分）
		利用者負担金収益（一般）	同上の1割（利用者への請求分）
	居宅介護料収益	介護報酬収益	訪問入浴、ショートステイ、訪問看護等の介護報酬の9割
		介護予防報酬収益	介護予防訪問入浴、介護予防ショートステイ、介護予防訪問看護等の9割
		介護負担金収益（公費）	訪問入浴、ショートステイ、訪問看護等の介護報酬の1割（生活保護の公費請求分）
		介護負担金収益（一般）	訪問入浴、ショートステイ、訪問看護等の介護報酬の1割（利用者への請求分）
		介護予防負担金収益（公費）	介護予防訪問入浴、介護予防ショートステイ、介護予防訪問看護等の1割（生活保護の公費請求分）
		介護予防負担金収益（一般）	介護予防訪問入浴、介護予防ショートステイ、介護予防訪問看護等の1割（利用者への請求分）
	地域密着型介護料収益	介護報酬収益	地域密着型介護事業である小規模特養、小規模デイ、認知デイ等の介護報酬の9割

		介護予防報酬収益	地域密着型介護事業である介護予防小規模デイ、介護予防認知デイ等の介護報酬の９割
		介護負担金収益（公費）	地域密着型介護事業である小規模特養、小規模デイ、認知デイ等の介護報酬の１割（生活保護の公費請求分）
		介護負担金収益（一般）	地域密着型介護事業である小規模特養、小規模デイ、認知デイ等の介護報酬の１割（利用者への請求分）
		介護予防負担金収益（公費）	地域密着型介護事業である介護予防小規模デイ、介護予防認知デイ等の介護報酬の１割（生活保護の公費請求分）
		介護予防負担金収益（一般）	地域密着型介護事業である介護予防小規模デイ、介護予防認知デイ等の介護報酬の１割（利用者への請求分）
	居宅介護支援介護料収益	居宅介護支援介護料収益	介護事業に係るケアプランを作成した場合の介護報酬（10割）
		介護予防支援介護料収益	介護予防事業に係るケアプランを作成した場合の介護報酬（10割）
	介護予防・日常生活支援総合事業収益	事業費収益	介護予防・日常生活支援総合事業（第１号訪問事業、第１号通所事業等）の事業収入のうち９割
		事業負担金収益（公費）	介護予防・日常生活支援総合事業（第１号訪問事業、第１号通所事業等）の事業収入のうち１割（生活保護の公費請求分）
		事業負担金収益（一般）	介護予防・日常生活支援総合事業（第１号訪問事業、第１号通所事業等）の事業収入のうち１割（利用者への請求分）

　上記の介護予防・日常生活支援総合事業とは、訪問介護と通所介護の介護予防サービスである第１号訪問事業と第１号通所事業、第１号生活支援

事業、第1号介護予防支援事業、一般介護予防事業の5つを指します。第1号訪問事業と第1号通所事業の介護予防サービスは、以前は介護保険の中では、介護予防訪問介護、介護予防通所介護という介護保険事業サービスでしたが、市区町村の事業となったため、勘定科目も介護報酬収益から抜け出て、独自の勘定科目を持つこととなりました。ここはしっかりと、勘定科目を使い分けて仕訳を切る必要があります。

▌（2）介護報酬（実費相当）

次に掲げる勘定科目が、介護報酬以外の実費相当の収益に係る勘定科目です。介護報酬以外の実費相当とは、食事代、居住費代、理美容代、その他利用者の個人的な希望（自由な選択に基づいて）による身の回り品、特別食、教養娯楽費、予防接種代等にかかる実費をいいます。本来、介護保険として対象となる範囲は、介護に関連するものであるので、誰でも負担することとなる食事代、どこに住んでもかかる居住費のほか、散髪代、娯楽関係、予防接種は保険の対象外となります。このような保険対象外となる費用は、利用者等利用料収益という勘定科目の中で収益（売上）計上します。

ここで、大変になるのが、小区分での勘定科目の使い分けです。介護報酬のところでも介護サービスごとに勘定科目を異にしましたが、利用者等利用料でも細かく区分します。考え方としては、介護保険サービスの利用者等利用料か介護予防・日常生活支援総合事業の利用者等利用料かで大きく2つに分けます。介護予防・日常生活支援総合事業の利用者等利用料でしたら、（小区分）介護予防・日常生活支援総合事業利用料収益で仕訳を切れば終了します。

介護保険サービスの利用者等利用料の場合は、まず、食費と居住費とに分けます。食費と居住費は、公費、一般、特定に分かれます。そのうえで、残りの未仕訳部分を介護サービスの種類によって（小区分）の施設サービス利用料収益、居宅介護サービス利用料収益、地域密着型介護サー

ビス利用料収益で仕訳を切ります。表の末尾にあるその他の利用料収益
は、普段は使わない勘定科目です。「その他」という逃げ道の勘定科目と
しての位置づけです。

●事業活動計算書勘定科目（介護報酬以外）

大区分	中区分	小区分	説明
介護保険事業収益	利用者等利用料収益	施設サービス利用料収益	特養、老健、療養型の利用者が支払う理美容料、日常生活サービス料等（おむつ代は入らない）
		居宅介護サービス利用料収益	訪問入浴、通所介護、ショートステイ、訪問看護等の利用者が支払うおむつ代、日常生活サービス料等
		地域密着型介護サービス利用料収益	地域密着型介護事業である小規模特養、小規模デイ、認知デイ等及び介護予防小規模デイ、介護予防認知デイ等の利用者が支払うおむつ代、日常生活サービス料等
		食費収益（公費）	介護事業及び介護予防事業の利用者の食事代（生活保護の公費請求分）
		食費収益（一般）	介護事業及び介護予防事業の利用者の食事代（利用者への請求分）
		食費収益（特定）	特養、老健、療養型及びショートステイ利用者の食事代のうち、補足給付と呼ばれる特定入所者介護サービス費として請求する分）
		居住費収益(公費)	介護事業及び介護予防事業の利用者の居住費（ホテルコスト）（生活保護の公費請求分）
		居住費収益（一般）	介護事業及び介護予防事業の利用者の居住費（ホテルコスト）（利用者への請求分）
		居住費収益（特定）	特養、老健、療養型及びショートステイ利用者の居住費（ホテルコスト）のうち、補足給付と呼ばれる特定入

			所者介護サービス費として請求する分
		介護予防・日常生活支援総合事業利用料収益	介護予防・日常生活支援総合事業の利用者が負担する実費負担分（食事代、おむつ代、日常生活サービス料等）
		その他の利用料収益	介護保険の利用者等利用料収益で、その他の利用料収益

　上記の説明の中で、日常生活費に疑問を持たれると思います。食事代や居住費を収益（売上）に計上することはよいとして、身の回り品の購入費用や予防接種代等いずれも実費を収益（売上）とするのはおかしいのではないかと。確かに介護保険では、日常生活費の1円も利益を載せられません。右から左にお金が動くだけです。立替金での処理でもよさそうです。これには、理由があって、介護保険制度が始まる前の措置制度の時代まで遡ります。措置制度の時代は、介護報酬ではなく市区町村から委託を受けて介護福祉サービスを提供していました。委託費は、いまの介護保険の報酬と比べれば破格とも思える金額でしたので、損益という考えは不要でした。そのため、損益よりもお金の流れであるキャッシュフローのほうが大事でした。入ってくるお金と出ていくお金について管理していた名残が、損益計算書の勘定科目に残っていると考えれば納得がいきます。

　収益（売上）に計上する以上、消費税の課税対象にもなります。第4章の「2　消費税」の項目にてポイントとして説明していますので参考にしてください。

▌(3) 補助金・受託料

　次に掲げる科目が行政機関から受ける補助金や受託事業等にかかる受託料を処理する勘定科目です。日常的に発生する勘定科目ではないため、その都度確認して仕訳を切ろうというくらいのスタンスで構いません。

　社会福祉法人の場合は、行政機関から運営費補助を受ける場合があります。受けるとなると毎年コンスタントに続きます。補助元は、都道府県や市区町村です。行政機関によって財政状況が異なりますし、介護に対してのスタンスも違うため補助額がとても手厚かったり、その反対にまったくなかったりします。社会福祉法人でない場合でも、○○財団や○○基金という団体から補助を受ける場合があります。そのため、地方公共団体から受けるものを公費の科目で計上し、○○財団や○○基金など行政機関ではない私的な団体から受ける補助金は、一般の科目で計上します。

　社会福祉法人に限らず株式会社やNPO法人の場合でも、都道府県や市区町村から事業委託を受けることがあります。事業委託内容は、市町村特別事業と呼ばれるものと介護保険に関連する事業とに分けられます。

　市町村特別事業とは、その市町村で特別事業として定めた事業をいいます。例えば高齢者向けの配食サービスや通院等の移送サービスです。このような市町村特別事業を受託した場合は、受託料を市町村特別事業収益として計上します。公費と一般の違いは、市区町村からの収入を公費として計上し、配食サービスや移送サービスを利用した利用者から徴収したお金を一般として計上するというものです。

　受託事業とは、市町村特別事業には該当しない事業の受託をいい、介護保険に関連した高齢者向けの体操教室やレストラン事業などがあります。受託事業についても、収入源が委託者か利用者かで公費・一般を使い分ける必要があります。

　なお、その他の事業収益は、介護保険に関連していながらその他の事業ということとなっていますので、逃げ道の勘定科目で通常は使用しないと思います。

●事業活動計算書勘定科目（補助金・受託料）

大区分	中区分	小区分	説明
介護保険事業収益	その他の事業収益	補助金事業収益（公費）	介護保険事業に対して、国、都道府県、市町村などの行政機関から経常経費や備品購入助成等運営資金として受け取る補助金
		補助金事業収益（一般）	介護保険事業に対して、国、都道府県、市町村などの行政機関以外（共同募金等）から経常経費や備品購入助成等運営資金として受け取る補助金
		市町村特別事業収益（公費）	市町村が市町村特別事業として行う横出しサービスや上乗せサービスを事業所が行った場合における、市町村から受け取る収益
		市町村特別事業収益（一般）	市町村が市町村特別事業として行う横出しサービスや上乗せサービスを事業所が行った場合における、利用者から受け取る収益
		受託事業収益（公費）	介護保険に関連する都道府県、市町村から委託された事業で、都道府県、市町村から受け取る委託料
		受託事業収益（一般）	介護保険に関連する都道府県、市町村から委託された事業で、利用者から受け取る収益
		その他の事業収益	上記に属さないその他の事業収益

(4) 資金収支計算書の勘定科目

　ここまで事業活動計算書の勘定科目をみてきましたが、社会福祉法人の場合、資金収支計算書に用いる勘定科目が別途用意されています。

●資金収支計算書勘定科目の例

大区分	中区分	小区分	説明
介護保険事業収入	施設介護料収入	介護報酬収入	特養、老健、療養型の介護報酬の9割
		利用者負担金収入（公費）	同上の1割（生活保護の公費請求分）
		利用者負担金収入（一般）	同上の1割（利用者への請求分）
	居宅介護料収入	介護報酬収入	訪問入浴、ショートステイ、訪問看護等の介護報酬の9割
		介護予防報酬収入	介護予防訪問入浴、介護予防ショートステイ、介護予防訪問看護等の9割
	以下省略	以下省略	以下省略

　ご覧いただいてわかる通り、各区分の最後の文字の「収益」が「収入」に変わっているだけです。説明は同じです。事業活動計算書と資金収支計算書では勘定科目名を変える必要がありますのでご注意ください。

(5) 追加された小区分の勘定科目

　小さなことかもしれませんが、平成29年度から、勘定科目の中で小区分の勘定科目が増えたものがあります。私は、これらの勘定科目が必要なのかわかりません。少なくとも社会福祉法人側では必要のない区分です。新たに作られたということは、今後この勘定科目についてデータが収集されて、何かに利用されることを意味します。

　なお、以下の勘定科目は資金収支計算書の勘定科目を使って説明していますが、事業活動計算書の勘定科目も同様に増えています。

平成 28 年度まで	平成 29 年度以降	説明
食費収入（公費） 食費収入（一般）	食費収入（公費） 食費収入（一般） 食費収入（特定）	新たに加わった（特定）は、特定入所者介護サービス費として介護保険から給付を受ける部分です。平成 28 年度までは一般に含めていました。
居住費収入（公費） 居住費収入（一般）	居住費収入（公費） 居住費収入（一般） 居住費収入（特定）	

※特定入所者介護サービス費…所得が低い方の居住費と食費については、所得に応じた自己負担の限度額が設けられており、これを超えた分は「特定入所者介護サービス費」として、介護保険から給付されます。

　また、次の勘定科目も小区分の勘定科目が増えています。

平成 28 年度まで	平成 29 年度以降	説明
補助金事業収入	補助金事業収入（公費） 補助金事業収入（一般）	補助金事業とは、介護保険に関連する事業に対して、交付される補助金事業に係る収入をいいます。 なお、（公費）は、国及び地方公共団体から交付されるものを処理する科目です。（一般）は、国及び地方公共団体以外から交付されるものを処理します。
市町村特別事業収入	市町村特別事業収入（公費） 市町村特別事業収入（一般）	市町村特別事業収入とは、介護保険のその他の事業で、市町村特別事業に係る収入をいいます。 なお、（公費）は市町村特別事業を行った場合で、公費（税金）から支払を受ける場合に処理する科目です。（一般）は、市町村特別事業を行った場合で、利用者から支払を受ける場合に処理する科目です。
受託事業収入	受託事業収入（公費） 受託事業収入（一般）	受託事業収入とは、介護保険に関連する、地方公共団体から委託された事業に係る収入をいいます。 なお、（公費）は、委託料そのものを処理します。（一般）は受託事業を提供したことで利用者から得られる収入を処理する科目です。

なお、上記のほかにも医療事業収入で勘定科目が増えています。

3 会計の区分の必要性

　介護保険制度は、介護保険料や税金という公的資金を財源とする社会保険です。厚生労働省は、これらの財源を効率よく使って介護保険制度を維持していく責務があります。具体的には、事業者数を増やしたい介護サービスには、介護報酬を手厚くするといった政策誘導を行います。一方で、黒字が出すぎている介護サービスについては介護報酬を削減することも行います。こういった政策実施のためには有効なデータが必要です。有効なデータを容易に取得するために、介護保険事業の会計区分と他の事業の会計区分を分けることが法令で定められています。

　そのうちの1つが、「指定居宅サービス等の事業の人員、設備及び運営に関する基準」（平成11年3月31日厚生省令第37号）（指定サービス基準）です。第38条は次の通りです。

指定居宅サービス等の事業の人員、設備及び運営に関する基準
（会計の区分）
第38条　指定訪問介護事業者は、指定訪問介護事業所ごとに経理を区分するとともに、指定訪問介護の事業の会計とその他の事業の会計を区分しなければならない。

　上記の条文では、訪問介護事業者と限定しているので、訪問介護事業だけ区分すればよさそうに見えますが、そうではありません。この省令の題名にある「指定居宅サービス等」の「等」の字が曲者です。この「等」には、居宅サービス（予防を除く）すべてが含まれています。つまりこの規定は、すべての居宅サービスを対象としたものなのです。訪問介護以外の

介護サービスの章では、必ずこの第 38 条を準用するという条文があります（例：第 54 条：訪問入浴介護、第 74 条：訪問看護、第 83 条：訪問リハビリテーション、第 91 条：居宅療養管理指導、第 105 条：通所介護等）。

　上記のほかにも介護保険事業には、施設サービスや介護予防事業などいくつも種類があり、それぞれの事業に対しても基準があります。

- 「指定居宅介護支援等の事業の人員及び運営に関する基準」（平成 11 年 3 月 31 日厚生省令第 38 号）／第 28 条（会計の区分）
- 「指定介護老人福祉施設の人員、設備及び運営に関する基準」（平成 11 年 3 月 31 日厚生省令第 39 号）／第 36 条（会計の区分）
- 「指定地域密着型サービスの事業の人員、設備及び運営に関する基準」（平成 18 年 3 月 14 日厚生労働省令第 34 号）／第 3 条の 39（会計の区分）
- 「指定介護予防サービス等の事業の人員、設備及び運営並びに指定介護予防サービス等に係る介護予防のための効果的な支援の方法に関する基準」（平成 18 年 3 月 14 日厚生労働省令第 35 号）／第 53 条の 11（会計の区分）
- 「指定地域密着型介護予防サービスの事業の人員、設備及び運営並びに指定地域密着型介護予防サービスに係る介護予防のための効果的な支援の方法に関する基準」（平成 18 年 3 月 14 日厚生労働省令第 36 号）／第 38 条（会計の区分）
- 「指定介護予防支援等の事業の人員及び運営並びに指定介護予防支援等に係る介護予防のための効果的な支援の方法に関する基準」（平成 18 年 3 月 14 日厚生労働省令第 37 号）／第 27 条（会計の区分）

4 会計の区分方法

　介護保険では、会計を区分しなければいけないことがわかりました。それでは会計の何を区分するのでしょうか。介護保険でいうところの会計の区分とは、その介護事業に関わる収入・支出、資産・負債を介護事業ごとに区分することを指します。わかりやすい言い方では、一般企業でいうところの損益計算書と貸借対照表が介護事業ごとに作成できるということです。例えば、通所介護、訪問介護を行っている事業所であれば、通所介護と訪問介護の損益計算書や貸借対照表があるということです。しかし、介護事業ごとにこれらの計算書類を作るのは手間がかかります。そのため、部門別で仕訳を切れる会計ソフトの利用をお勧めします。

　なお、介護保険では、同じ場所で複数の介護サービスを提供するのであれば、その場所で行う介護サービスごとの貸借対照表は省略できます。結果としては、介護サービスごとに収支が区分（算出・表示）されていればよいのです。

　具体的な区分の方法については、厚生労働省の通知「介護保険の給付対象事業における会計の区分について」（平成 13 年 3 月 28 日老振発第 18 号）にて 4 つの方式が示されています。

① 会計単位分割方式

　介護サービスごとに仕訳帳、総勘定元帳等の主要簿を独立して持ち、計算書類（損益計算書や貸借対照表）も当然に別々に作成する方法です。一事業部でありながらあたかも別の法人のように作成します。

　大規模法人である場合や経理担当がふんだんに在籍している法人であるならばよいのですが、時間や労力も相当必要となりますので私はお勧めしません。

② 本支店会計方式

　本部あるいは他のサービス区分間の取引を本支店勘定を使って、介護サービス事業別に会計処理する方法が、本支店会計方式です。この方法では、収入と支出、資産と負債は区別しますが、純資産の部は区別せずに、その拠点（本店区分）だけで作ります。

　①会計単位分割方式と比較すれば簡便なように感じますが、やや中途半端な印象を受けます。

③ 部門補助科目方式

　勘定科目に補助コードを設定して会計処理を行う方法です。

　私が実際に使っていて読者の皆様にお勧めする経理方式がこの部門補助科目方式です。例えば、ショートステイと通所介護の2事業を行っている事業所であれば、以下のように仕訳を切ります。

```
（　売掛金又は事業未収金　）×××
                                0001 ショートステイ
                                （　介護報酬収入　）　　×××
（　売掛金又は事業未収金　）×××
                                0002 デイサービス
                                （　介護報酬収入　）　　×××
```

```
0001 ショートステイ
（　通信運搬費　）　×××
                                （　小口現金　）　×××
0002 デイサービス
（　通信運搬費　）　×××
                                （　小口現金　）　×××
```

　このようにコードを設定しておくと、補助コード別に損益計算書を選択すればおのずとサービス区分別の損益計算書ができ上がります。一方で、貸借科目については介護サービス区分を行いません。そのため、資産や負債の科目を使って仕訳を切る時は、補助コードは付さないか、または、ど

ちらかのサービス区分の補助コードを代表として使います。結果としてその拠点単位の貸借対照表だけができ上がることになります。

　なお、資産や負債への補助コードの設定は要求されていませんが、使用が禁じられているわけではないので、上手に活用することをお勧めします。例えば、介護報酬は請求金額がそのまま入金されることは少なく、返戻や保留などで必ずといっていいほど入金額と請求額との間に差額が生じます。売掛金（事業未収金）を補助コードで分けて管理をしておかないとどのサービス区分で差額が生じたのかわかりません。さらに利用者からの入金管理もサービス区分が設定されていなければ、管理が大変になります。

　資産・負債科目に補助コード設定をされないのであればしっかりと補助簿を用いて売掛金管理をして、回収漏れがないように日頃から管理しておくことが求められます。

④ 区分表方式

　この方式は、仕訳時にはサービス区分を行いません。または、一部の科目について③部門補助科目方式による補助コードを使います。月次決算や本決算の時に、科目ごとに按分基準を設けて、各サービス区分に配賦して損益計算書を作ります。

　実際には会計ソフト上では処理は行わず、表計算ソフトを使ってそこで作業を行うことになります。仕訳を切るときは何も考えずに処理できるので楽な方法ですし、配賦時は一気に作業できるのでよさそうに思います。ただし、リアルタイムでは、サービス区分別に収支がわからないという欠点があります。また、本決算時に配賦を行おうとすると、ただでさえ忙しい中、余計な作業の時間が必要となります。

　以上、4つの方式が厚生労働省から示されていますが、③または④で処理している法人が圧倒的に多いと思います。また、介護保険事業向けの会

計ソフトは③に対応しています。

　今後、介護保険事業は淘汰の時代に入ります。今展開している介護サービスの損益が数か月後にしかわからないとなるとどんぶり勘定の経営となってしまいます。介護予防・日常生活支援総合事業は、赤字や赤字すれすれの事業になると見込まれますので、経営の観点からはできる限り現在の損益状態を把握する必要があると思います。そのためには、③部門補助科目方式を行うことが必要だといえます。

5　会計の区分の簡便的な方法

　なんとも経理処理が大変だと思われる方も多くいらっしゃると思いますが、簡便的な方法が用意されています。この簡便的な方法について説明します。

　前述の通知「介護保険の給付対象事業における会計の区分について」（平成 13 年 3 月 28 日老振発第 18 号）は、社会福祉法人に限らず介護保険事業を行うすべての事業者に対して適用される通知です。この通知は平成24 年 3 月 30 日と平成 28 年 3 月 31 日にそれぞれ一部改正が行われていますが、これらの改正通知についても同様です。

　改正後の通知の「2　本通知の前提となるそれぞれの会計基準と会計処理方法について」では、基本となる会計基準及び会計処理方法は、社会福祉法人会計基準とされています。もちろんいくつもの会計・経理基準が基本の会計基準であるとして挙げられていますが、最後に「等」でくくられているので、株式会社も NPO 法人も社会福祉法人会計基準を基本として考えてかまわないと理解できます。この根拠に基づいて、平成 28 年 3 月31 日に発出された「社会福祉法人会計基準の制定に伴う会計処理等に関する運用上の留意事項について」（平成 28 年 3 月 31 日雇児総発 0331 第 7号等、最終改正：平成 31 年 3 月 29 日子総発 0329 第 1 号等）（以下「留意

事項について」という）の「5　サービス区分について」は、株式会社や
NPO法人にも簡便的な方法の採用を認めているものと考えることができ
ます。

　「留意事項について」の「5　サービス区分について」では、会計の区分
をサービス区分と呼んでいます。そして、サービス区分の方法として、
「ア　原則的な方法」、「イ　簡便的な方法」、を規定しています。「イ　簡便的
な方法」では、以下の介護サービスと一体的に行われている介護予防サー
ビスなど、両者のコストをその発生の態様から区分することが困難である
場合には、勘定科目として介護予防サービスなどの収入額のみを把握でき
れば同一のサービス区分として扱って差し支えないとされています。この
ため、費用は分ける必要がなくなります（訪問介護と通所介護など異なる
サービスは、従来通り収入も費用も分けなくてはなりません）。

　限定列挙ですので、下記の介護サービスに限られています。

・指定訪問介護と第1号訪問事業
・指定通所介護と第1号通所事業
・指定地域密着型通所介護と第1号通所事業
・指定介護予防支援と第1号介護予防ケアマネジメント事業
・指定認知症対応型通所介護と指定介護予防認知症対応型通所介護
・指定短期入所生活介護と指定介護予防短期入所生活介護
・指定小規模多機能型居宅介護と指定介護予防小規模多機能型居宅介護
・指定認知症対応型共同生活介護と指定介護予防認知症対応型共同生活
　介護
・指定訪問入浴介護と指定介護予防訪問入浴介護
・指定特定施設入居者生活介護と指定介護予防特定施設入居者生活介護
・福祉用具貸与と介護予防福祉用具貸与
・福祉用具販売と介護予防福祉用具販売
・指定介護老人福祉施設といわゆる空きベッド活用方式により当該施設
　で実施する指定短期入所生活介護事業

これは大変ありがたい規定です。

ただし、拡大解釈は禁物です。ある社会福祉法人の決算時の計算書類を拝見したところ、指定通所介護と指定認知症対応型通所介護と第 1 号通所事業が 1 つの経理区分として処理されている例がありました。これは、認められていないので是正が必要です。

認められる例として、指定通所介護と第 1 号通所事業を使った表を挙げます。

なお、指定介護予防通所介護は、平成 29 年 4 月以降は、第 1 号通所事業に鞍替えしています。そのため、従来の介護予防の勘定科目は使用できません。

●指定通所介護と第 1 号通所事業を通所介護サービス区分とした簡便的な方法

大区分	中区分	小区分	金額	
介護保険事業収益	居宅介護料収益（介護報酬収益）	介護報酬収益	9,000	①
	（利用者負担金収益）	介護負担金収益（公費） 介護負担金収益（一般）	0 1,000	② ③
	介護予防・日常生活支援総合事業収益	事業費収益 事業負担金収益（公費） 事業負担金収益（一般）	900 0 100	④ ⑤ ⑥
	利用者等利用料収益	居宅介護サービス利用料収益 食費収益（一般） 介護予防・日常生活支援総合事業利用料収益	100 400 100	⑦ ⑧ ⑨

経理方法は、前述の③部門補助科目方式です。損益計算書は、上記の通りです。

①、②、③、⑦、⑧は指定通所介護の勘定科目です。④、⑤、⑥、⑨は第 1 号通所事業の勘定科目です。

　1つのサービス区分の中で、指定通所介護の収入と第1号通所事業との収入の勘定科目が一目でわかりますので、「指定サービス基準」を満たしているということになります。

6　費用科目の按分について

　社会福祉法人の会計処理で切っても切れない処理は、配分（按分）処理です。1つの建物内で通所介護、通所リハビリテーション、訪問介護、居宅介護支援事業を行っている場合、水道光熱費や床清掃などの業務委託費をどのように各サービス区分に振り分けるかという問題があります。また、管理者が複数の介護サービスを管理している場合も人件費を各サービス区分に付け替える必要があります。

　この各サービス区分への費用の付替えを「按分」といいます。費用科目の按分方法は、前述の通知「介護保険の給付対象事業における会計の区分について」で明示されています。また、この通知発出後、平成28年3月31日に発出された「社会福祉法人会計基準の制定に伴う会計処理等に関する運用上の留意事項について」（平成28年3月31日雇児総発0331第7号等）の別添資料でも、同様に按分対象となる費用科目と配分（按分）方法が明示されています。

●具体的な科目及び配分（按分）方法

種類	想定される勘定科目	配分方法
人件費（支出）	・職員給料（支出） ・職員賞与（支出） ・賞与引当金繰入 ・非常勤職員給与（支出） ・退職給付費用（退職給付支出） ・法定福利費（支出）	勤務時間割合により区分 （困難な場合は次の方法により配分） ・職種別人員配置割合 ・看護・介護職員人員配置割合 ・届出人員割合 ・延利用者数割合

事業費（支出）	・介護用品費（支出） ・医薬品費（支出） ・診療・療養等材料費（支出） ・消耗器具備品費（支出）	各事業の消費金額により区分 （困難な場合は次の方法により配分） ・延利用者数割合 ・各事業別収入割合
	・給食費（支出）	実際食数割合により区分 （困難な場合は次の方法により配分） ・延利用者数割合 ・各事業別収入割合
事務費（支出）	・福利厚生費（支出） ・職員被服費（支出）	給与費割合により区分 （困難な場合は延利用者数割合により配分）
	・旅費交通費（支出） ・通信運搬費（支出） ・諸会費（支出） ・雑費（雑支出） ・渉外費（支出）	・延利用者数割合 ・職種別人員配置割合 ・給与費割合
	・事務消耗品費（支出） ・広報費（支出）	各事業の消費金額により区分 （困難な場合は延利用者数割合により配分）
	・会議費（支出）	会議内容により事業個別費として区分 （困難な場合は延利用者数割合により配分）
	・水道光熱費（支出）	メーター等による測定割合により区分 （困難な場合は建物床面積割合により配分）
	・修繕費（支出）	建物修繕は、当該修繕部分により区分、建物修繕以外は事業個別費として配分 （困難な場合は建物床面積割合で配分）
	・賃借料（支出） ・土地建物賃借料（支出）	賃貸物件特にリース物件については、その物件の使用割合により区分 （困難な場合は建物床面積割合により配分）

	・保険料（支出）	・建物床面積割合により配分 ・自動車関係は送迎利用者数割合又は使用高割合で、損害保険料等は延利用者数割合により配分
	・租税公課（支出）	・建物床面積割合により配分 ・自動車関係は送迎利用者数割合又は使用高割合で配分
	・保守料（支出）	保守契約対象物件の設置場所等に基づき事業個別費として区分 （困難な場合は延利用者数割合により配分）
	・業務委託費（支出）（寝具） ・業務委託費（支出）（給食） ・業務委託費（支出）（その他）	各事業の消費金額により区分 （困難な場合は、延利用者数割合により配分） ・延利用者数割合 ・実際食数割合 ・建物床面積割合 ・延利用者数割合
	・研修研究費（支出）	研修内容等、目的、出席者等の実態に応じて、事業個別費として区分 （困難な場合は、延利用者数割合により配分）
減価償却費	・建物、構築物等に係る減価償却費	建物床面積割合により区分 （困難な場合は、延利用者数割合により配分）
	・車輌運搬具、機械及び装置等に係る減価償却費	使用高割合により区分 （困難な場合は、延利用者数割合により配分）
	・その他の有形固定資産、無形固定資産に係る減価償却費	延利用者数割合により配分
徴収不能額	・徴収不能額	各事業の個別発生金額により区分 （困難な場合は、各事業別収入割合により配分）
徴収不能引当金繰入	・徴収不能引当金繰入	事業ごとの債権金額に引当率を乗じた金額に基づき区分 （困難な場合は、延利用者数割合に

		より配分)
支払利息（支出）	・支払利息（支出）	事業借入目的の借入金に対する期末残高割合により区分 （困難な場合は、次の方法により配分） ・借入金が主として土地建物の取得の場合は建物床面積割合 ・それ以外は、延利用者数割合

出典：「社会福祉法人会計基準の制定に伴う会計処理等に関する運用上の留意事項について」の別添1より引用

　収入は介護保険請求となるので他のサービス区分と混ざることはありませんが、費用はもともと1本であったものを介護サービス別に分けることになるので、費用配分が適切に行われていない場合は正しい会計になりません。極端な言い方をすれば、どの按分方法を採用するかで、その介護サービス事業の成績を良くも悪くも見せることができます。通常は職員の配置や延べ利用者数を採用しますが、事業別の収入を使うこともできます。

　いずれの按分方法を採用したとしても、継続することが求められています。ところが経理担当者はこの継続を勘違いして捉えてしまうことがあります。この継続条件は、その按分方法を継続することであって、割合については随時見直すことが必要です。職員の人数や延べ利用者数、収入は毎年変わります。年度の途中ではなく予算を作成する段階で、次年度の按分割合を決定させることがとても重要です。また、按分割合を算出した場合は、その計算過程をしっかりと残すことが必要です。この按分割合についても、都道府県や市区町村の指導検査で必ずチェックされるところです。

　会計事務所はこの按分割合の算出について直接関与することはないと思いますが、チェック機能としてその按分割合の計算過程を追ってみて、適正かどうかを確認することは必要だと思います。正しい仕訳をしても、誤った金額で仕訳を切ってしまっては元も子もありません。特に予算作成時は、事務局は慌ただしくしています。上手な関与の仕方が求められます。

7　売掛金（事業未収金）管理

　介護保険サービスは、居宅介護支援（ケアプラン作成）以外は、利用者に1割〜3割の負担が生じます。サービスによっては、食費や居住費、日常生活費などの費用もかかります。

　これらの費用を請求するために毎月10日過ぎに利用者へ請求書を送ります。通常規模型のデイサービスでは定員が25名だったとしても、登録者は100名を超えます。訪問介護事業の場合、サービス提供責任者が1人いる場合、最大40名まで利用者の登録が可能です。そうなると、売掛金管理が重要となってきます。月別、個人別、サービス別に管理していき、支払があった都度に領収書を発行して、売掛金を消し込んでいきます。特別養護老人ホームなど利用者が固定されている場合は、会計ソフト上での管理が可能ですが、デイサービスやショートステイ、訪問介護については、表計算ソフトで管理するほうがよいと思います。理由は、利用者の出入り（利用の開始・廃止）が激しいからです。登録者のうちの何パーセントかは翌月には入所またはお亡くなりによってサービスの利用はなくなります。売上を減らさないためには同じ人数の利用者に新規で登録して利用を開始いただく必要があります。いかに効率よく売掛金を管理して、回収漏れを防ぐかが課題です。特に支払が長期に滞ってしまうと全額の回収は困難となります。ない袖は振れません。未払のまま亡くなってしまったケースでは、相続人を追いかけることはまず無理です。この場合は、貸倒損失処理や債権の売却による処理が考えられます。

　さらに、第1章でご紹介したように国保連から介護事業所に介護報酬が入金されるのは、介護サービスを提供してからおよそ2か月後です。請求した金額が正しかったとわかるまでに最短で2か月、保留となれば最長で4か月、返戻となれば5か月以上の長期にわたる未収金の管理が必要となります。そして介護報酬と連動する利用者への請求も修正が余儀なくされ

ます。正しい月次決算をやろうにも半年前の売掛金（事業未収金）が売上（収入）なのか否なのかの確定ができない世界です。

　また、決算が山場になります。もちろん売上の確定が山です。3 月決算法人の場合は、3 月 31 日時点で 2 月に提供した介護サービス分の報酬と 3 月に提供した介護サービス分の報酬が売掛金（事業未収金）となります。2 月に提供した介護サービス分の介護報酬は、4 月上旬に届く決定通知書で確定させます。3 月分は、その時点で正しいと判断される請求額で売上を決定します。

　このように事業未収金（売掛金）管理は非常に重要です。

8　社会福祉法人会計基準の概要

■（1）以前の会計のルール

　介護保険制度の開始当初は特別養護老人ホームの会計を処理する場合に、「旧社会福祉法人会計基準」や「指定介護老人福祉施設等会計処理等取扱指導指針」等、複数の処理方法の中から任意に選択できる状況でした。私は特別養護老人ホームの開所前である平成 12 年に、所轄庁の指導官に「今後を見据えてどの方法を選択したほうが望ましいのか」と訪ねたことがありますが、その時の返答はどれでも構わないというものだったと記憶しています。つまり、介護保険制度スタート時の会計は、それほど重要視されていなかったのだと思えます。

　会計ルールが異なるので、同じ事象を処理しているにもかかわらず、そもそも書類の名前が違っていました。そのほか、勘定科目が異なったり、表示方法が違ったり、計算処理結果が異なるなどの問題が発生していました。今となっては笑い話ですが、会計ソフトを選定する時に、どちらを選ぶべきなのか結構シビアに悩む部分でした。

　もし、興味が湧いた方は、「『社会福祉法人会計基準』及び『指定介護老

人福祉施設等会計処理等取扱指導指針』等の当面の運用について」（平成12年12月19日社援施第49号）をご覧ください。

そこで平成23年に新社会福祉法人会計基準が発出され、平成24年以降3年間の猶予期間が設けられて、平成27年以降はすべての社会福祉法人に適用されることとなりました。特徴は、これまで複数あった基準（旧基準、指導指針、経理規程準則等）が1つにまとめられたことです。どのような事業を行おうとも1つの会計基準に則り（適用範囲の一元化）経理していくものです。その他、流動資産、負債の1年基準やリース会計、減損会計等が導入されました。おかげで、これから社会福祉法人をクライアントにする場合に、会計人にとっても理解しやすい環境になったといえます。管理者、法人役員、行政機関等の利害関係者にとっても理解しやすいものになったのではないでしょうか。

さらに、利害関係者を国民全体と広げて考え、計算書類を公表しなければいけないこととなっています。そうなるとわかりやすさや透明性が必須です。他の法人と比較検討されることもあるでしょう。新社会福祉法人会計基準は、まさに時代の要請であったといえます。

(2) 現在の社会福祉法人会計基準

平成28年、この新社会福祉法人会計基準はさらに改正され、平成29年から全面施行されています。3つの計算書類（資金収支計算書、事業活動計算書、貸借対照表）を中心とする考え方は平成12年当初から変わりませんが、計算書類を3つの階層と附属明細書で1つの階層を表示させることにしました。階層は次頁の通りです。一番上の階層が法人全体です。その次は事業区分、拠点区分、サービス区分と徐々に詳細がわかるようになっています。ただし、一番細かいサービスごとの収支は、附属明細書で明らかになります。計算書類の附属明細書として、内訳を表示させるようにしています。

このことから、まずは法人全体として経営は成り立っているのか（第1

様式)、次に社会福祉事業、公益事業、収益事業ごとに事業は成り立っているのか（第2様式）、さらに、それぞれの事業ごとに持つ拠点レベルでは事業は成り立っているのか（第3様式）を確認することができます。ただし、第4様式はサービスごとを表示させるのではなくて、その拠点の前年対比及び小区分での表示となっています。第3様式までは大区分の勘定科目表示となっていますので、会計人としては、実質的に第4様式で正しい処理がされているかどうかをチェックすることになります。

【法人全体】第 1 様式

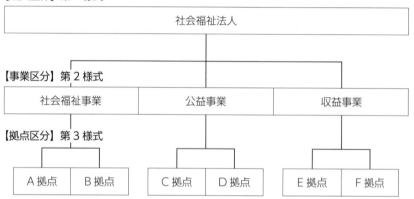

拠点には、核となるサービスが入ります。
例えば、○○特別養護老人ホーム拠点や△△有料老人ホーム拠点などです。

【サービス区分】別紙 3（⑩）または別紙 3（⑪）

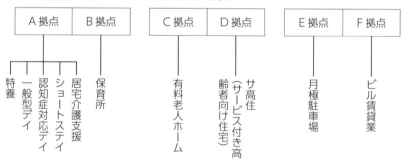

　社会福祉法人会計基準第29条では、計算書類には、所定の事項を注記（法人全体と拠点別）しなければならない旨が規定されています。注記すべき事項は全部で16項目あります。

　さらに社会福祉法人会計基準第30条で附属明細書が規定されています。附属明細書は全部で19種類ありますが、こちらはその事業で関わる書類の中で該当する場合のみ作成するという位置づけです。そして社会福祉法人会計基準第31条で財産目録を整備することになっています。これらの書類により、どこからみても法人の財務内容がわかるようになりました。

　その反面、経理係や会計人の決算処理が大変です。中小企業の決算のようにせいぜい社長と税務署が見るだけではなく、監事による監査、理事会や評議員会の承認、厚生労働省の外郭団体である独立行政法人福祉医療機構が運用する財務諸表等電子開示システムでの開示、法人独自のウェブサイトでの開示など誰でも見ることができる状態、つまり、社会に晒されている状態となります。決算を行う側は気を引き締めて作業にあたる必要があります。もちろん社会福祉法人会計基準で規定されたフォーマットと内容をもとに適切に作成しなければなりません。

9　社会福祉法人の会計

　現在（令和3年4月1日以降の事業年度）の社会福祉法人会計基準は、情報開示のため、計算書類と呼ばれる財務諸表に加え、注記、そして附属明細書を作成する構成となっています。附属明細書の役割は、特に細かく開示させて、社会福祉法人の透明性の担保に資するものだと考えられます。注記及び附属明細書の様式は、「社会福祉法人会計基準の制定に伴う会計処理等に関する運用上の取扱いについて」（平成28年3月31日雇児発0331第15号、最終改正：令和2年9月11日子発0911第1号）（以下、「運用上の取扱い」という）で示されています。

　以下にどんな計算書類及び附属明細書があるのかご紹介していきます。

●社会福祉法人会計基準の計算書類等

計算書類	資金収支計算書	社会福祉法人会計基準　第1号第1様式〜第4様式
	事業活動計算書	社会福祉法人会計基準　第2号第1様式〜第4様式
	貸借対照表	社会福祉法人会計基準　第3号第1様式〜第4様式
計算書類に対する注記	法人全体用	運用上の取扱い　別紙1
	拠点区分用	運用上の取扱い　別紙2
附属明細書	借入金明細書	運用上の取扱い　別紙3①
	寄附金収益明細書	運用上の取扱い　別紙3②
	補助金事業等収益明細書	運用上の取扱い　別紙3③
	事業区分間及び拠点区分間繰入金明細書	運用上の取扱い　別紙3④
	事業区分間及び拠点区分間貸付金（借入金）残高明細書	運用上の取扱い　別紙3⑤
	基本金明細書	運用上の取扱い　別紙3⑥
	国庫補助金等特別積立金明細書	運用上の取扱い　別紙3⑦
	基本財産及びその他の固定資産（有形・無形固定資産）の明細書	運用上の取扱い　別紙3⑧
	引当金明細書	運用上の取扱い　別紙3⑨
	○○拠点区分　資金収支明細書	運用上の取扱い　別紙3⑩
	○○拠点区分　事業活動明細書	運用上の取扱い　別紙3⑪
	積立金・積立資産明細書	運用上の取扱い　別紙3⑫
	サービス区分間繰入明細書	運用上の取扱い　別紙3⑬

	サービス区分間貸付金（借入金）残高明細書	運用上の取扱い　別紙3⑭
	就労支援事業別事業活動明細書	運用上の取扱い　別紙3⑮
	就労支援事業製造原価明細書	運用上の取扱い　別紙3⑯
	就労支援事業販管費明細書	運用上の取扱い　別紙3⑰
	就労支援事業明細書	運用上の取扱い　別紙3⑱
	授産事業費用明細書	運用上の取扱い　別紙3⑲
財産目録	財産目録	運用上の取扱い　別紙4

▎(1) 資金収支計算書

① 資金収支計算書とは

　社会福祉法人の資金収支計算書は、支払資金の増加と減少の状況を明らかにする表です。

　この資金収支計算書ですが、私たち税理士が簿記論で勉強したキャッシュフロー計算書とはまったく違います。社会福祉法人の資金収支計算書は、もっと簡単な作りとなっており、一見すると損益計算書とそっくりです。そのため、見ている計算書類が資金収支計算書なのか事業活動計算書なのかわからなくなってしまう場合があります。

　もちろん、表題に「資金収支計算書」や「事業活動計算書」と書いてあるので判別できますが、数枚にもわたっている場合には途中でわからなくなってしまうかもしれません。そのような時は、勘定科目の最後の部分で見分けることができます。

　例えば、以下の通り、科目名の最後の部分が収入であるか収益であるか、また、支出が付いているかいないかで区別できます。

163

資金収支計算書　勘定科目	事業活動計算書　勘定科目
介護報酬収入	介護報酬収益
職員給料支出	職員給料
器具及び備品取得支出	器具及び備品

　この資金収支計算書は、全部で4様式あり、このほかに附属明細書として1種類あります。

●資金収支計算書の様式

様式	名称	内容
第1号第1様式	法人単位資金収支計算書	社会福祉法人が行う事業のすべてを合計したものです。例えば、介護事業や保育園事業、有料老人ホーム事業を行っていたとしても、すべて合算です。 勘定科目名は大区分のみとなります。そのため、細目はわかりませんが、ところどころの収支をみるには便利です。 どの法人も作成が義務づけられています。
第1号第2様式	資金収支内訳表	社会福祉事業のほかに公益事業、収益事業を行っている場合は、作成が義務づけられている計算書類です。 勘定科目名は第1号第1様式と同じですが、社会福祉事業、公益事業、収益事業がそれぞれ別々に区分されています。それぞれの事業ごとに資金収支が明らかにされます。
第1号第3様式	○○事業区分資金収支内訳表	1つの事業の中で拠点を複数有している場合に作成が義務づけられている計算書類です。例えば、特別養護老人ホームを2か所で経営している場合は、この計算書類の名称は、社会福祉事業区分資金収支内訳表となり、内訳は、○○特別養護老人ホームと××特別養護老人ホームとなります。勘定科目名は第1号第1様式と同じです。社会福祉事業以外に、公益事業と収益事業を行っているのであれば、公益事業と収益

		事業の事業区分資金収支内訳表を作成します。
第1号第4様式	○○拠点区分資金収支計算書	1つの拠点で行われている事業を合算した計算書類です。例えば、特別養護老人ホーム、ショートステイ、デイサービス、居宅介護支援、訪問介護等を行っていれば、それをすべて合算した資金収支計算書です。拠点内の内訳ではありません。拠点の合計を明らかにするものです。 勘定科目は小区分まで掲載されます。
別紙3⑩	○○拠点区分資金収支明細書	1つの拠点で行われている事業ごとに資金収支の状況を明らかにした計算書類です。例えば、特別養護老人ホーム、ショートステイ、デイサービス、居宅介護支援、訪問介護等を1つの拠点で行っていれば、それぞれのサービスごとに収入と支出が表示されます（介護サービス区分別資金収支計算書です）。 事業会社でいう事業部単位の資金収支計算書とお考えください。

　なお、社会福祉法人の計算書類をみると第1号第4様式の表を間違って作っている法人が結構多くあります。拠点区分の意味が理解されていないようです。どのように間違っているかというと、この計算書をサービス区分別に作っています。サービス区分別は、別紙3⑩がその役割を担っています。

　さて、資金収支計算書の役割は、単に収入と支出を表しているのではなく、その事業年度の予算と実績を対比させる表にもなっています。例えば、第1号第1様式（法人単位資金収支計算書）では、次のように枠が設けられています。

勘定科目	予算（A）	決算（B）	差異（A）−（B）	備考
介護保険事業収入 老人福祉事業収入 児童福祉事業収入	×××	△△△	○○○	

　社会福祉法人は毎年度予算を作成し、その予算を執行していきます。そのため、作成した予算計画と実績を比較して、適切に執行されているかどうかを確認しておく必要があります。なお、任意の形式で予算書を作成することになっています。この時の予算書は、前事業年度の最終補正予算額と当事業年度の当初予算との比較表となっています。

　資金収支計算書に記載される当初予算は、決算時には最終補正予算額に切り替わります。予算通りに執行できるのが理想ですが、乖離はどこかで生じてしまいます。その生じた予算に対して補正を組みます。

② 資金収支計算書の構成

　資金収支計算書の構成は 3 つに分かれます。

事業活動による収支	収入
	支出
	事業活動資金収支差額
施設整備等による収支	収入
	支出
	施設整備等資金収支差額
その他の活動による収支	収入
	支出
	その他の活動資金収支差額
当期資金収支差額合計	

　事業活動による収支は、経常的な事業活動（例えば介護事業）による収入と支出をそれぞれ計算し、差額を求めます。これが、事業活動資金収支差額です。本業によって、支払資金が増加しているのか減少しているのかが明らかになります。ここが赤字になっているのであれば、税理士とし

て、収入を増やすための対策や支出を減らすための対策について、経営者と課題を見つけて取り組むことになります。

次に、施設整備等による収支ですが、建物や備品取得のための借入れや補助金、寄附金などを収入として、増改築をしたり備品を購入したり、施設整備のために借りた借入金の返済を支出として、収支差額を求めます。これが、施設整備等資金収支差額です。ここの収支は基本的に事業計画に則った収支になります。借入れや補助金がなく自己資金で整備を進めるとここの収支はマイナスとなりますが決して不健全ではありません。税理士としては、予算通りの執行なのかどうかをチェックします。

最後に、その他の活動による収支ですが、ここはメインとして積立金の取崩しを収入とし、積立金の計上を支出として収支差額を計算する部分です。普段はあまり数字が入ってこない部分です。まずは予算として予定されているのかどうか、もし、予算として予定がないのであれば、その内容はどんな収入・支出なのかをチェックする必要があります。

③ 支払資金の考え方

支払資金とは、文字通り支払のできる資金であり、具体的には、貸借対照表上の流動資産と流動負債の差額です。ただし、すべての流動資産と流動負債の差額ではありません。社会福祉法人会計基準では、次に掲げる流動資産勘定科目と流動負債勘定科目との差を支払資金としています。支払資金の勘定科目を使った仕訳を切ると、資金収支計算の各勘定科目と連動して、資金収支計算書が作成されます。

流動資産	流動負債
現金預金	短期運営資金借入金
有価証券	事業未払金
事業未収金	その他の未払金

未収金	支払手形
未収補助金	役員等短期借入金
未収収益	未払費用
受取手形	預り金
貯蔵品	職員預り金
立替金	前受金
前払金	前受収益
前払費用	事業区分間借入金
短期貸付金	拠点区分間借入金
事業区分間貸付金	仮受金
拠点区分間貸付金	未払法人税等
仮払金	繰延税金負債
繰延税金資産	その他の流動負債
その他の流動資産	

　例えば、〔(事業未収金) ×××　(介護報酬収入) ×××〕という仕訳を切ると、資金収支計算書では支払資金残高は増加し、貸借対照表でも支払資金残高が増えます。後ほど触れますが、この資金収支計算書と貸借対照表と事業活動計算書の3つは互いに整合性がとれています。もし整合性がとれていなければ、どこかがおかしいということになります。

④ 資金収支計算書、事業活動計算書、貸借対照表の連動のための仕訳

　さて、この資金収支計算書は作成が少々厄介です。それは、事業活動計算書用の仕訳と資金収支計算書用の仕訳の2本が常にあるためです。

　通常は、事業活動計算書を作成するための仕訳を切ります。例えば、

〔(消耗器具備品費) ×××　(現金) ×××〕

というような仕訳です。資金収支計算書を作成するための仕訳は、

〔(消耗器具備品支出) ××× (支払資金) ×××〕

となります。私は、資金収支計算書用の仕訳を「裏の仕訳」と呼んでいます。

　毎回２つの仕訳を切るのは大変だと感じた方がいらっしゃると思いますが、実際は、社会福祉法人会計ソフトによって、上記にあるような資金収支計算書上の仕訳は、ほぼ自動で作成してくれます。自動なので、その仕訳はどこにも表示されません。そして、この「ほぼ自動」が厄介なのです。感覚では、95％くらいは自動作成ですが、5％は入力者自らが「裏の仕訳」を作成する必要があります。

　自動で作成してくれない資金収支計算書の仕訳で代表的なものは固定資産の取得です。普通に作成する

〔(器具及び備品) ××× (現金) ×××〕

という仕訳は、資金収支計算上では、

〔(器具及び備品取得支出) ××× (支払資金) ×××〕

という仕訳になります。〔(器具及び備品) ××× (現金) ×××〕という仕訳を切っただけで安心せず、続けて資金収支計算書用の仕訳を作成する必要があります。このほかに積立金や基本金に関する仕訳も手入力となります。

　会計ソフトを導入するに当たっては、どこまで資金収支上の仕訳を自動で作成してくれるかをベンダーの担当者によく確認して、そのソフトの特徴をつかんでおく必要があります。そのほうが手っ取り早いです。

⑤ 各様式の数値の関係性

　第１号第１様式から第４様式まで、及び別紙３（⑩）の数値は、次の通りつながりの関係があります。初めて社会福祉法人会計を扱う税理士であっても、どこの数字がどこからきて、どことどこの数字を突合すれば、正しい計算書類になっているのかがわかれば恐れるに足りません。

第 1 号第 1 様式（第 17 条第 4 項関係）

法人単位資金収支計算書

（自）令和　　年　　月　　日（至）令和　　年　　月　　日

（単位：円）

勘定科目	予算（A）	決算（B）	差異（A）-（B）	備考
介護保険事業収入		×××		
・・・		・・・		
当期末支払資金残高（11）+（12）		×××		

第 1 号第 2 様式（第 17 条第 4 項関係）

資金収支内訳表

（自）令和　　年　　月　　日（至）令和　　年　　月　　日

（単位：円）

勘定科目	社会福祉事業	公益事業	収益事業	合計	内部取引消去	法人合計
介護保険事業収入	×××					×××
・・・	・・・					・・・
当期末支払資金残高（10）+（11）	×××					×××

第 1 号第 3 様式（第 17 条第 4 項関係）

社会福祉事業区分　資金収支内訳表

（自）令和　　年　　月　　日（至）令和　　年　　月　　日

（単位：円）

勘定科目	A 町特別養護老人ホーム拠点	B 町小規模多機能居宅介護拠点	C 町一般型デイサービス拠点	合計	内部取引消去	事業区分合計
介護保険事業収入	×××					×××
・・・	・・・					・・・
当期末支払資金残高（10）+（11）	×××					×××

※公益事業区分、収益事業区分の資金収支内訳表の事業区分合計は、社会福祉事業と同様に資金収支内訳表（第 1 号第 2 様式）の「公益事業」、「収益事業」に転記されます。

第1号第4様式（第17条第4項関係）

A町特別養護老人ホーム拠点区分　資金収支計算書

（自）令和　　年　　月　　日（至）令和　　年　　月　　日

（単位：円）

勘定科目	予算（A）	決算（B）	差異（A）－（B）	備考
介護保険事業収入		×××		
施設介護料収入		×××		
介護報酬収入		×××		
利用者負担金収入（公費）		×××		
利用者負担金収入（一般）		×××		
・・・		・・・		
当期末支払資金残高（11）＋（12）		×××		

別紙3（⑩）

A町特別養護老人ホーム拠点区分　資金収支明細書

（自）令和　　年　　月　　日（至）令和　　年　　月　　日

社会福祉法人名　　　○○会

（単位：円）

勘定科目	サービス区分			合計	内部取引消去	拠点区分合計
	特養ホーム事業	ショート事業	居宅介護事業			
介護保険事業収入						×××
施設介護料収入						×××
介護報酬収入						×××
利用者負担金収入（公費）						×××
利用者負担金収入（一般）						×××
・・・						・・・
当期末支払資金残高（10）＋（11）						×××

┃ (2) 事業活動計算書

① 事業活動計算書とは

　社会福祉法人の事業活動計算書は、事業会社でいえば当期純利益を計算するフォーマットです。社会福祉法人では利益のことを「増減差額」と呼びます。事業活動計算書には減価償却費や国庫補助金の取崩額が記載されますので、お金の動きが伴わない収益や費用も発生します。また、当然に発生主義です。この計算書によって、法人が行っている事業は黒字なのか赤字なのかが明らかになります。事業会社と同じです。

　古くから経理を担当している職員と話をしているときに、つい「利益」と言ってしまうとその場の雰囲気が凍り付くかもしれません。社会福祉法人特有の会計用語については、しっかり勉強しておきましょう。

② 事業活動計算書の構成

　さて、この事業活動計算書ですが、税理士としては、いつも慣れ親しんでいる損益計算書とよく似ていますので、理解を進めるにあたって難しいことはありません。事業活動計算書の構成は次の通りです。理解を促進するために、参考として損益計算書の部名を記載しました。ほとんど構成が

知っておきたい 介護用語　経理区分

　サービス区分のことです。介護保険のサービスは、経理区分としてそれぞれのサービスを区分して経理することが原則となっています。区分できていないと実地指導で指摘されるばかりではなく、1つ1つの介護サービスが事業として成り立っているのかさえも判断できません。

一緒であることがおわかりいただけると思います。また、勘定科目については、主要な勘定科目は、サービス活動増減の部に集中しています。サービス活動外増減の部は、利息の支払や有価証券の売却など、年に数回程度の登場です。

事業活動計算書より			損益計算書より
サービス活動増減の部	収益		経常損益の部
	費用		
	サービス活動増減差額		
サービス活動外増減の部	収益		営業外損益の部
	費用		
	サービス活動外増減差額		
特別増減の部	収益		特別損益の部
	費用		
	特別増減差額		
	当期活動増減差額		税引前当期純利益

　この事業活動計算書も、全部で4様式あり、このほかに附属明細書として1種類あります。

●事業活動計算書の様式

様式	名称	内容
第2号第1様式	法人単位事業活動計算書	考え方は、第1号第1様式の法人単位資金収支計算書と同じです。
第2号第2様式	事業活動内訳表	考え方は、第1号第2様式の資金収支内訳表と同じです。

第 2 号第 3 様式	○○事業区分事業活動内訳表	考え方は、第 1 号第 3 様式の資金収支内訳表と同じです。
第 2 号第 4 様式	○○拠点区分事業活動計算書	考え方は、第 1 号第 4 様式の資金収支計算書と同じです。
別紙 3⑪	○○拠点区分事業活動明細書	考え方は、別紙 3⑩と同じです。 なお、別紙 3⑩と別紙 3⑪は社会福祉事業の内容によってどちらか 1 つの作成になります。ただし、サービス区分が 1 つしかない場合は、別紙 3⑩も⑪も作成が省略できます（注記で省略した旨を記載）。 介護保険と障害福祉サービスを行っている場合は、別紙 3⑪を作成しますが、保育園や措置施設等の場合は、別紙 3⑩を作成します。この場合、作成しなかった別紙 3⑩ないし別紙 3⑪について、注記に作成していない旨を記載します。

③ 対前年度の増減表示

　事業活動計算書は、単年度の繰越活動収支差額の計算を表示するだけではなく、前年度の繰越活動収支差額の計算についても対比させて前年度比較ができるようになっています。これにより、今年は去年と比べてどのような状況なのかということが明らかになります。

勘定科目	当年度決算 （A）	前年度決算 （B）	増減 （A）－（B）
介護保険事業収益 老人福祉事業収益 児童福祉事業収益	○○○	△△△	×××

　介護保険事業は、報酬改定もなく、また、事業の拡大をしていない年であれば、ほとんど前年と同じ動きになります。動きとはすなわち収入です。この動きに変動がみられるのであれば、稼働率や利用者の要介護度にその原因があります。インフルエンザの発生により利用者の休みが多く、また、要介護度が下がったために報酬が減った等理由を追及して、対策を

とっていくことが必要です。ただ単に前年度より良い悪いではなく、その原因を探って説明し、さらに改善提案を行えると、介護事業を知っている税理士として評価につながっていきます。

　この事業活動計算書には、事業会社では見かけない勘定科目があります。サービス活動外増減の部にある借入金利息補助金収益や特別増減の部にある設備資金借入金元金償還補助金収益です。社会福祉法人は、借入金に係る利息や借入金そのものの返済について、補助金をもらうことがあります。もちろん財政的に余裕のある都道府県や市町村でないと、これらの補助制度はありません。それにしても、このような勘定科目が標準で設定されていることからも、社会福祉法人は優遇された法人だということがよくわかります。

④ 各様式の数値の関係性

　第2号第1様式から第4様式まで、及び別紙3（⑪）の数値は、次頁の通りに、つながりの関係があります。

知っておきたい 介護用語　按分処理

　複数のサービスに係る費用の場合、一定の按分割合に基づいて各サービスに配賦します。この配賦のことを按分処理といいます。1つの建物で複数の介護サービスを実施している場合の水道光熱費や事務費、1人の職員が複数の管理者を兼務している場合の人件費は按分処理が必要になります。按分処理しなければ、正しい損益計算ができなくなります。

第 2 号第 1 様式（第 23 条第 4 項関係）

法人単位事業活動計算書

（自）令和　　年　　月　　日（至）令和　　年　　月　　日

（単位：円）

勘定科目	当年度決算（A）	前年度決算（B）	増減（A）－（B）
介護保険事業収益	×××．		
・・・	・・・		
次期繰越活動増減差額 (17) = (13) + (14) + (15) － (16)	×××		

第 2 号第 2 様式（第 23 条第 4 項関係）

事業活動内訳表

（自）令和　　年　　月　　日（至）令和　　年　　月　　日

（単位：円）

勘定科目	社会福祉事業	公益事業	収益事業	合計	内部取引消去	法人合計
介護保険事業収益	×××					×××
・・・	・・・					・・・
次期繰越活動増減差額 (17) = (13) + (14) + (15) － (16)	×××					×××

第 2 号第 3 様式（第 23 条第 4 項関係）

社会福祉事業区分　事業活動内訳表

（自）令和　　年　　月　　日（至）令和　　年　　月　　日

（単位：円）

勘定科目	A 町特別養護老人ホーム拠点	B 町小規模多機能居宅介護拠点	C 町一般型デイサービス拠点	合計	内部取引消去	事業区分合計
介護保険事業収入	×××					×××
・・・	・・・					・・・
次期繰越活動増減差額 (17) = (13) + (14) + (15) － (16)	×××					×××

※公益事業区分、収益事業区分の事業活動内訳表の事業区分合計は、社会福祉事業と同様に事業活動内訳表（第 2 号第 2 様式）の「公益事業」、「収益事業」に転記されます。

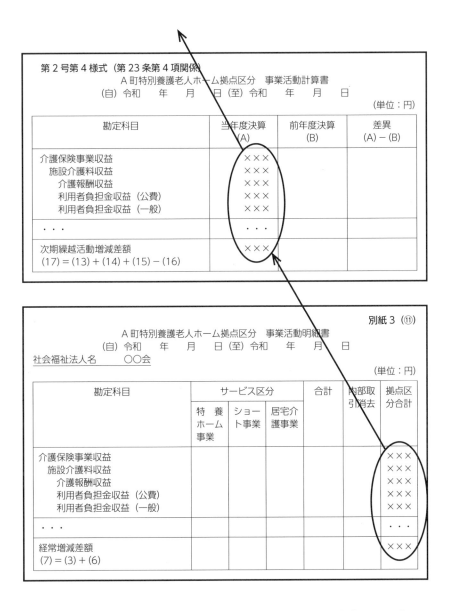

第2号第4様式（第23条第4項関係）
A町特別養護老人ホーム拠点区分　事業活動計算書
（自）令和　　年　　月　　日（至）令和　　年　　月　　日
（単位：円）

勘定科目	当年度決算 (A)	前年度決算 (B)	差異 (A)−(B)
介護保険事業収益	×××		
施設介護料収益	×××		
介護報酬収益	×××		
利用者負担金収益（公費）	×××		
利用者負担金収益（一般）	×××		
・・・	・・・		
次期繰越活動増減差額 (17) = (13) + (14) + (15) − (16)	×××		

別紙3（⑪）

A町特別養護老人ホーム拠点区分　事業活動明細書
（自）令和　　年　　月　　日（至）令和　　年　　月　　日
社会福祉法人名　　　〇〇会
（単位：円）

勘定科目	サービス区分			合計	内部取引消去	拠点区分合計
	特養 ホーム 事業	ショート事業	居宅介護事業			
介護保険事業収益						×××
施設介護料収益						×××
介護報酬収益						×××
利用者負担金収益（公費）						×××
利用者負担金収益（一般）						×××
・・・						・・・
経常増減差額 (7) = (3) + (6)						×××

　別紙3（⑪）は、経常増減差額までの表示となっています。そのため、第2号第4様式と突合する時は、最終値ではなく、サービス活動外増減の部及び経常増減差額までとなりますのでご注意ください。

▍(3) 貸借対照表

① 貸借対照表とは

　社会福祉法人の貸借対照表は、資産・負債・純資産を明らかにする表です。基本的には事業会社と同じです。

　以前、ある社会福祉法人の貸借対照表をセカンドオピニオンとして見た時に、事業未収金が1か月分しか計上されていないことがありました。介護報酬の入金は2か月後なので必ず2か月分の事業未収金が計上されていないといけません。営利法人の場合なら、売上がまるまる1か月抜けていることになります。税理士として関わる以上、売上計上漏れがないか、貸借対照表でもどうか確認してください。

② 貸借対照表の構成

流動資産		流動負債
固定資産	基本財産	固定負債
	その他の固定資産	負債の部合計
		純資産の部合計
資産の部合計		負債及び純資産の部合計

　固定資産は、基本財産とその他の固定資産に区別されます。社会福祉法人の定款には、基本財産の項目があり、建物や土地の地番や㎡数が記載されています。これがその社会福祉法人の基本財産です。ここに記載のある資産の簿価を貸借対照表の基本財産の欄に計上します。土地以外の固定資産（例えば建物）は当然に減価償却されていきます。

　貸借対照表は、全部で4様式あります。明細書はありません。拠点の中のサービスは建物を共有している場合が多く、また、業務委託などは一括して依頼し、費用は面積按分方法等を用いて経理することが多いため、資

産・負債を無理に分けず、まとめてしまってよいという考え方です。そこで、核となるサービス区分に寄せる経理を行うのが効率的です。ただし、経理業務の中には、事業未収金や職員給与の事業未払金などのようにサービス区分別に仕訳を作成しておかないと管理ができなくなってしまうものもありますので、必要に応じて資産と負債を仕訳によってサービス区分別に分けておくという考え方でいてください。

●貸借対照表の様式

様式	名称	内容
第3号第1様式	法人単位貸借対照表	考え方は、第1号第1様式の法人単位資金収支計算書と同じです。
第3号第2様式	貸借対照表内訳表	考え方は、第1号第2様式の資金収支内訳表と同じです。
第3号第3様式	○○事業区分貸借対照表内訳表	考え方は、第1号第3様式の資金収支内訳表と同じです。
第3号第4様式	○○拠点区分貸借対照表	考え方は、第1号第4様式の資金収支計算書と同じです。

③ 対前年度の増減表示

勘定科目	当年度末	前年度末	増減
現金預金 事業未収金	○○○	△△△	×× ×

　貸借対照表のうち第1様式と第4様式は、前年度末と現在（当年度末）を表示させて、増減がわかるようになっています。この増減で注意したいところは、事業未収金と事業未払金です。基本的に介護報酬の改定がなく、事業拡大もしていなければ、あまり増減はないはずです。百万円単位で増減が生じていたら理由は押さえておくべきです。

④ 各様式の数値の関係性

第 3 号第 1 様式（第 27 条第 4 項関係）
法人単位貸借対照表
令和　　年　　月　　日現在

(単位：円)

資産の部				負債の部			
	当年度末	前年度末	増減		当年度末	前年度末	増減
流動資産	××			流動負債			
現金預金 　有価証券	×× ××			短期運営資金借入金 　事業未払金			
・・・	・・			・・・			
資産の部合計	××			負債及び純資産の部合計			

負債の部も同様につながっています。

第 3 号第 2 様式（第 27 条第 4 項関係）
貸借対照表内訳表
令和　　年　　月　　日現在

(単位：円)

勘定科目	社会福祉事業	公益事業	収益事業	合計	内部取引消去	法人合計
流動資産	××					××
現金預金	××					××
有価証券	××					××
・・・	・・					・・
資産の部合計	××					××

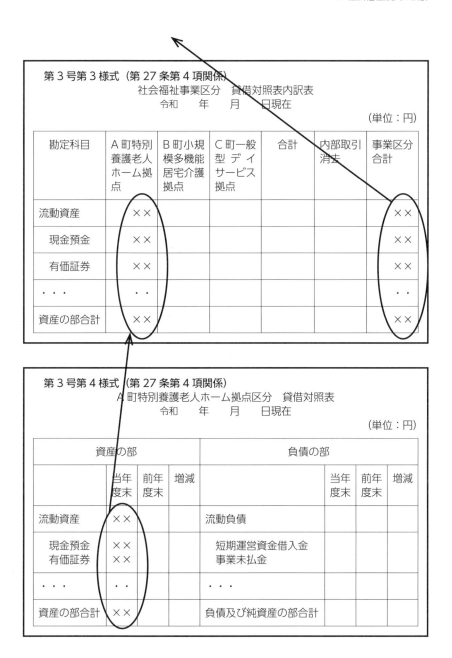

第3号第3様式（第27条第4項関係）

社会福祉事業区分　貸借対照表内訳表

令和　　年　　月　　日現在

（単位：円）

勘定科目	A町特別養護老人ホーム拠点	B町小規模多機能居宅介護拠点	C町一般型デイサービス拠点	合計	内部取引消去	事業区分合計
流動資産	××					××
現金預金	××					××
有価証券	××					××
・・・	・・					・・
資産の部合計	××					××

第3号第4様式（第27条第4項関係）

A町特別養護老人ホーム拠点区分　貸借対照表

令和　　年　　月　　日現在

（単位：円）

資産の部				負債の部			
	当年度末	前年度末	増減		当年度末	前年度末	増減
流動資産	××			流動負債			
現金預金 有価証券	×× ××			短期運営資金借入金 事業未払金			
・・・	・・			・・・			
資産の部合計	××			負債及び純資産の部合計			

■ (4) 計算書類の注記

① 注記すべき事項

　計算書類の注記は、事業会社で添付する内容に社会福祉法人独自のものを加えたものとなります。具体的には、社会福祉法人会計基準第 29 条で以下の通り規定されています。

　①継続事業の前提に関する事項（省略可）

　②資産の評価基準及び評価方法、固定資産の減価償却方法、引当金の計上基準等計算書類の作成に関する重要な会計方針

　③重要な会計方針を変更した場合のその変更の理由及び変更による影響額（省略可）

　④退職給付制度

　⑤法人が作成する計算書類並びに拠点区分及びサービス区分

　⑥基本財産の増減の内容及び金額

　⑦基本金や固定資産等の売却（若しくは処分）に伴う国庫補助金等特別積立金の取崩しを行った場合の理由やその取崩額

　⑧担保に供している資産に関する事項

　⑨減価償却費累計額を直接控除して残額を貸借対照表に表示している場合の当該固定資産の取得価額や減価償却累計額、当期末残高（省略可）

　⑩債権について徴収不能額を直接控除した場合の当該債権の額、徴収不能引当金額、当該債権の当期末残高（省略可）

　⑪満期保有目的の債権の内訳並びに帳簿価額、時価及び評価損益

　⑫関連当事者との取引の内容に関する事項

　⑬重要な偶発債務

　⑭重要な後発事象

　⑮合併又は事業の譲渡若しくは譲受けが行われた場合には、その旨及び概要

⑯その他の事項

基本的に必ずタイトルを記載して、該当がなければ該当なしとします。ただし、上記で「省略可」としたものは、該当がなければ記載そのものを省略できます。

社会福祉法人会計基準の会計ソフトでは、計算書類の注記が作成できるようになっていますので、ワープロの感覚で作成可能です。拠点区分が複数ある場合は、拠点区分ごとにも計算書類の注記を作成することになっていますが、拠点区分の数が1か所の場合は、拠点区分の計算書類の注記は省略できます。省略できるものは積極的に省略して、効率よく決算を終了させるのが望ましいと思います。

② 関連当事者との取引

社会福祉法人は、公共性の高い法人であることから関連当事者との取引を行う場合は、その取引内容を明らかにすることが義務づけられています。関連当事者というのは、社会福祉法人の独特の言い回しです。その範囲は下記の表のとおり限られています（社会福祉法人会計基準第29条第2項及び「社会福祉法人会計基準の制定に伴う会計処理等に関する運用上の留意事項について」26（1））。

関連当事者の範囲		
ア		当該社会福祉法人の常勤の役員または評議員として報酬を受けている者及びそれらの近親者（3親等内の親族及びこの者と特別の関係にある者。なお、「親族及びこの者と特別の関係にあるもの」とは例えば以下を指すこととする）
	①	当該役員または評議員とまだ婚姻の届け出をしていないが、事実上婚姻と同様の事情にある者
	②	当該役員または評議員から受ける金銭その他の財産によって生計を維持している者
	③	①または②の親族で、これらの者と生計を一にしている者
イ		当該社会福祉法人の常勤の役員または評議員として報酬を受けている者及びそ

	れらの近親者が議決権の過半数を有している法人
ウ	支配法人（当該社会福祉法人の財務及び営業または事業の方針の決定を支配している他の法人、以下同じ） 次の場合には当該他の法人は、支配法人に該当するものとする。 ・他の法人の役員、評議員若しくは職員である者が当該社会福祉法人の評議員の構成員の過半数を占めていること。
エ	被支配法人（当該社会福祉法人が財務及び営業または事業の方針の決定を支配している他の法人、以下同じ） 次の場合には当該他の法人は、被支配法人に該当するものとする。 ・当該社会福祉法人の役員、評議員若しくは職員である者が他の法人の評議員会の構成員の過半数を占めていること。
オ	当該社会福祉法人と同一の支配法人を持つ法人 当該社会福祉法人と同一の支配法人を持つ法人とは、支配法人が当該社会福祉法人以外に支配している法人とする。

　ア及びイに掲げる者と取引した場合は、事業活動計算書項目及び貸借対照表項目のいずれに関係するとしても、年間1,000万円を超える取引についてはすべて開示対象としなければいけません。さらに、支配法人、被支配法人または同一の支配法人を持つ法人との取引については次の通り厳しい開示が要求されています。

　まず、事業活動計算書項目に係る関連当事者との取引ですが、サービス活動収益またはサービス活動外収益の各勘定科目で処理された関連当事者との取引については、科目ごとに、サービス活動収益とサービス活動外収益の合計額の100分の10を超える取引を開示します。

　サービス活動費用またはサービス活動外費用の各勘定科目で処理された関連当事者との取引については、科目ごとに、サービス活動費用とサービス活動外費用の合計額の100分の10を超える取引を開示します。

　例えば、下記の通りです。

　　サービス活動費　　　　　合計1,000万円

　　　うち業務委託費　　　　　　700万円（関連当事者Aとの取引額

　　　　　　　　　　　　　　　　　　　150万円）

うち消耗品費　　　　　　　300万円

サービス外活動費　　　合計　100万円

　うち利用者等外給食費　　　100万円

サービス活動費1,000万円＋サービス外活動費100万円＝1,100万円

1,100万円×10/100＝110万円＜関連当事者Aとの取引額150万円

∴関連当事者Aとの取引額150万円について開示義務あり

　次に貸借対照表項目に係る関連当事者との取引ですが、貸借対照表項目に属する勘定科目の残高については、その金額が資産の合計額の100分の1を超える取引について開示することとなっています。

流動資産　合計　1億円

固定資産　合計13億円

　うち土地　　　2億円

　うち建物　　　10億円

　うち備品　　　1億円（関連当事者Bからの購入額800万円）

資産合計13億円×1/100＝1,300万円＞関連当事者Bからの購入額800万円

∴関連当事者Bからの購入額800万円については、開示義務なし

　関連当事者との取引については、計算書類の注記に「関連当事者との取引の内容」という項目がありますので、ここに記載します。

12.　関連当事者との取引の内容　　　　　　　　　　　　　　（単位：円）

種類	法人等の名称	住所	資産総額	事業の内容又は職業	議決権の所有割合	関係内容		取引の内容	取引金額	科目	期末残高
						役員の兼務等	事業上の関係				

取引条件及び取引条件の決定方針等

　この関連当事者の開示は、決算時に初めて必要となります。関連当事者については、補助科目を設けて日頃から明らかにしておくことで決算時に慌てずに済みます。会計事務所として、経理担当者に注意喚起しておけば十分です。決して、知らなかったということがないようにしておきます。

▌（5）附属明細書

　附属明細書は、必要なものだけを選択して作成します。ただし、次の書類は社会福祉法人の多くで作成されています。基本的に作成するものであるとお考えください。

① 借入金明細書

　社会福祉法人は独立行政法人福祉医療機構から低利で借入れをするのが一般的です。また、最近では民間の金融機関との協調融資でお金を借りるケースが増えています。基本的には借入れは行っているというスタンスでいてください。

② 寄附金収益明細書

　社会福祉法人は、利用者、利用者家族、役員、地域、慈善団体より寄附をいただいています。1年間で全く寄附が行われないということは考えに

くいです。雑収益などで処理されていないか確認を忘れないでください。

③ 補助金事業等収益明細書

　社会福祉法人は行政から事業を委託されるケースが多いです。例えば、地域住民向けの介護予防教室や無料・低価格での食事の提供等です。他の経常的な運営補助金に紛れていないかのチェックと行政機関との契約書の有無の確認は、必ずしておくことをお勧めいたします。収入印紙の購入で契約の有無を確認する方法もありますが、行政との契約書の中には収入印紙を貼らないものもありますので、毎月口頭でもよいので直接確認したほうが望ましいです。

④ 基本金明細書

　社会福祉法人である以上必ず作成します。基本金は第1号から第3号まであります。前年度までの丸写しではなく、当年度に基本金に該当するような寄附がなかったのかのチェックは必ず行ってください。

⑤ 国庫補助金等特別積立金明細書

　社会福祉法人は、特別養護老人ホームを整備する時に都道府県から1ベッド当たり数百万円の補助金を受け取ります。対象は建物や備品類、消耗品にまで及びます。国庫補助金の対象として消耗品を購入した場合は即時に国庫補助金を取り崩しますが、それ以外の建物や固定資産等の耐用性のある物を対象とした場合は、耐用年数に応じて国庫補助金を取り崩し続けます。多くの社会福祉法人は建物を国庫補助金の対象としていますので、長い期間、この国庫補助金等特別積立金明細書を作成し続けることになります。

⑥ 基本財産及びその他の固定資産（有形・無形固定資産）の明細書

　この明細書は必ず作成します。問題は、その内容が適切に記載されてい

るかどうかです。特にその他の固定資産ですでに除却や売却している資産がある場合は速やかに明細書に反映させる必要があります。固定資産管理台帳と考えれば結構です。

⑦ 引当金明細書

社会福祉法人で少なくとも賞与引当と退職給付引当の2つは行います。このほかに徴収不能引当を行っている場合は記載漏れがないように注意してください。

⑧ 積立金・積立資産明細書

社会福祉法人は、将来に向けて人件費積立、修繕積立、備品購入積立等内部留保を行っています。理由は、資金が必要になった時にすぐさま金融機関から融資が受けられなかったり、そもそもビジネスモデルが大きく儲けの出るものではないので、コンスタントに積み立てていかないと身動きがとれなくなったりするからです。基本的に社会福祉法人は積立を行っていますので、この明細書も作成するものとして考えていてください。

附属明細書には、計算書類が含まれています。拠点区分資金収支明細書と拠点区分事業活動明細書です。介護保険、障害福祉サービス等は、拠点区分事業活動明細書を作成して、拠点区分資金収支明細書の作成は省略します。保育所等、措置施設拠点等は反対に、拠点区分資金収支明細書を作成して、拠点区分事業活動明細書の作成を省略します。

上記に掲載しなかった附属明細書の中には、事業区分間や拠点区分間でのお金の貸付けや繰入れを行った場合に記載する明細があります。こちらは法人によって分かれますので、経理担当者に確認が必要です。

その他、別紙3（⑮）～別紙3（⑲）は、就労支援事業や授産事業を行っている場合に作成する附属明細書です。障害福祉事業を行っている場合でも⑮から⑲まですべてを作成するわけではありません。就労支援事業

の年間の売上が 5000 万円以下で、多種少額の生産活動を行う等の理由により、製造業務と販売業務に係る費用を区分することが困難な場合においては、就労支援事業製造原価明細書及び就労支援事業販管費明細書の作成に代えて、就労支援事業明細書を作成すれば足りることとなっていますので、就労支援事業を行うクライアントがある場合には、「就労支援の事業の会計処理の基準」(「就労支援等の事業に関する会計処理の取扱いについて」(平成 18 年 10 月 2 日社援発第 1002001 号) 別紙。最終改正：平成 25 年 3 月 29 日) を必ず読んでください。

▌(6) 財産目録

　新しい形式の財産目録が、平成 28 年度の決算から導入されています。様式は大きく様変わりし、法人全体を表示させる形となっています。その理由は、社会福祉法第 55 条の 2 の規定に基づいて社会福祉充実残額の算定に必要な控除対象財産を判定するためです。使用目的で社会福祉事業の用に供されていない場合は、5 年ないし 10 年で消費していかなければいけません。

　財産目録の作成は、社会福祉法人会計のソフトでしたら、転記されて簡単にできます。ただし、勘定科目や帳簿価格は転記されますが、使用目的等や建物の取得年度は手入力しなければいけません。慣れるまでは時間がかかるかもしれませんが、事実を記載していくので悩む部分はないと思います。

　厚生労働省の通知「社会福祉法人会計基準の制定に伴う会計処理等に関する運用上の取扱いについて」(平成 28 年 3 月 31 日雇児発 0331 第 15 号等、最終改正：令和 2 年 9 月 11 日子発 0911 第 1 号等) の「(別紙) 社会福祉法人会計基準の運用上の取り扱い」中、「別紙 4 　財産目録」の下段に記載上の留意事項があります。読み飛ばして作成することもできますが、私が平成 28 年度決算で財産目録を作成した際に、読んでから作成すればよかったと後悔しました。記載の省略や逆にここはしっかりと記載す

べきということが載っています。また、記載例もありますので一通り目を通してから作成したほうが結果として時間の短縮になると思います。例えば、使用目的等の欄は独特の言い回しです。従来から社会福祉法人をクライアントとしていた会計人でも、記載例に目を通しておかないと書けません。

　記載上の留意事項はぜひ目を通していただきたいので、転載します。

（記載上の留意事項）

・土地、建物が複数ある場合には、科目を拠点区分毎に分けて記載するものとする。

・同一の科目について控除対象財産に該当し得るものと、該当し得ないものが含まれる場合には、分けて記載するものとする。

・科目を分けて記載した場合は、小計欄を設けて、「貸借対照表価額」欄と一致させる。

・「使用目的等」欄には、社会福祉法第55条の2の規定に基づく社会福祉充実残額の算定に必要な控除対象財産の判定を行うため、各資産の使用目的を簡潔に記載する。

　なお、負債については、「使用目的等」欄の記載を要しない。

・「貸借対照表価額」欄は、「取得価額」欄と「減価償却累計額」欄の差額と同額になることに留意する。

・建物についてのみ「取得年度」欄を記載する。

・減価償却資産（有形固定資産に限る）については、「減価償却累計額」欄を記載する。なお、減価償却累計額には、減損損失累計額を含むものとする。また、ソフトウェアについては、取得価額から貸借対照表価額を控除して得た額を「減価償却累計額」欄に記載する。

・車輌運搬具の○○には会社名と車種を記載すること。車輌番号は任意記載とする。

・預金に関する口座番号は任意記載とする。

※厚生労働省の「社会福祉法人会計基準」サイトでも閲覧することができ

ます。

https://www.mhlw.go.jp/stf/newpage_13319.html

▌ (7) 省略できる計算書類と附属明細書別紙

① 省略できる計算書類

　社会福祉法人が社会福祉事業のみを展開していて、また、1 拠点のみのいわゆる 1 法人 1 施設の場合であっても、計算書類を第 1 様式から第 4 様式まで作成しなければいけないのかというと、実は省略することが認められています。省略した場合は、注記にその旨を記載します。

　このことは、「社会福祉法人会計基準の制定に伴う会計処理等に関する運用上の留意事項について」(平成 28 年 3 月 31 日雇児総発 0331 第 7 号等、最終改正：平成 31 年 3 月 29 日子総発 0329 第 1 号) の「社会福祉法人会計基準の運用上の留意事項」の「7　作成を省略できる財務諸表の様式」に記載されています。

　これを表にまとめると以下の通りです。

●作成を省略できる計算書類の様式
作成が義務づけられている書類…○
作成が省略できる書類…×

様式の種類	事業区分が社会福祉事業のみの法人の場合	拠点区分が 1 つの法人の場合	拠点区分が 1 つの事業区分の場合
第 1 号第 1 様式	○	○	○
第 1 号第 2 様式	×	×	○
第 1 号第 3 様式	○	×	×
第 1 号第 4 様式	○	○	○
第 2 号第 1 様式	○	○	○
第 2 号第 2 様式	×	×	○
第 2 号第 3 様式	○	×	×

第2号第4様式	○	○	○
第3号第1様式	○	○	○
第3号第2様式	×	×	○
第3号第3様式	○	×	×
第3号第4様式	○	○	○

　省略した場合は、計算書類に対する注記（法人全体用）「5. 法人が作成する計算書類等と拠点区分、サービス区分」にその旨を記載するものとする。

② 省略できる附属明細書別紙3（⑩）及び別紙3（⑪）

　「社会福祉法人会計基準の制定に伴う会計処理等に関する運用上の取扱いについて」の「（別紙）社会福祉法人会計基準の運用上の取り扱い」では、附属明細書の省略について示しています。

　その中で、直接言及しているのが、「26　附属明細書について（会計基準省令第30条関係）」の（2）の「ウ　拠点区分資金収支明細書（別紙3（⑩））及び拠点区分事業活動明細書（別紙3（⑪））の取扱い」です。

●作成を省略できる別紙

作成が義務づけられている別紙…○
作成が省略できる別紙…×

様式の種類	介護保険サービス及び障害福祉サービスを実施する拠点	子どものための教育・保育給付費、措置費による事業を実施する拠点	左記の2つ以外の場合	サービス区分が1つの拠点区分
別紙3（⑩）	×	○	どちらか一方を作成（任意）	×
別紙3（⑪）	○	×		×

　省略した場合は、計算書類に対する注記（拠点区分用）「4. 拠点が作成する計算書類とサービス区分」にその旨を記載するものとする。

　上記のように省略できる理由は、結果として情報が重複しているからです。作らなくてよいということは、その作成のための時間が節約できるというだけでなく、チェックの時間の割愛にもなり、そのほかにも決算終了

後の監事の監査、理事会や評議員会での承認のために数十枚もコピーをと
ることを考えるといろいろと経費の節約にもなります。積極的に省略して
いきましょう。省略した場合は、計算書類の注記に「別紙3（⑩または
⑪）○○明細書の作成は省略」と記載します。

　別紙3（⑩）と別紙3（⑪）以外の附属明細書の省略については、該当
する事由がない場合は、その作成は省略できます。同じく「（別紙）社会
福祉法人会計基準の運用上の取り扱い」の中の「26　附属明細書について
（会計基準省令第30条関係）」で規定されています。

10　社会福祉法人の独特な会計処理

① 基本金

　基本金は、事業会社でいうところの資本金に似ています。基本金は、社
会福祉法人が事業開始等にあたって寄附行為により受け入れたお金をいい
ます。当然に純資産の部に計上されています。この基本金には、第1号基
本金、第2号基本金、第3号基本金の3種類があり、寄附の目的によって
分かれます。

　第1号基本金は、社会福祉法人の設立、施設の創設、増築等のために基
本財産等を取得するためにされた寄附金です。第2号基本金は、第1号基
本金にある基本財産等の取得に係る借入金の償還に充てるものとして寄附
された寄附金です。第3号基本金は、施設の創設、増築時等の運転資金に
充てるものとしてされた寄附金です。

　日常的に計上するものではありませんが、社会福祉法人が事業規模を拡
大する場合に目にするかもしれません。

② 基本財産

　社会福祉法人の貸借対照表には基本財産という項目があり、土地と建物
とに分かれます。例えば建物を新築する場合に、第1号基本金、都道府県

からの補助金、独立行政法人福祉医療機構からの借入金が原資となって建物を建てた場合、建物の取得価額全額が基本財産として建物に計上されます。一方で、寄附金の全額は第 1 号基本金に計上されます。このため、基本金＝基本財産（建物）にはなりません。不一致で当たり前ですので心配には及びません。

③ 減価償却と国庫補助金等特別積立金の取崩し

　社会福祉法人には施設整備を目的として都道府県や市町村から多額の補助金が投入されています。補助金のほかに交付金と呼ばれる場合もあるため、これらの補助金や交付金をまとめて国庫補助金等と呼びます。この国庫補助金等ですが、収受した時には一時の収入としながら、同時に国庫補助金等特別積立額として費用計上します。この時の貸方は、国庫補助金等特別積立金となり純資産の部に計上されます。国庫補助金等により建物や設備、備品、消耗品を取得していますので、固定資産や消耗品費と国庫補助金等を費用化と取崩しの関係で対応させます。対応の仕方は、開所の時は、お金に色は付けられないので、何にいくら国庫補助金等を充てたとは計算できません。そのため、取得した固定資産や消耗品と国庫補助金等の割合に応じてまんべんなく国庫補助金等を配賦します。また、特定の固定資産の取得の場合は、完全に対応しますので、全額をその固定資産の国庫補助金等として計上します。

　国庫補助金等特別積立金として計上した後は、順次取り崩して、国庫補助金等特別積立金取崩額として計上します。取り崩すタイミングは毎年の減価償却費を計上した時です。消耗品の場合は、消耗品として計上したタイミングで取り崩します。減価償却については、減価償却割合を使って国庫補助金等特別積立金を減らしていきます。

　国庫補助金等特別積立金取崩額は、事業活動計算書の減価償却費の真下に記載します。減価償却費を取崩額で相殺することで、減価償却のインパクトを和らげることと緩やかな国庫補助金の取崩しが可能となります。非

常に理にかなった方法です。

11　クラウド会計

(1)　一般的なクラウド会計

　一般的なクラウド会計ソフトを使って、社会福祉法人の経理をするということは、現状では難しいです。その理由は、社会福祉法人会計基準で要求される資金収支計算書が用意されていないからです。私が裏の仕訳と呼ぶ支払資金の仕訳は、通常の事業会社では存在しないものなので、事業会社向けの会計ソフトでは当然対応ができません。また、社会福祉法人会計基準で要求されている附属明細書や財産目録の作成についても、もちろん非対応です。

　なお、社会福祉法人以外の介護事業を営む株式会社や一般社団法人などの法人であれば、クラウド会計の導入は可能です。実際にクラウド会計を導入されている企業はたくさんあります。私の会計事務所では、社会福祉法人以外のクライアントであれば、基本的にクラウド会計の導入をご案内しています。

　クラウド会計のメリットはすでにご存知のことと思いますが、なんといっても ID とパスワードがあればどのパソコンからでも開けるということでしょう。なかなか訪問できない遠方のクライアントとリアルタイムで経営状況を共有できる便利さはもう手放せません。

(2)　社会福祉法人会計用のクラウド会計

　さて、社会福祉法人会計を専門に作っているベンダーのクラウド対応状況はいかがでしょうか。インターネットで「社会福祉法人　会計ソフト　クラウド」と検索してみると多くのベンダーから社会福祉法人会計クラウド型会計ソフトがリリースされていることがわかります。私のクライアン

トでもクラウド型の導入が進んでいます。今利用していて良いと思っている会計ソフトは、パソコンに事前の設定が必要ですが、設定されていればIDを持っている担当者は施設内でも施設外でもインターネット環境があれば使用できるものです。会計ソフトを利用しながら会議室等で打ち合わせをするときは、各自ノートパソコンを持参して画面を見ながらできるので重宝しています。

　社会福祉法人会計用クラウド会計ソフトを導入するにあたっては、いくつかチェックポイントがあると思います。私が導入する場合には、下記の事項を確認します。

　　i　クラウドはどこまでクラウド化できているのか

　　ii　月額のコスト、年払、複数年払の場合のコストはいくらか

　　iii　複数の拠点がある場合の法人の一元管理はどうなっているのか

　　iv　入力後の反応速度はどうか

　　v　附属明細書や財産目録の作成は楽にできるか

　　vi　社会福祉法人財務諸表等電子開示システムとの連携はどうか

　　vii　クラウドのデータ容量はどうか

　　viii　セキュリティはどうか

　　ix　固定資産管理は会計ソフトに包含か別ソフトか

i　クラウドはどこまでクラウド化できているのか

　一番気になるポイントは、会計ソフトの中でどこまでクラウド化が図れているのかというところです。クラウド化といっても、会計ソフトとデータがクラウド化されるのか、データのみがクラウド化されるのかで、大きく違ってきます。心臓部の会計ソフトがクラウド化されていない場合、パソコンの入れ替え時には、会計ソフトのプログラムをインストールし、自法人用に調整しなければいけません。社会福祉法人会計は、すべての社会福祉法人が使えるように標準で数多くの事業ごとの勘定科目を収容しています。介護保険事業だけであれば、老人福祉事業、児童福祉事業等の他の

事業の勘定科目は使用できないようにしておかないと、経理時は目障りになります。そのため、すべてがクラウド化されているとユーザーは楽です。

せっかくクラウド会計を導入するのでしたら、完全クラウド化の会計ソフトを選んで、のちのちパソコンの入れ替え時に、クラウドで楽だったと言いたいところです。

ⅱ 月額のコスト、年払、複数年払の場合のコストはいくらか

次にコストの問題があります。クラウドの場合、月額単位で支払が発生します。インストール型のソフトでよくある大幅な値引が期待できません。初期費用がかからないというメリットがある反面、数年単位でコスト計算した場合、高かったということもあります。使い続ける限り費用が発生することは忘れてはいけない部分です。

クラウドの場合でも、年間契約や複数年契約で割引をしてもらうことは考えられます。これについても初回で全額支払うのか、複数回に分けて支払うのかで資金繰りが変わってきますので、どんな取引条件が用意されているのかも加味して検討することが必要です。その他、サポート料など余計にかかる費用の有無、データ保管のための保存領域の使用料の有無等、目先の料金にとらわれずに総合的な費用を計算してください。

ⅲ 複数の拠点がある場合の法人の一元管理はどうなっているのか

社会福祉法人は、1法人1施設というタイプが数多くある中、都道府県をまたいで複数の拠点を有する社会福祉法人もあれば、同一都道府県内で複数の市町村に施設を有する社会福祉法人もあります。その場合に、法人全体の計算書類を作成するにあたっては会計ソフトのスペックが問われます。1拠点だけの社会福祉法人の場合は気にする必要はありませんが、複数拠点を有する社会福祉法人の場合は、必ず一元管理できるものをお選びください。

iv 入力後の反応速度はどうか

オン・プレミス型のソフトであれば、反応速度はパソコンの処理速度だけの問題ですが、クラウド型の場合は、インターネット回線を経由するために反応速度が気になります。仕訳の入力のほかに帳票の出力、帳票の数値をクリックして元の仕訳を表示する速度等、様々な状況で反応速度に問題がないか、デモ機でよいので操作させてもらうことが必要です。ちょっとの反応時間の遅れがイライラにつながるのは、税理士ならばよく知っていることだと思います。

v 附属明細書や財産目録の作成は楽にできるか

社会福祉法人会計には、多くの附属明細書があり、新たに財産目録の様式が整備されました。その他、計算書類の注記もあります。クラウド型といえども、これらの書類が簡単に作成できるような環境が求められます。経理の手段である会計ソフトは、時短という恩恵を我々に与えてくれなければ使う価値は見いだせません。

vi 社会福祉法人財務諸表等電子開示システムとの連携はどうか

これは、平成28年度決算から導入された、国民に開示するための共通プラットフォームです。全国の社会福祉法人の担当者は平成29年の6月頃はこの開示システムへ決算数値を入れる作業に追われていたことと思います。そのような中、会計ソフトからこの開示システムへ数値を流し込めるソフトがあったようです。確かに転記するだけの作業ですから、人間が目で見ながら入力しても、ソフトから流し込んでも結果は同じです。それでしたら、流し込みで済めば担当者も他の業務ができます。

既存のオン・プレミス型ソフトでも、平成28年度決算から流し込み対応ができたところは少ない状況でした。オン・プレミス型、クラウド型にかかわらず、まだ連携できていない会計ソフトはぜひ連携できるように改修をしてもらいたいと思います。

vii クラウドのデータ容量はどうか

　パソコンを利用すれば、必ずデータを保管する場所とその保管場所の容量が必要になります。クラウドの場合は、ソフトを提供するベンダーが管理するサーバーを保管場所として利用することとなります。この場合にその容量が十分なのかどうか、また、使用料が基本料に含まれているのかどうかをチェックする必要があります。複数の拠点で利用する場合や、複数年利用することで必ず容量は不足してきます。その時に○○ギガバイトで○○円／月（年）という追加費用がかかることが考えられます。先のことですが、はじめから頭の中に入れておかないと、またお金がかかるのかと社会福祉法人から責められてしまいます。

viii セキュリティはどうか

　これはすべてにおいて注意しなければいけない点です。最近のソフトのセキュリティは高まってきており、使用者側で心配はする必要はないかと思いますが、ベンダーがどのようなスタンスでいるのかは知っておくべきだと思います。

ix 固定資産管理は会計ソフトに包含か別ソフトか

　これは結構大きな問題です。会計事務所が使っているソフトの多くは、会計と固定資産管理は別々のソフトになっているかと思います。しかし、これが常識だと思わないでください。会計ソフトに固定資産管理ソフトが含まれている場合もあります。会計ソフトに含まれていれば料金は新たに発生しませんが、含まれていなければ別途使用契約を結んで使用料を支払わなければいけません。コストが2倍になるかもしれません。

　固定資産台帳くらい表計算ソフトや自会計事務所で使用している固定資産管理ソフトで作成すればよいと思っていると、これが実は大変な作業となります。附属明細書「別紙3（⑧）基本財産及びその他の固定資産（有形・無形固定資産）の明細書」とのからみがあるためです。この明細書

は、国庫補助金の額と併記する様式になっています。私も一度別の固定資産管理ソフトをアレンジして作ろうと思い挑戦してみましたが、時間の無駄でした。会計ソフトに含まれていなければ、お金を支払ってでもそれ用に固定資産管理ソフトを導入してください。

第4章 税務上の留意点

1 法人税

(1) 未収金、未払金の確定

　公益法人等以外の法人は、全所得課税のため法人税の申告が必要です。申告自体は税理士が得意とする部分ですので、特段申告書作成についての留意点はありませんが、注意が必要なのは会計の部分です。事業会社以上にしっかりと売上と費用を確定させておく必要があります。

　まずはなんといっても注意したいのが売上の計上漏れです。介護報酬の未収金は、月末時点では必ず2か月分が残っていることを確認してください。特に決算月の売上計上が漏れないように注意が必要です。私たち税理士の感覚では、手形決済のない未収金・未払金取引は、月末締めの翌月末払いの商慣習が多いかと思いますが、介護報酬は異なります。なお、高齢者介護に限らず、障害福祉サービスについても同様に2か月分の未収金が月末に残ります。

　次に毎月の売上の確定についてです。介護報酬は、1か月の介護サービス提供分をまとめて翌月の10日までに国保連へ請求します。請求を行ったあとにその介護報酬請求ソフトから出力されるデータをもとにして起票します。このデータは、介護報酬請求ソフトによって出力される形式が異なります。いったいどの部分が介護報酬なのか、それとも利用者負担金なのか、慣れるまでなかなか仕訳が作れないと思います。

　介護報酬以外にも、実費負担として食費収入や居住費収入もあります。食費や居住費は原則として利用者負担ですが、所得の低い方の場合、介護報酬で賄われる特定入所者介護サービス費となり、国保連への請求となります（利用者への請求となりません）。そのほかにも生活保護の場合は公費からの支払となりますので、こちらも利用者請求となりません。

　クライアントの経理担当者が基本的に起票しているから大丈夫とタカをくくっていると、万が一の間違いに気づかずにそのまま決算を迎えてしま

う可能性があります。経理担当者が起票時に使った根拠資料をもらって、自分なりにその仕訳が正しいのかチェックしておくことをお勧めします。そうしないと、「先生にお願いしているのだから大丈夫だと思っていた」と言われて立場がなくなるおそれがあります。

　私たちが適切に確定させる必要があるのは、どんな介護サービスでどんな売上項目で誰に請求するのかということです。これが明らかになって初めて売上が確定できます。

▎(2) 過誤処理後の再請求や保留・返戻の取扱い

　いまだに私も頭を悩ませるのが過誤処理後の再請求や保留・返戻です。

　過誤処理後の再請求とは、取下げを行い、いったん請求する前の状態に戻し、その後にもう一度請求する行為です。

　過誤の発生原因として、以下の内容が考えられます。

・本来請求すべき金額より低く、または高く請求をしてしまい、支払を受けた。
・生活保護等の公費受給者であるにもかかわらず、介護保険分のみの請求をしてしまい、支払を受けた。
・他の利用者のサービス実績を間違えて請求をしてしまい、支払を受けた。

　通常月で介護報酬を請求して入金されたにもかかわらず誤請求という理由で取り下げたのであれば、売上自体の仕訳も修正が必要です。しかし、介護サービスの提供は行われているので、どのように修正すればよいでしょうか。この状態で決算を迎えると明らかに売上計上に疑問を持たれてしまいます。

　この場合の処置方法ですが、まずクライアントの担当者が、取下げや再請求を行いますので、その情報が上がってくるまで待ちます。決算をまたぐ場合でも、以下のスケジュールであれば、新事業年度の4月10日には再請求額が確定しますので、十分間に合います。売上をいったん取り消し

て、3月（決算）として再請求分を売上計上します。未収金は、すでに入金された金額と相殺した金額となります。

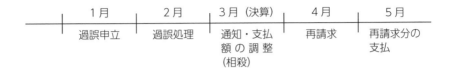

1月	2月	3月（決算）	4月	5月
過誤申立	過誤処理	通知・支払額の調整（相殺）	再請求	再請求分の支払

　上記のほかに過誤申立が2月や3月（決算月）の場合はどうでしょうか。この場合は、クライアント先とよく相談して、再請求する金額を先に計算してもらう必要があります。クライアントの仕訳の摘要欄に〇月分再請求などのコメントがあったら、根拠書類をコピーさせてもらうクセを付けておいたほうがよいと思います。

　保留や返戻は、過誤処理後の再請求ほどは悩みません。保留は、本当に保留です。経理担当としては基本的に放っておきます。クライアントが正しい介護報酬を請求しているにもかかわらず、居宅介護支援事業所のケアマネジャーから実績（給付管理票）が上がっていない場合が多いからです。介護報酬を請求する担当者は、ケアマネジャーに連絡をして対応を依頼することになります。

　返戻は、保留が2か月間続くと3か月目で返戻となり、介護報酬の請求が取り下げられた状態となります。すでに過誤を説明していますが、過誤は実際の入金があったにもかかわらず介護事業所側から取下げをする行為ですが、返戻は入金もないまま国保連から間違っていると却下された状態です。返戻の場合も再請求となりますので、正しい請求額に仕訳を直す必要があります。

　次の例では、3月31日現在では保留ですが、4月には返戻となりました。ただし、再請求については、正しい実績をこれから調べるため、決算には間に合わないと担当から言われたとします。この場合は、現在わかっている数字が確定数字ですので、決算はこのままの数字で確定とします。

1月	2月	3月（決算）	4月	5月
報酬請求	保留	保留	返戻	再請求

　しかし、以下の例では、売上を修正する必要があります。4月10日には正しい介護報酬が請求できますので、しっかりと決算に反映させてください。

12月	1月	2月	3月（決算）	4月
報酬請求	保留	保留	返戻	再請求

　費用の確定は、売上の把握に比べれば容易です。ただし、注意する部分もあります。介護事業所の雇用形態は、パートタイム雇用が多く、さらにフルタイム非常勤という雇用形態もあります。そのため人件費で未払計上が不可欠です。支払条件は月末締めの翌月支給となりますので、給与計算と法定福利費の未払計上をしっかりと決算に織り込んでください。

　その他、ショートステイやデイサービスなどの食事を提供する場合は、食材費の未払計上も忘れてはいけません。決算月に限ってイベントが開催され、普段仕入れない業者からの購入があるかもしれません。またイベント業者にイベント開催を依頼した場合も、業務委託費の計上を見落としやすいのでご注意ください。

▌（3）介護職員処遇改善加算等は税額控除も忘れずに

　さて、介護業界や障害福祉サービスには、介護職員処遇改善加算と介護職員等特定処遇改善加算という加算があります。これは、法人が介護職員等の処遇（給与）として支払うことを約束して介護報酬に上乗せしてお金を受け取るものです。これらの加算には段階的に厳しくなる基準があり、より厳しい基準を満たすとより多くのお金をもらうことができますが、もらったお金以上のお金を従業員に支払うことが絶対条件となっています。

① 介護職員処遇改善加算

　介護職員処遇改善加算の考え方は、介護報酬に対して一定のパーセントを上乗せできるというものです。介護サービスの種類と加算のレベルによってパーセントは変わってきますが、最も低い介護療養型医療施設の加算Ⅴで 0.8%、最も高い訪問介護の加算Ⅰで 13.7% です。介護職員の給与が他の産業と比べて安いといわれたことを受け、その処遇を改善することを狙いとしており、現在は多くの介護事業所がこの介護職員処遇改善加算を取得しています。

●介護職員処遇改善加算の加算算定対象サービス

サービス区分	介護職員処遇改善加算の区分に応じた加算率				
	加算Ⅰ	加算Ⅱ	加算Ⅲ	加算Ⅳ	加算Ⅴ
・(介護予防)訪問介護 ・夜間対応型訪問介護 ・定期巡回・随時対応型訪問介護看護	13.7%	10.0%	5.5%	加算(Ⅲ)により算出した単位×0.9	加算(Ⅲ)により算出した単位×0.8
・(介護予防)訪問入浴介護	5.8%	4.2%	2.3%		
・(介護予防)通所介護 ・地域密着型通所介護	5.9%	4.3%	2.3%		
・(介護予防)通所リハビリテーション	4.7%	3.4%	1.9%		
・(介護予防)特定施設入居者生活介護 ・地域密着型特定施設入居者生活介護	8.2%	6.0%	3.3%		
・(介護予防)認知症対応型通所介護	10.4%	7.6%	4.2%		
・(介護予防)小規模多機能型居宅介護 ・看護小規模多機能型居宅介護	10.2%	7.4%	4.1%		
・(介護予防)認知症対応型共同生活介護	11.1%	8.1%	4.5%		
・介護老人福祉施設 ・地域密着型介護老人福祉施設入所者生活介護 ・(介護予防)短期入所生活介護	8.3%	6.0%	3.3%		
・介護老人保健施設 ・(介護予防)短期入所療養介護(老健)	3.9%	2.9%	1.6%		
・介護療養型医療施設 ・(介護予防)短期入所療養介護(病院等)	2.6%	1.9%	1.0%		

　もっとわかりやすい説明では、次の加算の区分が参考になります。より高い加算をとればそれだけ介護職員の給与を増やせることは一目瞭然です。

●介護職員処遇改善加算の区分

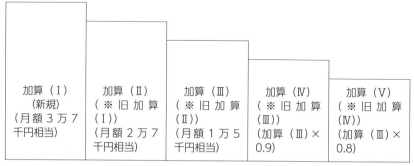

| 加算（Ⅰ）（新規）（月額 3 万 7 千円相当） | 加算（Ⅱ）（※旧加算（Ⅰ））（月額 2 万 7 千円相当） | 加算（Ⅲ）（※旧加算（Ⅱ））（月額 1 万 5 千円相当） | 加算（Ⅳ）（※旧加算（Ⅲ））（加算（Ⅲ）×0.9） | 加算（Ⅴ）（※旧加算（Ⅳ））（加算（Ⅲ）×0.8） |

（出典：「第 135 回社会保障審議会—介護給付費分科会資料」（平成 29 年 1 月 18 日）より）

　介護職員処遇改善加算は、法人がただ単に請求すればもらえるものではなく、法人サイドでもいくつか社内整備するものがあります。一般的にはキャリアパス要件Ⅰ〜Ⅲと呼ばれるもの及び職場環境等要件があります。
　　・キャリアパス要件Ⅰ…職位・職責・職務内容等に応じた任用要件と賃金体系を整備すること
　　・キャリアパス要件Ⅱ…資質向上のための計画を策定して研修の実施または研修の機会を確保すること
　　・キャリアパス要件Ⅲ…経験若しくは資格等に応じて昇給する仕組みまたは一定の基準に基づき定期に昇給を判定する仕組みを設けること
　　・職場環境等要件…賃金改善以外の処遇改善を実施すること
　　※就業規則等の明確な書面での整備・すべての介護職員への周知を含む。
　クライアントが介護職員処遇改善加算を取得しているかどうか、取得している場合は、加算の何を選択しているかは必ず確認しておきましょう。

さて、給与が増えるということでピンと来る方も多いかと思いますが、雇用者給与等支給額が増加した場合の税額控除（所得拡大税制）（租税特別措置法第42条の12の5）や雇用者の数が増加した場合の税額控除（雇用促進税制）（租税特別措置法第42条の12）を使うチャンスがあります。特に平成29年度から処遇改善加算の見直しが行われました。改正によって、これまでの処遇改善加算では、介護職員1人当たり最高で月額2万7千円相当の上限が平成29年4月以降は、介護職員1人当たり最高で月額3万7千円相当に引き上げられました。

あくまでも所得拡大税制の適用を受けられる可能性が高いという位置づけです。それでも毎年、適用の可否について決算前に検討を行うことは必須だと思います。税理士が関与するうえで合法的な節税提案を行う絶好の機会です。

なお、処遇改善加算Ⅳ及びⅤは、平成30年度介護報酬改定により、経過措置期間を設けたうえで廃止することが決定しました。経過措置としては、令和3年3月末時点で同加算を算定している介護サービス事業者について、1年の経過措置期間を設けることとされています。

知っておきたい 介護用語 介護職員処遇改善加算

平成24年3月まで介護職員処遇改善交付金として介護職員1人当たり月額1.5万円を交付されていたものが、平成24年4月から介護職員処遇改善加算として介護報酬に組み込まれました。全額を介護職員に給与として支払うことが求められます。介護職員は、常勤、非常勤、派遣職員に関わらず対象とされ、処遇改善により支払われた法定福利費についても介護職員処遇改善加算にすることができます。

② 介護職員等特定処遇改善加算

　令和元年 10 月 1 日から、新たな処遇改善加算として、介護職員等特定処遇改善加算が創設されました。従来の介護職員処遇改善加算に 2 階建て部分を設置した形です。介護職員処遇改善加算は介護職員の賃金向上を目的としたものですが、新加算であるこの介護職員等特定処遇改善加算も同じく介護職員の賃金向上を目的としたものです。ただし、「等」とある通り、介護職員以外の賃金向上も可能としています。

　イメージは下記の表のようになります。

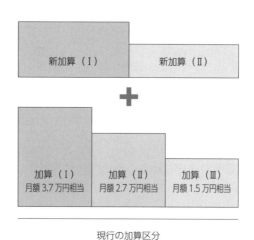

現行の加算区分

出典：厚生労働省「2019 年度介護報酬改定について
～介護職員の更なる処遇改善～」

　新加算を算定するための要件は以下の通りです。
・現行の介護職員処遇改善加算（Ⅰ）から（Ⅲ）のいずれかを取得していること
・介護職員処遇改善加算の職場環境等要件に関し、複数の取り組みを行っていること
・介護職員処遇改善加算に基づく取り組みについて、ホームページへの掲載等を通じた見える化を行っていること

　まず新加算は、（Ⅰ）と（Ⅱ）に分かれます。新加算（Ⅰ）は、新加算（Ⅱ）と比べて上位区分の加算です。そのため、新加算（Ⅰ）を算定するためには、サービス提供体制強化加算の最も上位の区分（訪問介護にあっては特定事業所加算（Ⅰ）または（Ⅱ）、特定施設入居者生活介護等にあってはサービス提供体制強化加算（Ⅰ）イまたは入居継続支援加算、介護老人福祉施設等にあってはサービス提供体制強化加算（Ⅰ）イまたは日常生活継続支援加算）を算定していることが条件となります。

　なお、サービス提供体制強化加算は、次の表のように介護サービスの種類によって要件が異なります。税理士としては暗記は不要で、主に介護福祉士の配置割合について要件があることを知っておけば、あとは都度介護サービスごとに確認すれば十分です。サービス提供体制強化加算は年間の売上シミュレーションや予算作成をするときに売上の一部となります。言葉だけでも知っておく価値はあります。

サービス提供体制強化加算について

※赤字〔下線部分〕は平成 27 年度介護報酬改定で拡充した部分

○　介護従事者の専門性等に係る適切な評価及びキャリアアップを推進する観点から、介護福祉士の資格保有者が一定割合雇用されている事業所が提供するサービスについて評価を行うとともに、職員の早期離職を防止して定着を促進する観点から、一定以上の勤続年数を有する者が一定割合雇用されている事業所が提供するサービスについて評価を行っている。

○　また、24 時間のサービス提供が必要な施設サービスについては、安定的な介護サービスの提供を確保する観点から、常勤職員が一定割合雇用されている事業所が提供するサービスについて評価を行っている。

○　なお、「常勤職員の割合」や「一定以上の勤続年数の職員の割合」については、サービスの質の評価が可能と考えられる指標について、検討を進めることを前提に、暫定的に用いている。

サービス	要件（人材要件）	単位
訪問入浴介護	○　研修等を実施しており、かつ、次のいずれかに該当すること。 ①　介護福祉士が 40％ 以上配置されていること、又は、介護福祉士、実務者研修修了者及び介護職員基礎研修修了者の合計が 60％ 以上配置されていること。 ②　介護福祉士が 30％ 以上配置されていること、又は、介護福祉士、実	①：36 単位／回 ②：24 単位／回
夜間対応型訪問介護		①：18 単位／回 ②：12 単位／回 （包括型①：126 単位／人・月 ②：84 単位／人・月）

	務者研修修了者及び介護職員基礎研修修了者の合計が 50% 以上配置されていること。	
訪問看護	○　研修等を実施しており、かつ、3 年以上の勤続年数のある者が 30% 以上配置されていること。	6 単位／回
訪問リハビリテーション	○　3 年以上の勤続年数のある者が配置されていること。	6 単位／回
通所介護 通所リハビリテーション 認知症対応型通所介護	次のいずれかに該当すること。 ①　介護福祉士が 50% 以上配置されていること。 ②　介護福祉士が 40% 以上配置されていること。 ③　3 年以上の勤続年数のある者が 30％ 以上配置されていること。	①：18 単位／回 ②：12 単位／回 ③：6 単位／回 ※介護予防通所リハビリ 【要支援 1】 ①：72 単位／人・月 ②：48 単位／人・月 ③：24 単位／人・月 【要支援 2】 ①：144 単位／人・月 ②：96 単位／人・月 ③：48 単位／人・月
療養通所介護	3 年以上の勤続年数のある者が 30％ 以上配置されていること。	6 単位／回
小規模多機能型居宅介護 看護小規模多機能型居宅介護	○　研修等を実施しており、かつ、次のいずれかに該当すること。 ①　介護福祉士が 50% 以上配置されていること。 ②　介護福祉士が 40% 以上配置されていること。 ③　常勤職員が 60% 以上配置されていること。 ④　3 年以上の勤続年数のある者が 30％ 以上配置されていること。	①：640 単位／人・月 ②：500 単位／人・月 ③・④：350 単位／人・月
定期巡回・随時対応型 訪問介護看護	○　研修等を実施しており、かつ、次のいずれかに該当すること。 ①　介護福祉士が 40% 以上配置されていること、又は、介護福祉士、実務者研修修了者及び介護職員基礎研修修了者の合計が 60% 以上配置されていること。 ②　介護福祉士が 30% 以上配置されていること、又は、介護福祉士、実務者研修修了者及び介護職員基礎研修修了者の合計が 50% 以上配置されていること。	①：640 単位／人・月 ②：500 単位／人・月 ③・④：350 単位／人・月

	③ 常勤職員が 60% 以上配置されて いること。 ④ 3 年以上の勤続年数のある者が 30 % 以上配置されていること。	
認知症対応型共同生 活介護 地域密着型介護老人 福祉施設 介護老人福祉施設 介護老人保健施設 介護医療院 介護療養型医療施設 短期入所生活介護 短期入所療養介護 特定施設入居者生活 介護 地域密着型特定施設 入居者生活介護	次のいずれかに該当すること。 ① 介護福祉士が 60% 以上配置され ていること。 ② 介護福祉士が 50% 以上配置され ていること。 ③ 常勤職員が 75% 以上配置されて いること。 ④ 3 年以上の勤続年数のある者が 30 % 以上配置されていること。	①：18 単位／人・日 ②：12 単位／人・日 ③・④：6 単位／人・日

※1 訪問介護及び居宅介護支援については、特定事業所加算において、人材に関する同旨の要件を定めている。
※2 表中、複数の単位設定がされているものについては、いずれか一つのみを算定することができる。
※3 介護福祉士に係る要件は「介護職員の総数に占める介護福祉士の割合」、常勤職員に係る要件は「看護・介護職員の総数に占める常勤職員の割合」、勤続年数に係る要件は「利用者にサービスを直接提供する職員の総数に占める 3 年以上勤続職員の割合」である。
出典：厚生労働省「第 186 回社会保障審議会介護給付費分科会 令和 2 年 9 月 30 日 資料 1 令和 3 年度介護報酬改定に向けて（介護人材の確保・介護現場の革新）」（〔 〕は筆者補足）

次に介護職員処遇改善加算の職場環境等要件です。

表 4 職場環境等要件

資質の向上	・働きながら介護福祉士取得を目指す者に対する実務者研修受講支援 や、より専門性の高い介護技術を取得しようとする者に対する喀痰 吸引、認知症ケア、サービス提供責任者研修、中堅職員に対するマ ネジメント研修の受講支援（研修受講時の他の介護職員の負担を軽 減するための代替職員確保を含む） ・研修の受講やキャリア段位制度と人事考課との連動 ・小規模事業者の共同による採用・人事ローテーション・研修のため の制度構築 ・キャリアパス要件に該当する事項（キャリアパス要件を満たしてい ない介護事業者に限る） ・その他
	・新人介護職員の早期離職防止のためのエルダー・メンター（新人指 導担当者）制度等導入

労働環境・ 処遇の改善	・雇用管理改善のための管理者の労働・安全衛生法規、休暇・休職制度に係る研修受講等による雇用管理改善対策の充実 ・ICT 活用（ケア内容や申し送り事項の共有（事業所内に加えタブレット端末を活用し訪問先でアクセスを可能にすること等を含む）による介護職員の事務負担軽減、個々の利用者へのサービス履歴・訪問介護員の出勤情報管理によるサービス提供責任者のシフト管理に係る事務負担軽減、利用者情報蓄積による利用者個々の特性に応じたサービス提供等）による業務省力化 ・介護職員の腰痛対策を含む負担軽減のための介護ロボットやリフト等の介護機器等導入 ・子育てとの両立を目指す者のための育児休業制度等の充実、事業所内保育施設の整備 ・ミーティング等による職場内コミュニケーションの円滑化による個々の介護職員の気づきを踏まえた勤務環境やケア内容の改善 ・事故・トラブルへの対応マニュアル等の作成による責任の所在の明確化 ・健康診断・こころの健康等の健康管理面の強化、職員休憩室・分煙スペース等の整備 ・その他
その他	・介護サービス情報公表制度の活用による経営・人材育成理念の見える化 ・中途採用者（他産業からの転職者、主婦層、中高年齢者等）に特化した人事制度の確立（勤務シフトの配慮、短時間正規職員制度の導入等） ・障害を有する者でも働きやすい職場環境構築や勤務シフト配慮 ・地域の児童・生徒や住民との交流による地域包括ケアの一員としてのモチベーション向上 ・非正規職員から正規職員への転換 ・職員の増員による業務負担の軽減 ・その他

出典：「介護職員処遇改善加算及び介護職員等特定処遇改善加算に関する基本的考え方並びに事務処理手順及び様式例の提示について」（令和 2 年 3 月 5 日老発 0305 第 6 号）別紙 1

　職場環境等要件はそれほど難しいものではありません。資質の向上では、施設内での研修の実施や他事業所との共同研修等は一般的に行われているのでクライアントがすでに実施していれば十分です。労働環境・処遇の改善では、新人指導担当者制度は一般的ですし、ミーティング等による職場内コミュニケーションの円滑化による個々の介護職員の気づきを踏まえた勤務環境やケア内容の改善はいつも行われています。その他については、非正規職員から正規職員への転換はよく行われていますのでほとんど

の介護事業所では問題なくチェックがつけられます。チェックは毎年実施していることを要求するものではなく、平成20年10月から現在までに1回でも実施すればよいこととなっています。

　介護職員処遇改善加算に基づく取り組みについて、ホームページへの掲載等を通じた見える化を行っていること、という要件についてはその文字のごとく、自社のホームページに職場環境等要件の中でチェックを付けたものを記載することでクリアできます。ホームページへの記載が難しい場合は、介護事業所の外部から見える場所に掲示することでもよいこととなっています。

　さて、新加算（Ⅰ）及び（Ⅱ）に上乗せされる加算率は次の通りです。提供される介護サービスによって割合が異なります。訪問介護、夜間対応型訪問介護、定期巡回・随時対応型訪問介護看護の特定加算（Ⅰ）が6.3％であるのに対して、通所介護、地域密着型通所介護の特定加算（Ⅰ）は1.2％となっており、その差は5倍以上です。前者の給与を改善させたいということが明らかです。介護サービスのうち特に訪問介護、夜間対応型訪問介護、定期巡回・随時対応型訪問介護看護に従事するスタッフの採用が困難を極めているため、これらの介護サービスの給与を上げて従事する人を増やしたいというねらいがあります。

表1　加算算定対象サービス

サービス区分	サービス提供体制強化加算等の算定状況に応じた加算率	
	特定加算（Ⅰ）	特定加算（Ⅱ）
・訪問介護 ・夜間対応型訪問介護 ・定期巡回・随時対応型訪問介護看護	6.3%	4.2%
・（介護予防）訪問入浴介護	2.1%	1.5%
・通所介護 ・地域密着型通所介護	1.2%	1.0%

・（介護予防）通所リハビリテーション	2.0%	1.7%
・（介護予防）特定施設入居者生活介護 ・地域密着型特定施設入居者生活介護	1.8%	1.2%
・（介護予防）認知症対応型通所介護	3.1%	2.4%
・（介護予防）小規模多機能型居宅介護 ・看護小規模多機能型居宅介護	1.5%	1.2%
・（介護予防）認知症対応型共同生活介護	3.1%	2.3%
・介護福祉施設サービス ・地域密着型介護老人福祉施設 ・（介護予防）短期入所生活介護	2.7%	2.3%
・介護保健施設サービス ・（介護予防）短期入所療養介護（老健）	2.1%	1.7%
・介護療養施設サービス ・（介護予防）短期入所療養介護 　（病院等（老健以外））	1.5%	1.1%
・介護医療院サービス ・（介護予防）短期入所療養介護（医療院）	1.5%	1.1%

出典：「介護職員等特定処遇改善加算に関する基本的考え方並びに事務処理手順及び様式例の提示について」（平成 31 年 4 月 12 日老発 0412 第 8 号）

　一方で、従来の介護職員処遇改善加算同様に非対象となる介護サービスがあります。

表 2　加算算定非対象サービス

サービス区分	加算率
・(介護予防) 訪問看護 ・(介護予防) 訪問リハビリテーション ・(介護予防) 居宅療養管理指導 ・(介護予防) 福祉用具貸与 ・特定 (介護予防) 福祉用具販売 ・居宅介護支援 ・介護予防支援	0%

出典:「介護職員等特定処遇改善加算に関する基本的考え方並びに事務処理手順及び様式例の提示について」(平成 31 年 4 月 12 日老発 0412 第 8 号)

　介護職員がいない介護サービスには介護職員等特定処遇改善加算はありません。同じ介護保険サービスであるのにこの差はとても大きく、対象とならない介護サービスのスタッフの落胆は大きいようです。そのため、同じ敷地内で複数の介護サービスを展開している事業所の場合、対象とならない介護サービスのスタッフについてはバランスをとるために自腹を切って、処遇を改善している事業所もあります。特に居宅介護支援事業所のケアマネジャーは応募が少なく成り手が減少している中、第一線で活躍してきたベテランケアマネジャーが定年を迎えつつあり、事業所の縮小や廃止を検討している居宅介護支援事業所が少なくありません。介護スタッフからケアマネジャーになると給与が下がるため、それがケアマネジャー希望者が減る 1 つの原因になっているかもしれません。

　私のクライアントに単独型の居宅介護支援事業所があります。訪問するたびに、「今度○○(居宅介護支援事業所名)が事業を廃止するからケースを引き取ってほしいと打診があった」と言われることがあります。それだけ切羽詰まった状況にある介護サービスです。個人的には、居宅介護支援事業所は介護保険制度の要でもあり、ケアマネジャーに対しても処遇改善の手を差し伸べてほしいと願っています。

　介護職員等特定処遇改善加算によって得たお金はすべてスタッフに給与として支給する義務があります。事業所に内部留保することは認められて

いません。内部留保＝スタッフに支払っていない場合は算定要件を満たしていないこととなります。全額返還の対象となりますので、くれぐれもクライアントには注意を促してください。

　また、介護職員等特定処遇改善加算の支給方法にもルールがあります。すでにある介護職員処遇改善加算と大きく異なる部分で、改善する職員に順番が設けられています。具体的には、①経験・技能のある介護スタッフ（グループ A）→②10 年未満の経験の浅い介護スタッフ（グループ B）→③介護職員以外のスタッフ（グループ C）となります。そして、配分額にもルールがあります。

　事業所における配分方法は次の通りです。

　実際に配分するに当たっては、ⅰ〜ⅲそれぞれにおける平均賃金改善額等について、以下の通りとすることとなっています。なお、ⅰ〜ⅲ内での一人ひとりの賃金改善額は、柔軟な設定が可能であることとなっています。

ⅰ　グループ A の介護職員のうち 1 人以上は、賃金改善に要する費用の見込額が月額平均 8 万円（賃金改善実施期間における平均とする。以下同じ。）以上又は賃金改善後の賃金の見込額が年額 440 万円以上であること（現に賃金が年額 440 万円以上の者がいる場合にはこの限りでない。）。

　ただし、以下の場合など例外的に当該賃金改善が困難な場合は、合理的な説明を計画書及び実績報告書に具体的に記載できれば、月額平均 8 万円や年額 440 万円以上の改善を行わなくても問題ありません。

・小規模事業所等で加算額全体が少額である場合

・職員全体の賃金水準が低い事業所などで、直ちに 1 人の賃金を引き上げることが困難な場合

・8 万円等の賃金改善を行うに当たり、これまで以上に事業所内の階層・役職やそのための能力・処遇を明確化することが必要になるため、規程の整備や研修・実務経験の蓄積などに一定期間を要する場合

ⅱ　当該事業所におけるグループＡの介護職員の賃金改善に要する費用の見込額の平均が、グループＢの介護職員の賃金改善に要する費用の見込額の平均の２倍以上であること。

ⅲ　グループＢの介護職員の賃金改善に要する費用の見込額の平均が、グループＣの職種の賃金改善に要する費用の見込額の平均の２倍以上であること。ただし、グループＣの職種の平均賃金額が他の介護職員の平均賃金額を上回らない場合はこの限りでない。

ⅳ　グループＣの職種の賃金改善後の賃金の見込額が年額440万円を上回らないこと（賃金改善前の賃金がすでに年額440万円を上回る場合には、当該職員は特定加算による賃金改善の対象とならない）。

上記のルールを図にすると以下の通りです。

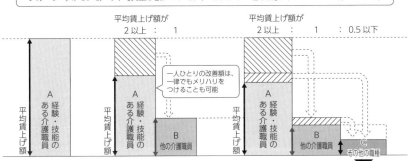

出典：厚生労働省老健局老人保健課「2019 年度介護報酬改定について〜介護職員の更なる処遇改善〜」

　第178回社会保障審議会介護給付費分科会（令和２年６月25日）の資料２「令和３年度介護報酬改定に向けて（介護人材の確保・介護現場の革新）」によると、介護職員等特定処遇改善加算の算定割合は、全体で57%

となっています。介護老人福祉施設が新加算（Ⅰ）と（Ⅱ）を合わせて83.5％と最も高く、介護療養型医療施設が27.4％と最も低くなっています。

介護職員等特定処遇改善加算に係る請求状況

	請求全事業所数	加算（Ⅰ）		加算（Ⅱ）		合計	
		加算請求事業所数	算定率	加算請求事業所数	算定率	加算請求事業所数	算定率
訪問介護	33,322	6,839	20.5%	8,419	25.3%	15,258	45.8%
訪問入浴介護	1,703	191	11.2%	732	43.0%	923	54.2%
通所介護	24,097	6,087	25.3%	7,746	32.1%	13,833	57.4%
通所リハビリテーション	8,185	2,995	36.6%	1,063	13.0%	4,058	49.6%
短期入所生活介護	10,626	4,275	40.2%	4,161	39.2%	8,436	79.4%
短期入所療養介護	3,819	2,027	53.1%	749	19.6%	2,776	72.7%
特定施設入居者生活介護	5,359	1,101	20.5%	2,923	54.5%	4,024	75.1%
定期巡回・随時対応型訪問介護看護	994	471	47.4%	301	30.3%	772	77.7%
夜間対応型訪問介護	167	56	33.5%	70	41.9%	126	75.4%
地域密着型通所介護	19,220	2,068	10.8%	4,066	21.2%	6,134	31.9%
認知症対応型通所介護	3,358	1,108	33.0%	1,211	36.1%	2,319	69.1%
小規模多機能型居宅介護	5,460	1,287	23.6%	2,048	37.5%	3,335	61.1%
認知症対応型共同生活介護	13,716	2,278	16.6%	6,615	48.2%	8,893	64.8%
地域密着型特定施設入居者生活介護	345	72	20.9%	142	41.2%	214	62.0%
地域密着型介護老人福祉施設	2,367	1,455	61.5%	419	17.7%	1,874	79.2%

複合型サービス (看護小規模多機能型 居宅介護)	618	179	29.0%	213	34.5%	392	63.4%
介護老人福祉施設	8,141	5,623	69.1%	1,175	14.4%	6,798	83.5%
介護老人保健施設	4,271	2,222	52.0%	931	21.8%	3,153	73.8%
介護療養型医療施設	745	99	13.3%	105	14.1%	204	27.4%
介護医療院	296	82	27.7%	57	19.3%	139	47.0%
合計	146,809	40,515	27.6%	43,146	29.4%	83,661	57.0%

【出典】厚生労働省「介護給付費実態調査」のR2年1月審査分（R1年12月サービス提供分）の特別集計により算出　※介護予防サービスを除いて集計。

　従来の介護職員処遇改善加算の全体の算定率が同資料において92.6%となっていることと比較すると、まだまだ算定する事業所が少ないということがわかります。当初、介護職員処遇改善加算と介護職員等特定処遇改善加算とは申請書類（フォーマット）が別々で手間がかかるという問題がありましたが、現在は統一され手間もかからなくなりました。介護職員や介護事業所スタッフの給与は他の産業と比較してまだ低いと言われています。せっかく用意された新加算ですので、働いてくれるスタッフの処遇を

知っておきたい 介護用語　介護職員等特定処遇改善加算

　介護職員処遇改善加算の2階建て部分として令和元年10月にスタートした新たな処遇改善加算です。ベテラン介護職員のさらなる定着率の向上を目指し、賃金を全産業の平均年収440万円へ引き上げるための取り組みとして始まりました。対象者はベテラン介護職員、ベテランを除いた介護職員、介護職員以外の職員となります。

改善するために是非とも導入したいものです。また、近隣の介護事業所が新加算を取得している場合、自事業所が加算していないと給与は見劣りしてしまいます。ベテランのスタッフを引き続き定着させることや新しく加わったスタッフの今後の定着に向けて、給与アップは必要不可欠ではないでしょうか。

　クライアントが従来の介護職員処遇改善加算はもちろん、新加算である介護職員等特定処遇改善加算を算定していない場合は、必ず算定するように経営者へ進言するのも税理士としての務めだと思います。自己負担なくスタッフの給与アップが実現できるのは、介護事業を含めた社会福祉事業だからこそです。処遇改善加算はいつまであるのかわかりませんが、ある以上はしっかり算定しておきましょう。

　この介護職員等特定処遇改善加算についても、所得拡大税制などの税額控除の適用が受けられないか、忘れずに検討してください。

2　消費税

▌(1) 介護保険外事業実施時の注意点等

① 非課税の範囲

　介護保険事業者の消費税は要注意です。たとえ原則非課税となっている社会福祉法人であっても、消費税の納税義務者となることは少なからずあります。社会政策上、介護報酬は非課税となっていますが、混合介護（介護保険外サービス）はもちろんのこと、介護保険の中にも消費税が課税となるものも多く含まれています。例えば、福祉用具貸与は、課税です（ただし、身体障害者用物品に該当するときには、非課税）（介護保険における福祉用具の消費税の取扱いについて（平成 12 年 2 月 28 日老振第 14 号））。規模が小さければ、結果として課税売上が年間で 1,000 万円以下（免税）となりますが、複数拠点を有している場合は気づかないうちに課

税事業者になっているかもしれません。介護保険は非課税という思い込みは注意が必要です。

　まず、非課税の範囲の確認です。消費税は、限定列挙の非課税の規定を置いています。そのため、ここに列挙されていなければ、課税として対象になるというのが基本スタンスです。消費税本法ではなく、消費税法基本通達の6-7-1（介護保険関係の非課税の範囲）に記載があります。

ⅰ 在宅者向け介護サービス

　介護保険法の規定に基づく居宅介護サービス費の支給に係る居宅サービス

　　イ　訪問介護（居宅要介護者の選定による交通費を対価とする資産の譲渡等を除く。）

　　ロ　訪問入浴介護（居宅要介護者の選定による交通費を対価とする資産の譲渡等及び特別な浴槽水等の提供を除く。）

　　ハ　訪問看護（居宅要介護者の選定による交通費を対価とする資産の譲渡等を除く。）

　　ニ　訪問リハビリテーション（居宅要介護者の選定による交通費を対価とする資産の譲渡等を除く。）

　　ホ　居宅療養管理指導

　　ヘ　通所介護（居宅要介護者の選定による送迎を除く。）

　　ト　通所リハビリテーション（居宅要介護者の選定による送迎を除く。）

　　チ　短期入所生活介護（居宅要介護者の選定による、特別な居室の提供、特別な食事の提供及び送迎を除く。）

　　リ　短期入所療養介護（居宅要介護者の選定による特別な療養室等の提供、特別な食事の提供及び送迎を除く。）

　　ヌ　有料老人ホーム、養護老人ホーム及び軽費老人ホーム（ⅳトに該当するものを除く。）に入居している要介護者について行う特定施設入居者生活介護（要介護者の選定により提供される介護その他の日常生

活上の便宜に要する費用を対価とする資産の譲渡等を除く。)

ⅱ　施設入所者向け介護サービス

　介護保険法の規定に基づく施設介護サービス費の支給に係る施設サービス

　　イ　特別養護老人ホーム（ⅳチに該当するものを除く。）に入所する要
　　　介護者について行われる介護福祉施設サービス（要介護者の選定によ
　　　る特別な居室の提供及び特別な食事の提供を除く。）

　　ロ　介護老人保健施設に入所する要介護者について行われる介護保健施
　　　設サービス（要介護者の選定による特別な療養室の提供及び特別な食
　　　事の提供を除く。）

　　ハ　介護医療院に入所する要介護者について行われる介護医療院サービ
　　　ス（要介護者の選定による特別な療養室の提供及び特別な食事の提供
　　　を除く。）

ⅲ　要介護認定の効力が生じる前に緊急に居宅サービスを提供した場合

　介護保険法の規定に基づく特例居宅介護サービス費の支給に係る訪問介
護等（令第 14 条の 2 第 1 項《居宅サービスの範囲等》に規定する訪問介
護等をいう。）又はこれに相当するサービス（要介護者の選定による交通
費を対価とする資産の譲渡等、特別な浴槽水等の提供、送迎、特別な居室
の提供、特別な療養室等の提供、特別な食事の提供又は介護その他の日常
生活上の便宜に要する費用を対価とする資産の譲渡等を除く。）

ⅳ　市町村が所轄庁となる地域密着型介護サービス

　介護保険法の規定に基づく地域密着型介護サービス費の支給に係る地域
密着型サービス

　　イ　定期巡回・随時対応型訪問介護看護（居宅要介護者の選定による交
　　　通費を対価とする資産の譲渡等を除く。）

ロ　夜間対応型訪問介護（ⅳイに該当するもの及び居宅要介護者の選定
　　による交通費を対価とする資産の譲渡等を除く。）

ハ　地域密着型通所介護（ⅳニに該当するもの及び居宅要介護者の選定
　　による送迎を除く。）

ニ　認知症対応型通所介護（居宅要介護者の選定による送迎を除く。）

ホ　小規模多機能型居宅介護（居宅要介護者の選定による送迎及び交通
　　費を対価とする資産の譲渡等を除く。）

ヘ　認知症対応型共同生活介護

ト　地域密着型特定施設入居者生活介護（要介護者の選定により提供さ
　　れる介護その他の日常生活上の便宜に要する費用を対価とする資産の
　　譲渡等を除く。）

チ　特別養護老人ホーム（その入所定員が29人以下のものに限る。）に
　　入所する要介護者について行う地域密着型介護老人福祉施設入所者生
　　活介護（要介護者の選定による特別な居室の提供及び特別な食事の提
　　供を除く。）

リ　居宅要介護者についてⅰイからリまでに該当するもの及びⅳイから
　　ホまでに該当するものを2種類以上組み合わせて行う複合型サービス
　　（居宅要介護者の選定による送迎及び交通費を対価とする資産の譲渡
　　等を除く。）

ⅴ 要介護認定の効力が生じる前に緊急に地域密着型介護サービスを提供した
　場合

　　介護保険法の規定に基づく特例地域密着型介護サービス費の支給に係る
　定期巡回・随時対応型訪問介護看護等（令第14条の2第3項第2号《居
　宅サービスの範囲等》に規定する定期巡回・随時対応型訪問介護看護等を
　いう。）又はこれに相当するサービス（要介護者の選定による交通費を対
　価とする資産の譲渡等、送迎、特別な居室の提供、特別な食事の提供又は
　介護その他の日常生活上の便宜に要する費用を対価とする資産の譲渡等を

除く。）

vi 要介護認定の効力が生じる前に緊急に施設入所者向け介護サービスを提供した場合、健康保険法等の一部改正に伴うサービスを提供した場合

　介護保険法の規定に基づく特例施設介護サービス費の支給に係る施設サービス及び改正前の介護保険法の規定に基づく介護療養施設サービス（要介護者の選定による特別な居室の提供、特別な療養室の提供、特別な病室の提供又は特別な食事の提供を除く。）

vii 介護予防サービス

　介護保険法の規定に基づく介護予防サービス費の支給に係る介護予防訪問入浴介護、介護予防訪問看護、介護予防訪問リハビリテーション、介護予防居宅療養管理指導、介護予防通所リハビリテーション、介護予防短期入所生活介護、介護予防短期入所療養介護及び介護予防特定施設入居者生活介護（以下 6−7−1 において「介護予防訪問入浴介護等」といい、要支援者の選定による交通費を対価とする資産の譲渡等、特別な浴槽水等の提供、送迎、特別な居室の提供、特別な療養室等の提供、特別な食事の提供又は介護その他の日常生活上の便宜に要する費用を対価とする資産の譲渡等を除く。）

viii 要介護認定の効力が生じる前に緊急に介護予防サービスを提供した場合

　介護保険法の規定に基づく特例介護予防サービス費の支給に係る介護予防訪問入浴介護等又はこれに相当するサービス

ix 介護予防地域密着型介護サービス

　介護保険法の規定に基づく地域密着型介護予防サービス費の支給に係る介護予防認知症対応型通所介護、介護予防小規模多機能型居宅介護及び介護予防認知症対応型共同生活介護（以下 6−7−1 において「介護予防認知

症対応型通所介護等」といい、居宅要支援者の選定による送迎及び交通費
を対価とする資産の譲渡等を除く。)

x 要介護認定の効力が生じる前に介護予防地域密着型介護サービスを提供した場合

介護保険法の規定に基づく特例地域密着型介護予防サービス費の支給に
係る介護予防認知症対応型通所介護等又はこれに相当するサービス(居宅
要支援者の選定による送迎及び交通費を対価とする資産の譲渡等を除く。)

xi ケアマネジャーのケアプラン作成料

介護保険法の規定に基づく居宅介護サービス計画費の支給に係る居宅介
護支援及び同法の規定に基づく介護予防サービス計画費の支給に係る介護
予防支援

xii 要介護認定の効力が生じる前にケアマネジャーがケアプラン作成した場合

介護保険法の規定に基づく特例居宅介護サービス計画費の支給に係る居
宅介護支援又はこれに相当するサービス及び同法の規定に基づく特例介護
予防サービス計画費の支給に係る介護予防支援又はこれに相当するサービ
ス

xiii 市町村が条例で定める独自の保険給付

介護保険法の規定に基づく市町村特別給付として要介護者又は居宅要支
援者に対して行う食事の提供

xiv 平成29年4月から本格的に始まった総合事業

介護保険法の規定に基づく地域支援事業として居宅要支援被保険者等に
対して行う介護予防・日常生活支援総合事業に係る資産の譲渡等

xv 生活保護法等の規定に基づく介護

　生活保護法等の規定に基づく介護扶助または介護支援給付のための介護のうち一定のもの

　消費税の取扱いは、厚生労働省の告示や通知にその多くが記載されています。そのため、税理士としては見落としが多いものとなりますので注意が必要です。

　さらに、消費税法基本通達 6－7－2 では、「居宅介護サービス費の支給に係る居宅サービス」等の範囲として、次の 2 つも非課税となる旨が示されています。

　i　支給限度額を超えて介護サービスを提供した場合

　ii　介護保険給付の対象から除かれる日常生活に要する費用として、介護保険法施行規則第 61 条《日常生活に要する費用》又は同規則第 79条《日常生活に要する費用》に定める費用に係る資産の譲渡等

　ii は、少しわかりにくいのですが、通所系または入所系のサービスで、その介護サービスの性質上、当然にそのサービスに付随して提供されることが予定される日常生活に要する費用（例えば、通所系の食材料費・おむつ代等、入所系の食材料費・居住費用・理美容代等）についても、居宅介護サービス費の支給に係る居宅サービスに含まれ、消費税は非課税となるということです。

　ここで注意が必要なのは、食材料費の購入にあたっては消費税が課されますが、非課税売上にのみ対応する課税仕入れに該当するため、仕入れ税額控除できないということです。また、理美容サービスについても、多くの施設で訪問理美容サービス業者を使って、利用者の髪をカットしてもらっています。当然に消費税がかかります。訪問理美容サービスは、介護事業所からの請負で業務を受託して、指定された場所にやってきて、利用者に対して理美容を行うサービスだからです。訪問理美容サービスは、理美容代を直接利用者に請求せずに、介護事業者にまとめて請求します。介

護事業者は、利用者への請求額に利益を載せることはできず、業者からの
税込の請求額そのままを請求することになります。

② 課税の範囲

　ここまで非課税となるものをみてきましたが、今度は課税となるものも
把握しておく必要があります。まず、非課税の範囲の中で、カッコ書きで
除かれるものが多々ありました。その多くは、利用者の選定によるものに
係る資産の譲渡等です。簡単な例では、贅沢とされる特別な食事や部屋の
利用です。

　送迎についても介護事業者が通常の事業実施エリアを外れて行うと課税
となります。詳しくは国税庁の質疑応答事例「居宅サービスにおける利用
者負担の交通費等の費用の取扱い」にて、介護サービス別に課税・非課税
が列挙されています。

---

(1) 訪問介護（介法8②、基準省令20③、43）

　・通常の事業実施地域以外の地域の居宅において訪問介護を行う場合の交
　　通費…課税

(2) 訪問入浴介護（介法8③、基準省令48③、58）

　①通常の事業実施地域以外の地域の居宅において訪問入浴介護を行う場合
　　の交通費…課税

　②利用者の選定により提供される特別な浴槽水等の費用…課税

(3) 訪問看護及び訪問リハビリテーション（介法8④、⑤、基準省令66③、
　　78③）

　・通常の事業実施地域以外の地域の居宅において訪問看護等を行う場合の
　　交通費…課税

---

(4)　**居宅療養管理指導（介法 8⑥、基準省令 87③）**

・居宅療養管理指導の提供に要する交通費…課税

(5)　**通所介護及び通所リハビリテーション（介法 8⑦、⑧、基準省令 96③、109、119）**

①通常の事業実施地域以外の地域に居住する利用者に対して行う送迎に要する費用…課税

②通常要する時間を超える通所介護であって利用者の選定に係るものの提供に伴い必要となる費用の範囲内において、居宅介護サービス費用基準額を超える費用…非課税

③食材料費…非課税

④おむつ代…非課税

⑤その他（指定）通所介護又は（指定）通所リハビリテーションにおいて提供される便宜のうち、日常生活においても通常必要となるものに係る費用であって、その利用者に負担させることが適当と認められるもの…非課税

(6)　**短期入所生活介護及び短期入所療養介護（介法 8⑨、⑩、基準省令 127③、140 の 6③、140 の 32、145③、155 の 5③）**

①（通常の）食事の提供に要する費用…非課税

②滞在に要する費用…非課税

③利用者が選定する特別な居室（療養室）等の提供を行ったことに伴い必要となる費用…課税

④利用者が選定する特別な食事の提供を行ったことに伴い必要となる費用…課税

⑤送迎に要する費用…課税

⑥理美容代…非課税

⑦その他短期入所生活介護又は短期入所療養介護において提供される便宜のうち、日常生活においても通常必要となるものに係る費用であって、その利用者に負担させることが適当と認められるもの…非課税

(7) 特定施設入居者生活介護（介法8⑪、基準省令182③、192の12）

　①利用者の選定により提供される介護その他の日常生活上の便宜に要する

　　費用…課税

　②おむつ代…非課税

　③その他特定施設入居者生活介護において提供される便宜のうち、日常生

　　活においても通常必要となるものに係る費用であって、その利用者に負

　　担させることが適当と認められるもの…非課税

※　介法…介護保険法

　　介規…介護保険法施行規則

　　基準省令…指定居宅サービス等の事業の人員、設備及び運営に関する

　　　　　　　基準（平成11年厚生省令第37号）

※　令和2年8月1日現在の法令・通達等に基づいて作成しています。

　(7)の特定施設入居者生活介護とは、有料老人ホームやサービス付高齢者住宅において介護サービスを提供する場合のその介護サービスのことをいいます。この場合、食事の提供は含まれていないので（食事介助は介護サービスのため含まれます。）、食事代は消費税課税対象となります。また、一定の条件をクリアした場合、軽減税率の対象となります。

（有料老人ホームの飲食料品の提供）

　問80　当社は、有料老人ホームを運営しています。提供する食事は全て税
　　　　抜価格で、朝食500円、昼食550円、夕食640円で、昼食と夕食の間
　　　　の15時に500円の間食を提供しています。
　　　　　これらの食事は、軽減税率の適用対象となりますか。

【答】

　軽減税率の適用対象となる有料老人ホームにおいて行う飲食料品の提供とは、老人福祉法第29条第1項の規定による届出が行われている有料老人ホームにおいて、当該有料老人ホームの設置者又は運営者が、当該有料老人ホー

ムの一定の入居者に対して行う飲食料品の提供をいいます（改正法附則 34①
一ロ、改正令附則 3②一）。

　また、軽減税率の適用対象となるサービス付き高齢者向け住宅において行
う飲食料品の提供とは、「高齢者の居住の安定確保に関する法律」第 6 条第 1
項に規定する登録を受けたサービス付き高齢者向け住宅において、当該サー
ビス付き高齢者向け住宅の設置者又は運営者が、当該サービス付き高齢者向
け住宅の入居者に対して行う飲食料品の提供をいいます（改正令附則 3②二）。

　これらの場合において、有料老人ホーム等の設置者又は運営者が、同一の
日に同一の者に対して行う飲食料品の提供の対価の額（税抜き）が一食につ
き 640 円以下であるもののうち、その累計額が 1,920 円に達するまでの飲食料
品の提供であることとされています。

　ただし、設置者等が同一の日に同一の入居者等に対して行う飲食料品の提
供のうち、その累計額の計算の対象となる飲食料品の提供（640 円以下のもの
に限る。）をあらかじめ書面により明らかにしている場合には、その対象飲食
料品の提供の対価の額によりその累計額を計算するものとされています（平
成 28 年財務省告示第 100 号）。

　ご質問の飲食料品の提供について、あらかじめ書面により、その累計額の
計算の対象となる飲食料品の提供を明らかにしていない場合は以下のとおり
となります。

朝食（軽減）　昼食（軽減）　間食（軽減）　夕食（標準）　合計（内軽減税率対象）
500 円≦640 円　550 円≦640 円　500 円≦640 円　640 円≦640 円　＝2,190 円（1,550 円）
（累計500円）（累計1,050円）（累計1,550円）（累計2,190円）

　夕食は、一食につき 640 円以下ですが、朝食から夕食までの対価の額の累
計額が 1,920 円を超えていますので、夕食については、軽減税率の適用対象と
なりません。

　なお、あらかじめ書面において、累計額の計算の対象となる飲食料品の提
供を、朝食、昼食、夕食としていた場合は以下のとおりとなります。

> 朝食（軽減）　昼食（軽減）　間食（標準）　夕食（軽減）　合計（内軽減税率対象）
>
> 500円≦640円　550円≦640円　500円≦640円　640円≦640円　＝2,190円（1,690円）
>
> （累計500円）　（累計1,050円）　累計対象外　　（累計1,690円）

出典：「消費税の軽減税率制度に関するＱ＆Ａ（個別事例編）」平成28年4月（令和2年9月改訂）国税庁

③ 課税・非課税の判断基準

　課税・非課税で迷ったら、まずは利用者の選定に基づき提供されるサービスかどうかが判断基準となります。そして、日常生活においても通常必要となるものに係る費用であって、その利用者に負担させることが適当と認められるものかどうかが次の判断基準です。

　例えば、レストランでの外食ですが、外食そのものが利用者の選定に基づいて行われています。そして、外食は、日常生活に通常必要なものではありませんし、受益者負担により自身の食事代をご負担いただきます。介護事業所は会計をとりまとめて支払い、後日、利用料請求書に外食代として請求します。この一連の流れから、介護事業所は、課税売上と課税売上にのみ要する課税仕入れが発生したことになります。

　もう一歩、理解を深めていきたいと思います。消費税法基本通達6－7－2の(2)に規定する「介護保険給付の対象から除かれる日常生活に要する費用」として、「介護保険法施行規則第61条《日常生活に要する費用》又は同規則第79条《日常生活に要する費用》に定める費用に係る資産の譲渡等」とあります。それぞれの介護保険法施行規則の条文を紐解くと、日常生活費用は、大きく2つに分けられます。1つは、具体的な日常生活に要する費用として、おむつ代、食事の提供に要する費用、居住に要する費用、理美容代です。もう1つは、内容が定められていないその他の日常生活費用です。この「その他の日常生活費用」ですが、条文には具体的内容の記載はありませんが、厚生労働省の通知「通所介護等における日常生活に要する費用の取扱いについて」（平成12年3月30日老企第54号）をも

とにして、複数の都道府県や市町村が見解を示しています。

　例えば、平成23年3月11日に東京都福祉保健局高齢社会対策部施設支援課長より発出された「入所者等から支払を受けることができる利用料等について（通知）」の別紙に記載のある「3　その他の日常生活費について」をかみ砕いて表現すると、以下の通りです。

　①入所者の希望によって、身の回り品として日常生活に必要なものを施設が提供する場合に係る費用（歯ブラシや化粧品等の個人用の日用品等）

　②入所者の希望によって、教養娯楽として日常生活に必要なものを施設が提供する場合に係る費用（習字、お花、絵画、陶芸等や行事に係る材料費等）

　③健康管理費（インフルエンザ予防接種に係る費用等）

　④預り金の出納管理に係る費用

　⑤私物の洗濯代（介護老人保健施設のみ。指定介護老人福祉施設では徴収不可）

これらに該当する場合は、あくまで日常生活において必要なものと規定され、施設が利用者負担としてお金をいただいた場合の売上は非課税となるというものです。

　介護事業所では日常的にレクリエーションとしてクラブ活動が行われています。一般人の感覚では、陶芸は日常生活ではないと思うかもしれませんが、施設または介護事業所の日常生活としてという枕詞を加えると理解しやすいかもしれません。私の判断では、レクリエーションは、1回で4～5人は集まって行われるものと考えています。この場合は、日常生活において必要と考えます。

　一方で、レクリエーションとはいいながら、日常生活において必要とはいえない資産の譲渡等については、保守的に課税売上としておいたほうがよいと思います。例えば、参加者が1人～2人の場合です。その場合は、内容をよく吟味します。

▎(2) その他の介護保険サービス等に係る資産の譲渡等

　介護保険サービスの中で、役務の提供ではない資産の譲渡等として、福祉用具貸与、特定福祉用具販売、住宅改修があります。この3つのサービスは、消費税の非課税となりません。

　まず、福祉用具貸与、特定福祉用具販売は、消費税法基本通達6-7-3（福祉用具の取扱い）で取扱いが定められています。福祉用具の貸与とは、車いすや介護用ベッド、床ずれ防止用具などのレンタルです。また、特定福祉用具販売とは、福祉用具の貸与にはなじまない用具のため、販売するものとされている腰掛便座や入浴補助用具等の販売です。すべて介護を目的としていますが消費税は課税です。ただし、物品が身体障害者用物品の譲渡等に該当する場合は、消費税法第6条に規定する別表第一に掲げる「十　身体障害者の使用に供するための特殊な性状、構造又は機能を有する物品として政令で定めるもの（別表第二において「身体障害者用物品」という。）の譲渡、貸付けその他の政令で定める資産の譲渡等」として非課税となります。

　介護保険の住宅改修は、自宅の手すりの取付けや段差の解消、引き戸等への扉の取替え等があります。こちらについては消費税の非課税と考えたいところですが、介護保険給付の対象となる住宅改修費の支給については、消費税法上、非課税となる介護保険に係る資産の譲渡等には該当しないことから、非課税とはなっていません。国税庁から質疑応答事例「住宅改修費の支給に係る消費税の取扱い」が公表されていますので参考にしてください。

　その他、気をつけたいものに市町村特別給付として市町村から受託する事業があります。受託事業の種類によって課税となるものと非課税となるものがあります。このうち、介護保険法第18条第3号に規定する市町村特別給付として行う要介護者または要支援者への居宅への配食サービスは非課税ですが、これ以外の受託サービスは課税売上となります。一見、介

護サービスのように思われる寝具丸洗い乾燥サービスや居宅での理髪サービス等は課税売上です。こちらについても国税庁から質疑応答事例「市町村特別給付の取扱い」として公表されていますのでご覧ください。

また、見落としやすい資産の譲渡等には、受入研修費収益と利用者等外給食収益があります。介護事業所は、介護の実習の場として活用されています。福祉系の大学や専門学校はもちろんのこと、看護学校、そして福祉系以外の大学では教職課程の一環として活用されています。他の介護事業所の新人職員への研修としても利用されます。利用した後は、それぞれの団体から謝礼が支払われますが、これは研修という役務の提供の対価になるので課税売上となります。これが受入研修費収益です。

利用者等外給食収益は、利用者や入居者以外に対して食事を提供してお金をもらった場合に発生します。職員給食のほうがわかりやすいかもしれません。利用者家族が終日滞在するため、利用者と一緒に食事をする場合の食事の提供もここに含まれます。食事の提供は資産の譲渡になりますので、課税売上となります。

知っておきたい 介護用語 市町村特別給付事業

介護保険法第62条で定められた、市町村が独自に行える事業で、要介護状態の軽減若しくは悪化の防止または要介護状態となることの予防に資する保険給付として市町村が条例で定める保険給付のことをいいます。一般的には横出しサービスと呼ばれます。サービスとして代表的なものは、紙おむつ支給、寝具乾燥サービス、移送サービス、配食サービス、見守りサービス等があります。

▌（3）消費税申告書作成のための準備

　消費税の申告書を作成する時、日々の仕訳で課税売上、非課税売上を適切に処理しておかないと決算時にとても後悔することとなります。法人税の項でも書きましたが、介護報酬請求ソフトから出力されるデータをもとに仕訳を作成します。介護報酬外の利用者実費負担の中から課税対象を見つけ出して個別に仕訳を作成するスキルが求められます。

　消費税の申告には原則課税と簡易課税の選択、また、原則の場合でも個別対応方式と一括比例配分方式の選択があります。一通り試算を行ってその結果をクライアントに報告して決算に臨むことはいうまでもありません。公益法人等の場合は、原則課税を選択していると、特定収入についても気にする必要がありますのでご注意ください。

3　所得税

▌（1）源泉徴収等

　法人・個人が従業員に対して給与や報酬を支払う場合、原則として源泉徴収義務が発生します。社会福祉法人であっても同様です。

　さて、介護事業の場合は、介護職員等のスタッフ以外にも源泉徴収の対象となる人が数多くいます。それは、外部講師です。会計事務所として関与する私たちは、経理担当者に対して源泉処理についても確実に指導を行い、普段から注意喚起をしておく必要があります。

　介護事業所では、職員向けに研修会をたくさん開催しています。その内容は、介護技術の向上、衛生管理、IT 知識の獲得、マネジメント能力の開発などです。そして、職員向けの研修会以外にも、家族や地域住民向けに介護教室の開催や成年後見制度のセミナー等を開催します。さらに、利用者向けのレクリエーションに、専門家を呼んで教養娯楽的なプログラム

を行う場合もあります。例えば、お花の先生や楽器の演者です。

　講師への報酬は、内容にもよりますが1〜10万円程度が相場です。講師と介護事業所とのやりとりは、介護現場の研修担当者やレクリエーション担当者等が直接連絡をとって依頼することが多くあります。交渉に慣れていない職員の場合、内容や日時の設定についてはしっかりやりとりしていても、報酬については、源泉徴収税を含むのか、消費税は外税なのかなどがよくわからないまま、当日を迎えてしまうこともあります。経理担当者は、担当者から3万円と聞いていれば、当日3万円を準備しておきます。支払は、講演後に現金で渡す形式が多いです。

　せっかく良い講演だったのに、報酬支払時に源泉徴収や消費税についてトラブルになってしまうことがあります。例えば、3万円と聞いていて、税別だった場合です。個人として依頼していたつもりが、当日に株式会社から派遣されたとわかった場合は、追加の支払が必要になります。その他のトラブルとしては、個人事業主に依頼していた場合で、3万円から源泉徴収をしていた場合です。税理士の感覚では、10.21% を源泉徴収するというのは当たり前です。講師側ももちろん源泉徴収されることは知っています。そのうえで問題になるのは、源泉徴収後3万円なのか源泉徴収前3万円かということです。講師は、私たち税理士もそうですが、報酬については、グロスアップされてもらうことが多いのではないでしょうか。現場の担当者はそこまでの知識はありませんから、よくよく確認しておくことが重要です。

　その他の例では、経理担当者が源泉徴収義務そのものに気づいていない場合もあります。よくあるのがお車代です。担当者から外部講師の報酬の話が持ち上がらない場合に、事業所としてお礼に数千円〜1万円を入れた封筒を用意しておくようなケースです。帰り際に御車代として渡すというのはよくある話ではないでしょうか。このあたりも、税理士が関わる以上はしっかりと源泉徴収について指導しておくことが必要です。

　介護事業所でさらに注意しておきたい源泉徴収は、非常勤医師として契

約する嘱託医や産業医への報酬です。通常毎週○曜日の○時から○時までという形で契約をします。その時間は、非常勤職員として勤務していただきます。時間としてはほんの1～2時間かもしれませんが、報酬は他の職員とは別格です。1～2時間の訪問で、4～5万円が相場となります。毎週来ていただくことも多いので、月に合計20万円程度は支払うことになります。この場合、甲欄ではなく乙欄での源泉徴収になりますので、源泉徴収額にご注意ください。

なお、嘱託医は利用者の健康状態の確認を仕事とし、産業医は職員の健康相談を仕事とします。

▌(2) 医療費控除

介護事業所の経理には直接関係はありません。ただし、確定申告の時期になると決まって利用者家族から医療費控除について問い合わせがあります。実は、利用者家族にとって、利用している介護保険サービス料が医療費控除の対象となるのかどうかがわかりにくい状況となっています。

まず、介護保険サービスを施設サービスと在宅サービスとに区分します。

施設サービスは、特別養護老人ホーム、介護老人保健施設、介護療養型医療施設及び介護医療院の4つです。まず特別養護老人ホームですが、厚生労働省から領収証のひな形（指定介護老人福祉施設利用料等領収証）が示されているため、各施設はこれに準拠した領収証を発行します。このモデル領収証には、医療費控除額がわかりやすく記載されています。具体的には、領収額の下に、「うち医療費控除の対象となる金額」として、（介護費＋食費＋居住費）×1／2として明記されています。毎月の利用料領収証のこの部分を足し合わせた金額が、介護保険サービスにかかる医療費控除の金額です。図で表すと次の通りです。

●医療費控除（特別養護老人ホーム）

①介護費（居住費、食事の費用以外）	②居住費	③食費	④日常生活費	⑤特別な居室等の費用
1割負担				

①介護費（居住費、食事の費用以外）の9割は介護保険から支払われるため、医療費控除の対象となるのは1割負担部分の2分の1となります。
②居住費及び③食費は、全額利用者負担ですが、負担額の2分の1が医療費控除の対象です。
④日常生活費及び⑤特別な居室等の費用は、医療費控除の対象外です。

　次に介護老人保健施設、介護療養型医療施設及び介護医療院です。これらの施設の場合は、特別養護老人ホームの領収証ひな形に準じて発行してよいことになっています。しかし、医療費控除額の考え方は異なります。特別養護老人ホームでは、（介護費＋食費＋居住費×）1/2となっていますが、介護老人保健施設、介護療養型医療施設及び介護医療院では、1/2をかけません。

●医療費控除（介護老人保健施設・介護療養型医療施設）

①介護費（居住費、食事の費用以外）	②居住費	③食費	④日常生活費	⑤特別な居室等の費用
1割負担				

①介護費（居住費、食事の費用以外）の9割は介護保険から支払われるため、医療費控除の対象となるのは1割負担部分です。
②居住費及び③食費は、全額利用者負担ですが、全額が医療費控除の対象です。
④日常生活費及び⑤特別な居室等の費用は、医療費控除の対象外です。

　次に在宅サービスです。在宅サービスには多くの介護サービスがありますが、この在宅サービスを大きく2つに分けます。医療系の介護保険サー

ビスと医療系以外の介護保険サービスです。

医療系の介護保険サービスは下記の通りです。

①　訪問看護

②　介護予防訪問看護

③　訪問リハビリテーション

④　介護予防訪問リハビリテーション

⑤　居宅療養管理指導［医師等による管理指導］

⑥　介護予防居宅療養管理指導

⑦　通所リハビリテーション［医療機関でのデイサービス］

⑧　介護予防通所リハビリテーション

⑨　短期入所療養介護［ショートステイ］

⑩　介護予防短期入所療養介護

⑪　定期巡回・随時対応型訪問介護看護（一体型事業所で訪問看護を利用する場合に限ります）

⑫　看護小規模多機能型居宅介護（旧・複合型サービス）（上記の居宅サービスを含む組合せにより提供されるもの（生活援助中心型の訪問介護の部分を除きます）に限ります）

上記の介護保険サービスは、自己負担額が医療費控除の対象となります。

次に医療系以外の介護保険サービスです。下記の介護保険サービスを利用した場合で、支払った利用料を医療費控除の対象とするには、前掲した医療系の介護保険サービスと併せて利用した場合という条件がつきます。これは、ケアマネジャーが作成するケアプラン（居宅サービス計画や介護予防サービス計画）に医療系の介護サービスと医療系以外の介護サービスとがきちんと計画されて実施されたということを意味します。

①　訪問介護（生活援助中心型を除きます）

②　夜間対応型訪問介護

③　介護予防訪問介護（※平成30年3月末まで）

④　訪問入浴介護

⑤　介護予防訪問入浴介護

⑥　通所介護

⑦　地域密着型通所介護（※平成 28 年 4 月 1 日より）

⑧　認知症対応型通所介護

⑨　小規模多機能型居宅介護

⑩　介護予防通所介護（※平成 30 年 3 月末まで）

⑪　介護予防認知症対応型通所介護

⑫　介護予防小規模多機能型居宅介護

⑬　短期入所生活介護

⑭　介護予防短期入所生活介護

⑮　定期巡回・随時対応型訪問介護看護（一体型事業所で訪問看護を利用しない場合及び連携型事業所に限ります）

⑯　看護小規模多機能型居宅介護（旧・複合型サービス）（上記の居宅サービスを含まない組合せにより提供されるもの（生活援助中心型の訪問介護の部分を除きます）に限ります）

⑰　地域支援事業（総合事業）の第 1 号訪問事業＜訪問型サービス＞（生活援助中心のサービスを除きます）

⑱　地域支援事業（総合事業）の第 1 号通所事業＜通所型サービス＞（生活援助中心のサービスを除きます）

●医療費控除（在宅サービス（医療系・医療系以外）

①介護費 （居住費、食事の費用以外）	②居住費	③食費	④日常生活費	⑤特別な居室等の費用
1 割負担				

医療費控除の対象となるのは、①介護費（居住費、食事の費用以外）の1割負担部分のみです。

　通院のための交通費が医療費控除の対象となるように、医療系介護保険サービスである在宅サービス（通所リハビリテーションや短期入所療養介護等）を受けるため、介護老人保健施設や指定介護療養型医療施設、介護医療院へ通う際に支払う費用で、通常必要なものは医療費控除の対象となります。

　利用者が医療費控除を受けるためには、介護保険サービスを提供した指定居宅サービス事業者（居宅サービス等を提供する事業者で都道府県知事が指定するものをいいます）等が発行する領収証（居宅サービス計画または介護予防サービス計画を作成した事業者名が記載されたもの）に、医療費控除の対象となる医療費の額が記載されている必要があります。様式は、厚生労働省が様式例として「居宅サービス等利用料領収証」を示しています。

　税理士として、介護事業所が発行する領収証について事前にチェックしておくことをお勧めします。チェックの頻度は、介護報酬が改定されて、介護保険請求ソフトが改修されるタイミングで結構です。その理由は、介護保険制度や介護報酬に対応するために請求ソフトが改修されるわけですが、主要な部分の対応が大変なため、医療費控除というニッチな部分で記載されない等のバグが起こりうるからです。税理士としては、そこは逆に守備範囲なのでしっかり見ておくべきだと思います。

　なお、下記の介護保険サービスは、医療費控除の対象とはなりませんの

でご注意ください。介護事業所の担当の方も自事業所以外のことはよくわからないと思います。ときどき、利用者から他の介護事業所の領収証を持参されて、医療費控除が受けられるのか質問されるケースもあります。そのような質問が会計事務所に振られた場合でも、落ち着いて対応すれば十分に対応できると思います。

① 訪問介護（生活援助中心型）

② 認知症対応型共同生活介護［認知症高齢者グループホーム］

③ 介護予防認知症対応型共同生活介護

④ 特定施設入居者生活介護［有料老人ホーム等］

⑤ 地域密着型特定施設入居者生活介護

⑥ 介護予防地域密着型特定施設入居者生活介護

⑦ 福祉用具貸与

⑧ 介護予防福祉用具貸与

⑨ 看護小規模多機能型居宅介護（旧・複合型サービス）（生活援助中心型の訪問介護の部分）

⑩ 地域支援事業の訪問型サービス（生活援助中心のサービスに限ります）

⑪ 地域支援事業の通所型サービス（生活援助中心のサービスに限ります）

⑫ 地域支援事業の生活支援サービス

さらに詳しく内容を知りたい方は、厚生労働省の事務連絡「介護保険制度下での居宅サービス等の対価に係る医療費控除等の取扱いについて」（平成 28 年 10 月 3 日事務連絡）を参照ください。また、国税庁のタックスアンサー No.1127「医療費控除の対象となる介護保険制度下での居宅サービス等の対価」も参考になります。

介護保険事業者の使用している介護保険請求ソフトは、場合によっては標準仕様として領収証に医療費控除額が記載されてしまう場合があります。医療費控除の対象となるためには、ケアプランに医療系の介護保険

サービスが記載されていることが必須条件ですが、例えば訪問介護事業者や通所介護事業者がわざわざ請求時期に利用者が医療系の介護保険サービスを利用しているかどうかを調べる暇はありません。この場合に、結果的に医療費控除の対象ではないのに、画一的に医療費控除額が表示されてしまうという問題があります。

確定申告時期に、介護事業所からどうすればよいでしょうかという電話がかかってきてしまっては、会計事務所の業務が滞ってしまいます。そのような場合には、私は次のようにアドバイスするようにしています。

「医療系の介護保険サービスを利用されていますか？　不明な場合は、ケアプランをご覧いただいて、そこに上記の医療系のサービス名が記載されていますでしょうか。記載されていたら、その月の介護保険の1割負担部分は医療費控除の対象となります。」

▌(3) 寄附金控除

社会福祉法人の場合、利用者やその家族等から寄附をいただくことが日常的にあります。寄附を受ける場合は、寄附者に必ず住所や名前、金額、寄附の目的を寄附申込書に記載してもらいます。この場合に、社会福祉法人側は、一定事項を記載した領収証を発行する必要があります。

社会福祉法人は、所得税法第78条第2項第3号の「別表第一に掲げる法人その他特別の法律により設立された法人」に該当するため、公益社団法人等に対する寄附として、寄附金控除や公益社団法人等寄附金特別控除を受けることができます。公益社団法人等寄附金特別控除を受ける場合には、税額控除対象法人であることを証する書類の写しが必要となります。領収証を渡す際または送る際に合わせてこの証する書類の写しを忘れず渡すように指導してください。

また、寄附者に高齢者が多くなることも特徴であり、確定申告時になるとやはり介護事業所に問い合わせの電話が増えます。その時に経理担当者が曖昧な回答をしたり、担当者が不在だったりすると事業所の印象が悪く

なります。そうさせないために、対応マニュアルを作成しておくことがよいと思います。一般的にも、寄附金控除と税額控除とではどちらが有利かという質問があると思いますが、これを介護事業所の経理担当者に説明させるのは酷だと思います。これは寄附された方の所得によって変わってくる部分ですので、口頭で説明させるよりは、事前に説明文を作って領収証と一緒に渡しておいたほうがよいと思います。

4　印紙税

▌（1）利用契約書

　介護サービスを利用する際に、利用者やその家族と介護事業所との間で介護サービスの利用契約を結びます。この利用契約書の主な中身は、介護事業所が履行すべき内容やその提供方法、利用者が契約終了するときの条件、苦情がある場合の処理方法等です。介護サービスの費用などお金についての記載はありません。一方で、利用契約書とは別に重要事項説明書という附属書類があります。この書類の内容は、介護事業所の人員や設備の状況、営業時間やサービス内容を明示しています。その他、施設を使用した場合に発生する費用、つまり利用料（介護保険・介護保険外問わず）について列挙して記載しています。契約する方が支払う費用というよりは、プライス表という位置づけで、サービスとしてこのような項目を用意していて、それにかかる費用は○○円といったものとなります。

　上記のような契約書や重要事項説明書への印紙の添付については、すでに国税庁から厚生省（当時）に対して回答が行われており、それを受けて「介護サービス事業者等と利用者の間で作成する契約書及び介護サービス事業者等が発行する領収証に係る印紙税の取扱いについて」（平成12年3月17日事務連絡）が発出されました。

　そこには、「介護保険制度下において作成されるこれらの契約書は、原

則として、印紙税の課税文書には該当しません」という国税庁の回答が掲載されています。また、その考え方は、「事例の各種の契約書に記載される個々の介護サービスの内容は、『当事者の一方が仕事の完成を約し、相手方がその仕事の結果に対して報酬を支払う』という性格のものではないものと認められますから、これらの介護サービス事項のみを定める契約書は、原則として、民法上の請負契約書には該当せず、また、その他のいずれの課税文書にも該当しません」とされています。

(2) 利用料の領収証

　介護保険サービスを提供して、利用料を支払ってもらった場合に、介護事業者は、厚生労働省令で領収証の発行が義務づけられています。口座振込であっても後日領収証を発行しなければいけません。印紙税法では領収金額に応じて税額が変わっていきますが、5万円未満のものについては非課税となります。

　ところで、印紙税法の規定では、印紙税は、営業、つまり商売に関するものを対象にしています。公益法人（公益財団法人、公益社団法人、社会福祉法人、医療法に基づく医療法人）は、非営利法人であるため、発行する領収証に印紙を貼る必要はありません。さらに最近増えている特定非営利活動法人（NPO法人）（定款の定めにより剰余金等の分配ができないこととされている場合）についても同様に非課税となります。クライアントが営利法人か非営利法人かで印紙税法の取扱いが変わってきますので、きちんと指導をしていく必要があります。

　訪問介護事業所を営利法人が経営している場合、領収証の枚数が月に100枚を超えることもあります。印紙を貼る対象となる利用料が5万円以上なのかどうかについて経理担当者に理解をさせておく必要があります。5万円未満で貼り付け不要な領収証にも貼ってしまった場合は無駄な経費となりますし、また、5万円以上の領収証にきちんと貼付しておかないと、後々になって税務調査で指摘されることになります。

　領収証はすべてコピーをとっておくように指導してください。領収印を押し、印紙を貼ったものを白黒コピーしておけば、発行したことの証明と印紙を貼りつけたという証拠になります。

▎(3) 国等から業務委託で事業を受託する場合の契約書

　介護事業は、国や地方公共団体などから様々な事業を受託します。その際、契約書に印紙を貼る必要があるのかどうかという問題があります。例えば、介護予防教室の実施や配食サービス事業等の受託であれば、第2号文書の請負に関する契約に該当します。行政が作成する契約書は非課税文書となるため委託者側（国等）では印紙は貼られませんが、契約書は共同で作成されますので、事業者側の作成する文書は課税文書となり一定額の印紙を貼る必要があります。

　ところで、請け負う業務が3か月以上の期間に及ぶ場合は、第2号文書の該当のほかに、第7号文書（継続的取引の基本となる契約書）にも該当するのではないかと考えられます。この場合ですが、国等は「営業者」にはなり得ないため、印紙税法施行令第26条第1号に規定する「営業者の間」の継続取引とはなりません。そのため、国等と継続する請負契約について定めた文書は、第7号文書には該当しません。

　なお、契約書の流れですが、多くの場合は国等から2部預かり、事業者側で捺印をして、印紙を1部にだけ貼って（もう1部は印紙を貼る箇所に非課税文書というハンコが押されています）、2部とも国等に返し、後日、国等が作成した非課税文書を事業者側で預かることになります（事業者側が作成した課税文書は国等で預かることになります）。

5 地方税

(1) 寄附金税額控除

　所得税の寄附金控除と並行して、都道府県民税の税額控除もあります。これについては都道府県ごとの条例の有無によりますので、事前に社会福祉法人への寄附が住民税の税額控除の対象となるのか調べておくのがよいと思います。東京都の場合は、都内にある社会福祉法人に対する寄附は、個人都民税の寄附金控除の対象となっています。

　市区町村民税については、市区町村の条例によります。その社会福祉法人の所在地の市区町村で対象となっているかどうかを確認する必要があります。主にその市区町村に居住していて、その市区町村に所在する社会福祉法人に寄附した場合が市区町村民税の税額控除の対象となります。ここからは申告の話になりますが、寄附した時点では社会福祉法人の所在する市区町村に居住し、その翌年の1月1日には別の市区町村に引っ越しをしてしまった場合は、あくまでも別の市区町村から課税されることとなる市区町村民税が対象となるので、社会福祉法人が所在する市区町村民税の税額控除を受けることはできません。

(2) 固定資産税・都市計画税の非課税

　地方税法第348条第2項には、社会福祉法人を含む公益法人等が行う事業の用に供される固定資産について固定資産税は非課税とする規定が多く記載されています。固定資産税が非課税となるこの規定は、事業者にとって大きなメリットの1つです。ただし、固定資産税の賦課期日現在において特定の事業の用に供している必要があります（原則）。

地方税法

（固定資産税の非課税の範囲）

第348条　市町村は、国並びに都道府県、市町村、特別区、これらの組合、財産区及び合併特例区に対しては、固定資産税を課することができない。

2　固定資産税は、次に掲げる固定資産に対しては課することができない。ただし、固定資産を有料で借り受けた者がこれを次に掲げる固定資産として使用する場合においては、当該固定資産の所有者に課することができる。

一から九の二　（略）

十　社会福祉法人（日本赤十字社を含む。次号から第10号の7までにおいて同じ。）が生活保護法第38条第1項に規定する保護施設の用に供する固定資産で政令で定めるもの

十の二　社会福祉法人その他政令で定める者が児童福祉法第6条の3第10項に規定する小規模保育事業の用に供する固定資産

十の三　社会福祉法人その他政令で定める者が児童福祉法第7条第1項に規定する児童福祉施設の用に供する固定資産で政令で定めるもの（次号に該当するものを除く。）

十の四　学校法人、社会福祉法人その他政令で定める者が就学前の子どもに関する教育、保育等の総合的な提供の推進に関する法律第2条第6項に規定する認定こども園の用に供する固定資産

十の五　社会福祉法人その他政令で定める者が老人福祉法第5条の3に規定する老人福祉施設の用に供する固定資産で政令で定めるもの

十の六　社会福祉法人が障害者の日常生活及び社会生活を総合的に支援するための法律第5条第11項に規定する障害者支援施設の用に供する固定資産

十の七　第10号から前号までに掲げる固定資産のほか、社会福祉法人その他政令で定める者が社会福祉法第2条第1項に規定する社会福祉事業（同条第3項第1号の2に掲げる事業を除く。）の用に供する固定資産で政令で定めるもの

十の八から四十四　（略）

　こういった規定は社会福祉法人に限ったものと思ってしまいがちですが、社会福祉法人以外にも適用範囲が広げられています。非課税となる考え方は、該当する法人が経営する○○事業の用に供される固定資産が非課税です。

　減免の対象となる事業も限定されていますので、単に該当する法人だから非課税というわけではないということにご注意ください（例えば、社会福祉法人が有する職員用寄宿舎の固定資産税は課税です）。

　具体的には、介護に関連する固定資産税の非課税の規定は、地方税法施行令第49条の13が根拠となります。第1項に規定される事業者の第2項に規定される事業に供される固定資産が非課税となります。

地方税法施行令

（法第348条第2項第10号の5の政令で定める者等）

第49条の13　法第348条第2項第10号の5に規定する政令で定める者は、次に掲げる者とする。

一　老人福祉法附則第6条の2の規定により社会福祉法人とみなされる農業協同組合連合会

二　公益社団法人、公益財団法人、農業協同組合、農業協同組合連合会（前号に掲げるものを除く。）、消費生活協同組合、消費生活協同組合連合会、健康保険組合、健康保険組合連合会、企業年金基金、確定給付企業年金法に規定する企業年金連合会、国家公務員共済組合、国家公務員共済組合連合会、国民健康保険組合、国民健康保険団体連合会、国民年金基金、国民年金基金連合会、商工組合（組合員に出資をさせないものに限る。）、商工組合連合会（会員に出資をさせないものに限る。）、石炭鉱業年金基金、全国市町村職員共済組合連合会、地方公務員共済組合、地方公務員共済組合連合会、日本私立学校振興・共済事業団及び医療法人

三　前2号に掲げる者以外の者で老人福祉法第20条の7の2に規定する老人介護支援センターの設置について同法第15条第2項の規定による届出をしたもの

> 2　法第 348 条第 2 項第 10 号の 5 に規定する政令で定める固定資産は、次に
> 　掲げる固定資産とする。
> 　一　社会福祉法人が経営する老人福祉法第 20 条の 4 に規定する養護老人
> 　　ホームの用に供する固定資産
> 　二　社会福祉法人及び前項第 1 号に掲げる者が経営する老人福祉法第 20 条
> 　　の 5 に規定する特別養護老人ホームの用に供する固定資産
> 　三　社会福祉法人並びに前項第 1 号及び第 2 号に掲げる者が経営する老人
> 　　福祉法第 20 条の 2 の 2 に規定する老人デイサービスセンター、同法第 20
> 　　条の 3 に規定する老人短期入所施設、同法第 20 条の 6 に規定する軽費老
> 　　人ホーム及び同法第 20 条の 7 に規定する老人福祉センターの用に供する
> 　　固定資産
> 　四　社会福祉法人及び前項各号に掲げる者が経営する老人福祉法第 20 条の
> 　　7 の 2 に規定する老人介護支援センターの用に供する固定資産

　見落とされがちな非課税は、医療法人の非課税です。今後、ますます介護事業に力を入れる病院やクリニックも多くなると思いますが、医療法人がデイサービスセンターやショートステイ事業を経営した場合も、非課税の適用となります。

　税理士であれば、こういった非課税の適用は必ず申請が必要であるとピンと来るかと思います。賦課期日前に一度市町村（東京は都税事務所）に相談に行って事前に必要な書類の有無について確認をしておく必要があります。

▌（3）固定資産税・都市計画税の減免（東京 23 区）

　実際に介護事業の用に供していれば固定資産税等が非課税になることはわかりました。ところが、東京 23 区においては、さらにありがたい特例措置があります。それは、まだ事業の用に供していない建設中の家屋の敷地等についても減免の対象とするということです。

　平成 11 年 11 月 16 日に東京都の主税局長から 23 区都税事務所長に対し

て発出された「賦課期日後に老人福祉施設等の用に供された固定資産に係る固定資産税及び都市計画税の減免について（通達）」（平成11年11月16日11主資計第249号）という通達があります。

この通達では、社会福祉法人や旧民法第34条の法人、医療法人、学校法人が対象となり、これらの法人が経営する養護老人ホームや特別養護老人ホーム、デイサービスやショートステイ、保育所等の施設や事業の用に供することになっていれば減免の対象となるとしています。ただし、すべてが免除というわけではなく、賦課期日（1月1日）現在、老人福祉施設等を建設中または開設準備中で、翌年度から非課税が適用される場合、施設開設後から翌年度非課税措置が講じられるまでの間、固定資産税・都市計画税が減免されるというものです。

減免対象施設・事業は次の通りです。

●高齢者介護関係

養護老人ホーム、特別養護老人ホーム、老人デイサービスセンター、老人短期入所施設、軽費老人ホーム、老人福祉センター、老人介護支援センター、老人居宅介護等事業、老人デイサービス事業、老人短期入所事業、小規模多機能型居宅介護事業、認知症対応型老人共同生活援助事業、複合型サービス福祉事業

●児童・子供関係

保育所、認定こども園、幼稚園、小規模保育事業、事業所内保育事業、一時預かり事業、地域子育て支援拠点事業、乳児家庭全戸訪問事業、養育支援訪問事業、子育て短期支援事業、子育て援助活動支援事業、病児保育事業、放課後児童健全育成事業

●障害福祉関係

障害者支援施設、児童発達支援センター、障害福祉サービス事業（うち、生活介護、短期入所、自立訓練、就労移行支援、就労継続支援、共同生活援助）

また、具体的な減免対象資産として、以下の通り具体例が挙げられています。あくまでも例示であって、この具体例にないからといって減免対象

資産にならないわけではありません。

●老人福祉施設等に係る減免対象資産の具体例

施設または事業	減免対象資産の具体例
養護老人ホーム	居室、静養室、食堂、集会室、浴室、洗面所、便所、医務室、調理室、宿直室、職員室、面談室、洗濯室または洗濯場、汚物処理室、霊安室、事務室
特別養護老人ホーム	居室、静養室、食堂、浴室、洗面設備、便所、医務室、調理室、介護職員室、看護職員室、機能訓練室、面談室、洗濯室または洗濯場、汚物処理室、介護材料室、事務室
老人デイサービスセンター	食堂、機能訓練室、静養室、相談室、事務室、消火設備その他非常災害に際して必要な設備
老人短期入所施設	居室、食堂、機能訓練室、浴室、便所、洗面設備、医務室、静養室、面談室、介護職員室、看護職員室、調理室、洗濯室または洗濯場、汚物処理室、介護材料室
軽費老人ホーム	居室、応接室（または相談室）、静養室、医務室、集会室（または娯楽室）、食堂、炊事室、洗面所、浴室、洗濯室、便所、事務室、宿直室、消火設備、避難設備及び避難空地
老人福祉センター	所長室、事務室、生活相談室、健康相談室、診察室、検査室、栄養指導室、保健資料室、機能回復訓練室、集会及び運動指導室、教養娯楽室、図書室、浴場、便所
老人介護支援センター	事務室、相談室、会議室、介護機器展示のための設備
老人居宅介護等事業	事務室、利用申込の受付、相談等に対応するのに適切なスペース
老人デイサービス事業	老人デイサービスセンターと同じ
老人短期入所事業	老人短期入所施設と同じ
小規模多機能型居宅介護事業	居間、食堂、台所、宿泊室、浴室、消化設備その他非常災害に際して必要な設備
認知症対応型老人共同生活援助事業	居室、居間、食堂、台所、浴室、消化設備その他の非常災害に際して必要な設備

保育所	乳児室またはほふく室、医務室、保育室または遊戯室、屋外遊戯場、調理室、便所

＊減免対象部分の認定にあたっては、各部分の名称にとらわれず、使用実態等をかんがみて判断すること。また、この認定は、翌年度以降の非課税対象部分の認定と同様のものとする。

　この事業の用に供する前の固定資産税の減免を受けるためにも申請が必要です。納期限前に固定資産税減免申請書を提出しますが、添付書類が施設や事業によって異なってきますので、都税事務所に相談のうえ、所定の手続をとります。

　今回は、東京都の減免措置をご紹介しましたが、奈良県天理市、福岡県八女市、福岡県粕屋町、栃木県那須塩原市等でも同様の減免措置が実施されています。

■ (4) 固定資産税、償却資産税を巡るトラブル

　私が特別養護老人ホームで働いていた平成17年、突如都内の特別養護老人ホームに激震が走りました。今まで社会福祉法人は固定資産税や償却資産税は非課税とされていた常識が突如崩れたからです。東京都が上記の減免対象資産の具体例を限定列挙として解釈し、具体例にない設備は課税という更正を行っていると連絡が入りました。具体例にない設備とは、職員用食堂、職員専用トイレ、職員用更衣室、職員休憩室、職員用シャワー室等です。勤めていた施設には職員用食堂や職員用シャワー室はありませんでしたが、職員専用トイレ、職員用更衣室はもちろんありました。特に保健所から厨房職員は、衛生上の観点から他の職員や利用者、来訪者とはトイレを区別しなければいけないと指導されていたので、これはまずいなと思いました。

　記憶しているのは、その設備の表示方法を変えれば大丈夫だからと聞いて、職員用更衣室をサービス準備室へ、職員専用トイレを感染等防止対策室へと表示を慌てて変えたことです。結局のところ、職員用食堂、職員専用トイレ、職員用更衣室、職員用シャワー室等は、社会福祉施設として認

可面積に含まれているものであり、名称がなんであれ当然に利用者処遇上も運営上も必要なものであることから、元の鞘に戻ったようです。

本来、地方税法第348条や地方税法施行令第49条の13では、「○○の用に供する固定資産」とされており、「直接利用者の処遇に供するもの」とはなっていません。利用者に対してサービスをするために職員が着替える場所や休憩する場所も間接的には利用者の処遇のためであり、○○の用に供する固定資産です。

その後は東京都や他の道府県ではこのような話は聞きませんが、もし同様の状況が起きた場合は、慌てずに根拠を示して対応することが求められます。

(5) 不動産取得税の非課税

不動産取得税についても、社会福祉法人に限らず宗教法人や学校法人、医療法人などが特定の事業の用に供する場合は、不動産取得税を課すことができないとされています。地方税法第73条の4（用途による不動産取得税の非課税）がその非課税の規定となっています。とりわけ、高齢者介護、子供、障害福祉関係について規定しているのが、第1項第4号から第4号の10です。

地方税法

（用途による不動産取得税の非課税）

第73条の4　道府県は、次の各号に規定する者が不動産をそれぞれ当該各号に掲げる不動産として使用するために取得した場合には、当該不動産の取得に対しては、不動産取得税を課することができない。

一から三の二　（略）

四　社会福祉法人（日本赤十字社を含む。次号から第4号の7までにおいて同じ。）が生活保護法第38条第1項に規定する保護施設の用に供する不動産で政令で定めるもの

四の二　社会福祉法人その他政令で定める者が児童福祉法第6条の3第10

項に規定する小規模保育事業の用に供する不動産

四の三　社会福祉法人その他政令で定める者が児童福祉法第7条第1項に規定する児童福祉施設の用に供する不動産で政令で定めるもの（次号に該当するものを除く。）

四の四　学校法人、社会福祉法人その他政令で定める者が就学前の子どもに関する教育、保育等の総合的な提供の推進に関する法律（平成18年法律第77号）第2条第6項に規定する認定こども園の用に供する不動産

四の五　社会福祉法人その他政令で定める者が老人福祉法第5条の3に規定する老人福祉施設の用に供する不動産で政令で定めるもの

四の六　社会福祉法人が障害者の日常生活及び社会生活を総合的に支援するための法律第5条第11項に規定する障害者支援施設の用に供する不動産

四の七　第4号から前号までに掲げる不動産のほか、社会福祉法人その他政令で定める者が社会福祉法第2条第1項に規定する社会福祉事業（同条第3項第1号の2に掲げる事業を除く。）の用に供する不動産で政令で定めるもの

四の八　更生保護法人が更生保護事業法（平成7年法律第86号）第2条第1項に規定する更生保護事業の用に供する不動産で政令で定めるもの

四の九　介護保険法第115条の47第1項の規定により市町村から同法第115条の46第1項に規定する包括的支援事業の委託を受けた者が当該事業の用に供する不動産

四の十　児童福祉法第34条の15第2項の規定により同法第6条の3第12項に規定する事業所内保育事業の認可を得た者が当該事業（利用定員が6人以上であるものに限る。）の用に供する不動産

（略）

　その他政令で定める者については、地方税法施行令第36条の7から第36条の10までで規定されています。

　実際に不動産取得税非課税申告書を作成する際は、都道府県税事務所と確認しながら進めてください。

(6) 社会福祉法人等の自動車税

　公益のため直接専用する自動車に係る自動車税の減免制度が自治体ごとに設けられています。社会福祉法人等の公益法人、特定非営利活動法人が第 1 種社会福祉事業や第 2 種社会福祉事業の用に自動車を供している場合は、その供する自動車税が減免されます。減免を受けるためには、減免申請書の提出が必要です。なお、法人職員が専ら使用する自動車（例えば、ヘルパーの訪問車両、事務用車両、社用車）は減免の対象となりません。減免申請は毎年度必要となりますが、特段行政から申請を促すような文書はないため、意外に忘れやすいものです。年間の計画に備忘として入れておくのがよいと思います。なお、リース車両は減免の対象とならないのでご注意ください。

●減免対象となる社会福祉法人

第 1 種社会福祉事業	第 1 種社会福祉事業を行うために社会福祉法第 62 条に基づき設置した社会福祉施設		救護施設、乳児院、母子生活支援施設、児童養護施設、障害児入所施設、児童心理治療施設又は児童自立支援施設、養護老人ホーム、特別養護老人ホーム、軽費老人ホーム、障害者支援施設　等
第 2 種社会福祉事業	障害者総合支援法	障害福祉サービス事業	療養介護、生活介護、自立訓練、就労移行支援、就労継続支援
		地域生活支援事業	地域活動支援センター
	児童福祉法	障害児通所支援事業	児童発達支援、医療型児童発達支援、放課後等デイサービス

　忘れてはいけないのが、軽自動車にも自動車税の減免申請があることです。なお、軽自動車の管轄は市町村です。普通自動車の減免申請を行ったら同時に、軽自動車の減免申請も行うように指導してください。

6　税務調査

　通常の事業会社と同じように介護事業所にも税務調査は行われます。介護事業では売上は介護報酬、仕入れはなく、コストの多くを人件費が占めます。売上の期ズレの話はすでにしているので、決算時に適切に修正していれば問題にはなりません。一方で人件費関連の源泉徴収が意外に安易に考えられていて、税務調査で指摘を受けることも考えられます。

　特に訪問系の事業の場合、訪問スタッフが非常勤や登録型の場合が多いので、従業員が複数の事業所にかけもちで勤務している場合や、就業時間が少なく給与月額88,000円以下になる場合など、実は注意しなければいけない点があります。

　複数の事業所にかけもちであると、どこか1か所にしか扶養控除等（異動）申告書は提出できないことを私たち税理士は知っています。しかし、事業所の経理担当は従業員全員から提出してもらうものと勘違いしている

知っておきたい介護用語　福祉自動車

　介護事業で使用される自動車の多くは福祉車両に改造されています。代表的なタイプであるワンボックスの場合は、車いす用リフトが備え付けられています。リフトを地上に下ろして車いすごとリフトに乗り、車の中へ移動します。また、軽自動車の場合は車高が低いため、スロープを出して車いすごと乗りこみます。乗用車タイプは、助手席や後部座席のシートが動きながら90度回転して、車外まで突き出て乗降できるようになります。この場合は、車いすから自動車のシートの移乗が必要です。

かもしれません。採用時に預かる書類の 1 つとしてルーチンで提出を求めて、従業員も何も考えずに提出していたら怖いことです。

　また、月額 88,000 円以下の給与の場合でも、扶養控除等（異動）申告書の提出は必要ですが、経理担当者がその回収を怠ってしまうこともあります。理由は、それほど勤務しない人とはコンタクトが少なく、電話をしても留守等と提出を促せないという事情があります。採用時にきちんと提出させられないと、後日になかなか提出させられずじまいで、そのまま忘れ去られてしまうかもしれません。扶養控除等（異動）申告書の提出期限は、その年の最初に給与の支払を受ける日の前日（中途就職の場合には、就職後最初の給与の支払を受ける日の前日）までです。クライアントとして関与することになると、月に一度は訪問することとなると思います。また、数か月に一度の訪問先であっても、電話やメールでもよいので、「今月の新人さんの源泉関係の書類はいかがですか」などと聞いてあげることが税務調査対策の一環になると思います。

　もう 1 つ、税務調査で指摘を受けそうなのが消費税です。介護事業の売上のほとんどは消費税が非課税となりますが、介護保険外サービスや介護保険サービスの一環として、利用者の選択により提供された特別な食事や居室の費用は消費税が課税されます。そのほかに、介護用品の販売、行政からの受託事業についても消費税が課税されます。

　介護事業者側に消費税の可否判定を委ねるのではなく、会計事務所としてきちんと根拠を持ってリードしていってこそ、私たちが関与する意味があるのではないでしょうか。特に介護事業以外の業種からの異業種参入組は、わからないことだらけです。課税事業に非課税事業が加わると課税売上割合を下げてしまうというデメリットもあります。これまで、原則課税売上割合 95％ 以上の申告書となっていたのに、95％ 未満となってしまうと課税期間中の課税仕入れ等に係る消費税額の全額控除ができなくなります。その場合、常日頃から、課税売上にのみ要する課税仕入れなのか、非課税売上にのみ要する課税仕入れなのか、共通課税仕入れなのかを、しっ

かりと分類しておく必要があります。

　近年、介護事業のM&Aが積極的に行われています。大手介護事業者となると売上は数十億円から1,000億円を超えるので、調査は当然と思えるでしょう。私たちが関与する介護事業者の場合は、数千万円から数億円の売上規模かもしれませんが、それでも税務署はコンタクトを増やすべく積極的に税務調査を行っていると聞いています。真面目に経営しているにもかかわらず経理や税務の小さなミスで利益を損ねてしまうのはもったいないです。調査が入るときには、「どうぞ調べていってください」くらいに余裕を持てる状況に常日頃からしておきたいものです。

7　マイナンバー制度への対応

　介護事業所では、基本的に利用者の個人番号（マイナンバー）を預かることはありません。介護報酬の請求や利用料の請求事務にマイナンバーは必要ないからです。ただし、入所系の介護事業所の場合は、利用者が住民票の住所を施設に異動するとマイナンバー通知カードが施設に送られてきます。通常は受け取って一時的に保管しますが、それを利用者に渡すことは紛失のおそれもあり好ましくありません。かといって施設で保管し続けることは、利用目的がないため保管することはできません。

　そのため、速やかに利用者の家族に連絡をとって、事業所に来所してもらってお渡しするか、書留によって確実に家族へ届けることが必要です。しかし、独居の方の場合は身寄りがないため、誰にも渡せない場合もあります。この場合は施設で厳重に保管することになりますが、その際には、必ず市町村へ事前に連絡をとって状況を説明し、今後の指示を仰いでください。

　一方で、居宅介護支援事業所のケアマネジャーについては注意が必要です。ケアマネジャーは、利用者に代わって要介護認定申請書・居宅サービ

ス計画書作成依頼書等を作成する場合があります。これらの書類には、マイナンバーの記載欄があります。市町村の介護保険課では、利用者が認知症を患っている場合は、マイナンバー記入欄が空欄でも受付をしています。そのため、無理にマイナンバーの取得は必要ありません。この点については、市区町村からケアマネジャー宛にお知らせが届いているので、理解しているケアマネジャーのほうが多いと思います。

　ただし、本人の委任を受け、マイナンバーを記載事項に含む申請書の代理申請を行うことは可能です。この場合、ケアマネジャー等の代理人は代理権の範囲内（申請行為の授権のみ）で業務を行っているにすぎないため、これを超える範囲で個人番号を取り扱うことは認められていないことを周知しておく必要があります。そして、申請時に視認したマイナンバーを控えて事業所にストックしておくことや、それを利用して保険者に資格確認を行うことなどは許されていません。

　ケアマネジャーがマイナンバーのコピーを預かった場合は、すぐに破棄する旨を伝えてください。ケアマネジャーも含めて介護事業所の職員は書類を保管したがる傾向にありますので、経理担当者を通じて破棄の確認をお願いします。

　なお、従業員からのマイナンバーの取得は一般の事業会社と同じです。また、事業会社から会計事務所が委託されて給与計算や年末調整業務を行う場合も、これまで各々の会計事務所で行ってきた対応をしてください。

8 社会福祉法人（公益法人）に特有の税務の扱い

▎（1）法人税

① 収益事業となる介護サービス事業

　これまでに税務上の留意点ということで社会福祉法人を含む公益法人等の各税目の特殊な処理をみてきました。その中でも大きなウェイトを占め

るのは法人税だと考えています。法人税の考え方は、ご存知の通り全所得
課税です。これに対して、例外的に社会福祉法人等の公益法人等は、各事
業年度の所得に法人税は課されません。法人税法第7条（内国公益法人等
の非収益事業所得等の非課税）の通りです。

　ただし、社会福祉法人であっても、法人税法上の収益事業（参照：法人
税法施行令第5条（収益事業の範囲））を行う場合は、法人税が課されま
す。ただし、34の収益事業に該当したらすべて法人税が課税されるのか
というとそうではありません。この法人税法施行令第5条の中に社会福祉
法人というキーワードが頻出し、収益事業から除かれている事業が多くあ
ります。

　例えば、法人税法施行令第5条第1項第29号のロでは、社会福祉法第
22条に規定する社会福祉法人が行う医療保健業は、収益事業から除かれ
ています。当然に、介護保険サービスは医療保健業となりますが、介護保
険サービスの中には販売や賃貸、改修工事の請負等も含まれており、すべ
てが医療保健業となるのか疑問です。そこで、過去の法令解釈通達を確認
します。

　平成12年6月8日に国税庁から当時の厚生省に次の法令解釈通達が示
されています。介護サービス事業は収益事業の何に該当するのかという照
会に対する回答です。

介護サービス事業に係る法人税法上の取扱いについて（法令解釈通達）

課法2－6
平成12年6月8日

　平成12年6月1日に厚生省から国税庁に対し、公益法人等が行う介護サー
ビス事業の収益事業の判定について照会があり、これに対して当庁は、公益
法人等が行う介護サービス事業は、照会に係る事業内容等を前提とすれば、
法人税法施行令第5条に規定する収益事業に該当する旨回答しました。

（通達本文）

　標題のことについては、厚生省老人保健福祉局長から別紙 2 のとおり照会があり、これに対して別紙 1 のとおり回答したから、これによられたい。

別紙 1

課法 2―5

平成 12 年 6 月 8 日

厚生省老人保健福祉局長

大塚義治　殿

国税庁課税部長

河上信彦

介護サービス事業に係る法人税法上の取扱いについて

（平成 12 年 6 月 1 日付老発第 510 号照会に対する回答）

　介護保険法の規定に基づく介護サービス事業については、御照会に係る事業内容等を前提とすれば、法人税法上、以下のとおり、法人税法施行令第 5 条に規定する収益事業として取り扱われるものと考えられます。

(1)　介護サービス事業（(2)、(3)及び(4)を除く。）……医療保健業（法令 5①二十九）
(2)　福祉用具貸与……物品貸付業（法令 5①四）
(3)　特定福祉用具販売……物品販売業（法令 5①一）
(4)　住宅改修……請負業（法令 5①十）

　この回答（別紙 1）から、ほとんどの介護サービス事業は医療保健業に該当し、社会福祉法人が行う場合は法人税は非課税であると確認できました。

　次に医療保健業から除かれた 3 つの介護サービス事業ですが、たとえ社会福祉法人が福祉事業と位置づけて福祉用具用貸与事業、特定福祉用具販

売事業、住宅改修事業を行っても、法人税法上の非課税の規定がないため、課税の対象となります。しかしながら、この３つの介護サービス事業は、社会福祉法上では公益事業に掲げられています。公益と聞くとなんとなく非課税ではないかと考えてしまいます。では、どのように考えればよいでしょうか。

結論からいうと、社会福祉法の公益事業に該当したとしても、それは社会福祉法の中の話であって、法人税法上の収益事業に該当する場合は法人税が課税されます。このうえで、法人税が本当に課税されるのかをさらにみていきます。

（注）公益社団法人及び公益財団法人の認定等に関する法律（以下「公益法人認定法」という）に基づいて公益認定を受けた公益社団法人・公益財団法人は、高齢者の福祉の増進を目的として行う事業が公益目的事業と認定されたときは、法人税法施行令第５条第２項第１号の規定により、公益目的事業から生じた所得は課税対象になりませんのでご注意ください。

まず、収益事業は、反復継続して事業場を設けて営まれていることが条件です。例えば、下記のような場合は反復継続とはならないため、収益事業には該当しません。

・当該法人が使用することを目的とする設備等を外部の者に依頼されて、当該法人の業務に支障のない範囲内で使用させる場合、例えば、会議室を法人が使用しない時間に外部の者に使用させる場合等
・たまたま適当な興行の機会に恵まれて慈善興行を行う場合
・社会福祉施設等において、専ら施設利用者の利便に供するため売店を経営する場合

反復継続して事業場を設けて営まれているとされる場合は次の条件を確認します。その収益事業に携わる従業員数の２分の１が次の要件に該当し、かつ、これらの者の生活の保護に寄与しているかどうかをみてみます。条件に照らし合わせて、従業員２分の１要件を満たさない場合は、そ

の収益事業は課税事業となり法人税の課税対象となります。

・身体障害者、知的障害者、精神障害者保健福祉手帳の交付を受けている者

・生活扶助を受ける者

・年齢 65 歳以上の者

・児童（20 歳未満）を扶養する配偶者のない女子、寡婦

　　　　　　参照：法人税法施行令第 5 条第 2 項第 2 号（収益事業の範囲）

　次に、法人税額の計算です。上記から法人税の課税対象となることはわかりましたが、その収益事業によって生じた収益をどのように処理しているかで、法人税額がゼロになる場合もあります。みなし寄附金制度の活用です。みなし寄附金の額は、法人税法第 37 条第 1 項及び第 5 項の寄附金の損金不算入の規定を受けて、法人税法施行令第 73 条第 1 項第 3 号に具体的に規定されています。この規定の中で、社会福祉法人の一般寄附金の損金算入限度額は、当該事業年度の所得の金額の 100 分の 50 に相当する金額（当該金額が年 200 万円に満たない場合には、年 200 万円。事業年度が 1 年に満たない場合は、200 万円を 12 で除し、これに当該事業年度の月数を乗じて計算した金額）とされています。

　つまり、収益事業の年間の課税所得が 200 万円以下の場合、その全額を社会福祉法人が行っている非収益事業（通常は社会福祉事業または公益事業）に寄附（実際の資金の移転）することによって損金に算入されて、課税所得を減らすことができます。その結果、課税所得は 0 円、法人税額は 0 円となります。もちろん、課税所得が 200 万円を超える場合は、たとえ課税所得の 2 分の 1 を寄附した場合でも課税所得は残ってしまいます。その時は、法人税申告書とともに納税をお願いいたします。

② 経理区分

　ところで、社会福祉法人は、社会福祉事業、公益事業、収益事業をしっかりと区分しなければいけないというルールがありました（社会福祉法人

会計基準の運用上の留意事項の「4　拠点区分及び事業区分について」）。
法人税法施行令第6条では、「公益法人等及び人格のない社団等は、収益
事業から生ずる所得に関する経理と収益事業以外の事業から生ずる所得に
関する経理とを区分して行わなければならない」と規定されています。
しっかりと収益事業とそれ以外を区分経理して、来る法人税の申告に備え
る必要があります。ここは税理士としてしっかりとクライアントへ指導を
するところです。

③ 法人税率

　社会福祉法人の法人税率は一般の事業会社と異なります。年800万円以
下の部分までは、中小法人または人格のない社団等と同じく15％（中小
企業者等の法人税率の特例の適用有）ですが、年800万円超の部分は19％
です（法人税法第66条、租税特別措置法第42条の3の2）。

(2) 消費税

① 国等の特例

　非営利型の法人は概して税金がかからないため、なんでも非課税と捉え
がちですが、消費税については、慎重に検討する必要があります。社会福
祉法人であっても、例えば地域に向けたレストラン事業は課税です。初任
者研修を事業として行ったり、他法人に対してコンサルティングを行った
りしても課税されます。とはいっても、課税売上が1000万円に達する社
会福祉法人はそうは多くないはずです。

　ただし、複数の拠点を有する社会福祉法人であれば、1000万円という
ハードルはクリアしやすい状況です。その場合は、消費税の申告を慎重に
行う必要があります。課税売上とそれに紐づくように課税売上に要する課
税仕入れがきちんと認識できているかどうかです。会計ソフトへの入力者
がクライアントであれば、かならず元帳を打ち出すかPDFデータでも
らって、きちんと消費税の区分を確認しなければ、正しい消費税の申告書

が作成できません。

　また、課税売上高が5000万円以下であれば、簡易課税の選択を視野に入れることも大切です。複数の拠点がある場合、すべての経理担当に正しい仕訳入力の徹底を行うのは難しいかもしれません。チェックする仕訳数は年間で数万に上るかもしれません。そうなると、会計事務所でチェックをして漏れてしまうよりは簡易課税で事務処理を減らすことも大切です。複数の方法が選択できるのであれば会計事務所から方向性を出すことが私たちの責務かと思います。

　ところで、税理士試験の消費税を勉強した方であれば、国等の特例が気になると思います。社会福祉法人は消費税法別表第3に掲げられている法人です。そのため、社会福祉法人の場合は、この国等の特例が適用される場合もあります。この国等の特例ですが、複数の特例が認められています。例えば、資産の譲渡等の特例です。介護事業を営む社会福祉法人の場合は、国や地方公共団体のような出納整理期間はなく、通常の事業会社と同じ会計処理となりますので、この資産の譲渡等の特例の適用はありません（社会福祉協議会や特殊な社会福祉法人を除く）。

　次に消費税の申告期限の延長についてです。令和2年4月1日に消費税法等の一部が改正され、法人に係る消費税の申告期限の特例が創設されました。具体的には、「法人税の申告期限の延長の特例」の適用を受ける法人が、「消費税申告期限延長届出書」を提出した場合には、その提出をした日の属する事業年度以後の各事業年度終了の日の属する課税期間に係る消費税の確定申告の期限が1か月延長されます。この場合、消費税及び地方消費税の納付は、延長された期間に係る利子税を併せて納付する必要があります。適用開始時期は、令和3年3月31日以後に終了する事業年度又は連結事業年度終了の日の属する課税期間から適用されます。

　社会福祉法人であっても、公益事業である有料老人ホームやサービス付き高齢者住宅の経営、収益事業である貸しビルや月極駐車場の経営を行っている場合は法人税の申告は免れません。そして課税売上が1,000万円を

超えてしまい消費税の課税事業者となっているケースがありますので、拠点が複数あって決算に時間がかかってしまうようなクライアントについては、この特例の提案をしてみるのも良いと思います。

そのほかに、以下の特例がありますがこちらは割愛いたします。

・事業単位の特例…消費税法第 60 条第 1 項

・税額控除の特例…消費税法第 60 条第 6 項

・納税義務の免除等に関する特例…消費税法第 60 条第 7 項

最後に残ったのが仕入税額控除の計算の特例です。こちらは、苦手な方が多いのではないかと思いますが、税理士試験のように限られた時間の中で処理するものではないので、1 つ 1 つ整理整頓していけばよろしいのではないかと思います。

さて、特例計算となるには、原則課税であることが条件です。簡易課税を選択している場合は必要ありません。そして、その課税期間における特定収入割合が 5% 超であると特例計算を行わなければいけません。特定収入割合は、次の算式により計算した割合です。

$$特定収入割合＝\frac{特定収入の合計}{資産の譲渡等の対価の額の合計額＋特定収入の合計額}$$

ここで必要になってくるのは、特定収入の特定です。社会福祉法人の場合、寄附金、補助金、借入金等が対象となります。

●特定収入と特定収入以外の収入の考え方

資産の譲渡等の対価以外の収入（補助金等対価性のない収入）	通常の借入金等、出資金、預金・貯金及び預り金、貸付回収金、返還金及び還付金	特定収入以外の収入	
	交付要綱等によりその使途が特定支出のためと特定されて支払われた補助金		
	交付要綱等により課税仕入れ等にその使途が特定されて支払われた補助金	特定収入	課税仕入れ等に係る特定収入
	特定支出以外の支出のための借入金等で、その返済のために補助金が交付されることになっている借入金等（特殊な借入金等）		
	使途が特定されていない（明らかにされていない）収入（寄附金、補助金、受取配当金、損害賠償金）		課税仕入れ等に係る特定収入以外の特定収入（使途不特定の特定収入）

特定支出…人件費、利子支払、土地購入費、特殊な借入金等の返済等課税仕入れ等以外の支出をいいます。

　寄附金は、基本的に特定収入となります。利用者やその家族から寄附をいただく場合は、寄附前に寄附申込書に記載していただきますが、その申込書には事前にいくつかの目的が記載されていて、それに○を付けることになっています。その目的として、「法人のために使用してください」「施設のために使用してください」「（　　　　）のために使用してください」「法人に一任します」とあります。一応寄附者にも目的を自由に記載できるようになっていますが、目的として多くに○が付くのは、「施設のため」や「法人のため」です。こうしたものは、寄附者が具体的に使途を特定していない状況になりますので、寄附金は課税仕入れ等に係る特定収入以外の特定収入（使途不特定の特定収入）となります。

（注）公益法人が募集する寄附金については、取扱いが異なります。

　　公益社団法人または公益財団法人が作成した寄附金の募集に係る文書について、募集する寄附金が下記の3つの要件を満たしているものであり、公益法人認定法第3条に規定する行政庁の確認を受けているものは、特定収入に該当しないとされています（消費税法施行令第75条第1項第6号ハ）。

　　・特定の活動に係る特定支出のためにのみ使用されること

　　・期間を限定して募集されること

　　・他の資金と明確に区分して管理されること

　都道府県や市町村からの運営（経常）経費補助金も、使途が特定されていないケースがほとんどです。運営（経常）経費補助の目的は、物価の高い都市において、主に人件費や日々の経費の支払等に充てさせて、施設経営を円滑にすることです。このため、この補助金は、使途不特定の特定収入に該当します。一方で、利子補給のための補助金は、明らかに使途が特定されています。利子の支払は特定支出に該当しますので、特定収入以外の収入となり、特定収入には該当しません。

　ところで借入金等ですが、社会福祉法人の場合、借入金の返済金額を行政から補助金として受け取る場合があります。この補助金を「借入金元金償還補助金収入」といいます。課税事業者である場合、借入金等が特定収入に該当すれば、調整計算が必要になってきます。

　社会福祉法人が、金融機関から借入れを行う理由には、建物の増改築や大規模修繕が考えられ、それ以外の理由はあまり考えられません（つなぎ融資が必要な場合は、融資ではなく介護報酬未収金をファクタリングして前倒しで現金化しています）。この建物の増改築や大規模修繕については、必ず行政機関に相談をします。増改築や大規模修繕は、今後の高齢者福祉施策を踏まえて行う必要があるからです。勝手にベッド数を増やしたり減らしたりはできません。そして、相談は、借入金返済のための補助金にも

及びます。こういった話は行政機関の予算も絡むので、短期間ではなく 1 年～ 2 年かけて行われます。

　交渉の末、建物の増改築や大規模修繕等の事業のために借りた借入金に対して、行政機関より返済時期に合わせて補助金が交付されることが決まったら、金融機関から借りる借入金は、特殊な借入金等として特定収入となります。建物の増改築や大規模修繕は課税仕入れとなり、特定支出には該当しないためです。そして、借入れ後に法令や交付要綱等で特殊な借入金等の返済のためにのみ使途が特定された補助金等が交付された場合のその補助金等は、特定収入以外の収入となります。

② 仕入税額控除の計算の特例の計算方法

　全体の流れは、次の通りです。

　次に、特定収入に係る課税仕入れ等の税額の計算方法ですが、まず最初に調整割合を求める必要があります。調整割合は次の算式で求めます。

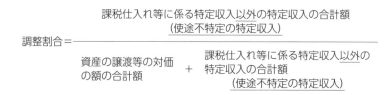

　社会福祉法人の課税割合はそのほとんどが 95％ 未満ですので、次の通り特定収入に係る課税仕入れ等の税額を計算します。

●個別対応方式を適用している場合

その課税期間中の特定収入に係る課税仕入れ等の税額＝①＋②＋③

①｜特定収入のうち課税資産の譲渡等にのみ要する課税仕入れ等のためにのみ使用することとされている部分の金額｜$\times \dfrac{7.8}{110}$（※）

②｜特定収入のうち課税資産の譲渡等と非課税資産の譲渡等に共通して要する課税仕入れ等のためにのみ使用することとされている部分の金額｜$\times \dfrac{7.8}{110}$（※）$\times$課税売上割合等

③　｛　調整前の課税仕入れ等の税額－（①＋②）　｝　×　調整割合

※　軽減税率対象のものは $\dfrac{6.24}{108}$

　社会福祉法人の建物の増改築の場合、介護保険のための施設であっても、100％非課税売上ではなく、利用者の選定によって必ず課税売上がありますので、課税資産の譲渡等と非課税資産の譲渡等に共通して要する課税仕入れ等のために使用するものと考えられます。

●一括比例配分方式を適用している場合

その課税期間中の特定収入に係る課税仕入れ等の税額＝④＋⑤

④｜特定収入のうち課税仕入れ等にのみ使途が特定されている部分の金額（課税仕入れ等に係る特定収入の額）｜$\times \dfrac{7.8}{110}$（※）$\times$課税売上割合等

⑤　（　調整前の課税仕入れ等の税額－④の金額　）　×　調整割合

※　軽減税率対象のものは $\dfrac{6.24}{108}$

　社会福祉法人の中でも障害福祉サービスを行っている場合には、障害者支援施設を経営する事業において生産活動としての作業に基づき行われる資産の譲渡等は非課税範囲から除くこととされていますので（消費税法基本通達6―7―5）、当然のように課税売上となりますので注意してください。介護保険サービスのみを提供している場合は、まずは課税売上を抜き出して1年間の合計を計算してみてください。1,000万円以下であれば消

費税の申告は必要ありません。

▌(3) 地方税

① 法人事業税

　法人事業税については、地方税法第 72 条の 5 （法人の事業税の非課税所得等の範囲）において、社会福祉法人の事業の所得または収入金額で収益事業に係るもの以外のものに対しては、事業税を課することができないとされています。法人税の考え方と同様です。ここでも、収益事業を行っている場合は、法人事業税が課税されます。なお、社会福祉法人の法人事業税の範囲は、地方税法第 72 条の 2 第 1 項第 1 号の規定により、所得割額のみとなります。

　さて、収益事業は、地方税法施行令第 7 条の 4 に収益事業の範囲が規定されています。法人税法施行令第 5 条に規定する収益事業を地方税法でも収益事業として援用しています。ただし、法人事業税では、地方税法施行令第 7 条の 4 のただし書きで次の通り収益事業から除く規定があります。

　　「ただし、当該事業のうち社会福祉法人、更生保護法人、学校法人又は私立学校法（昭和 24 年法律第 270 号）第 64 条第 4 項の法人が行う事業でその所得の金額の 100 分の 90 以上の金額を当該法人が行う社会福祉事業、更生保護事業、私立学校、私立専修学校又は私立各種学校の経営（法人税法施行令第 5 条に規定する事業を除く。）に充てているもの（その所得の金額がなく当該経営に充てていないものを含む。）を含まないものとする。」

　この規定により、社会福祉法人の収益事業で得た収益は、社会福祉事業に移転していれば法人事業税では収益事業を行っていないと考え、納税義務者となりません。そもそも、社会福祉法人が営む収益事業については、社会福祉法第 26 条第 1 項により、その経営する社会福祉事業に支障がない限り、公益を目的とする事業（公益事業）またはその収益を社会福祉事業若しくは公益事業の経営に充てることを目的とする事業（収益事業）を

行うことができるとされているため、通常は収益を移転しないことはありえません。このことから、法人事業税は基本的に非課税となります。

② 法人住民税

　法人住民税（都道府県）は、地方税法第25条第1項及び第2項の規定により、社会福祉法人には、収益事業を行う場合を除いて均等割と法人税割を課することができないとされています。法人住民税（市町村）についても、地方税法第296条第1項及び第2項において、収益事業を行う場合を除いて、均等割と法人税割を課することができないとされています。

　それでは、収益事業を行っている場合ですが、当然に都道府県及び市町村の法人住民税は課税されることとなります。赤字であっても均等割はかかってしまいます。しかし、地方税法施行令第7条の4（収益事業の範囲）により、その所得の金額の100分の90以上の金額を当該法人が行う社会福祉事業に充てている場合は収益事業に含まれないこととされているため、非課税となります。

　以上から、法人税については年間200万円以下の所得であれば、移転を要件として申告は必要としても納税額は0円となり、また、法人事業税や法人住民税については、収益事業の範囲に含まれないため申告が不要ということがわかります。

第5章　経営サポート

1　会計事務所の将来は不安って本当？

　昨今、会計事務所の将来を心配してくれるセミナーが増えているように感じます。皆様のお手元にも日々、ダイレクトメールやファックス DMが届いているのではないでしょうか。例えば、会計事務所の基本業務の1つに記帳代行がありますが、「AI 搭載のクラウド会計による自動仕訳や外注入力により仕事が奪われます」「ネット広告で驚くほど安い報酬単価により価格競争に巻き込まれます」と不安を掻き立ててくる類のものです。記帳業務は差別化が難しく、単体でのビジネスモデルは確かに成り立たないかもしれません。

　俯瞰的にみれば、会計事務所に限らず、自動化によってなくなってしまった職業や仕事は星の数ほどあります。値下げ競争により利益が出ないビジネスもあるでしょう。個人的には、公定価格のない業界は、税理士や公認会計士も含めて等しく同じ運命にあると思うので、ごく自然なことだと考えています。これらのことを掲げて将来を不安視されても、ふーんと思うか、今までが恵まれすぎていたのかと思うくらいです。普通の税理士であれば常に危機感を持っているはずです。

　さて、不安視されている記帳代行は会計事務所の業務の1つではありますが、それはあくまでもサブ業務ではないでしょうか。AI であろうが外注であろうが、正しい入力が行われて活用できる資料となれば構わないはずです。弊事務所では、クラウド会計に組み込まれた AI を知らずに使って自動仕訳処理されますし、外注にも出しています。事務所内で記帳代行業務を行うよりは、入力されたものをチェックして、有効な資料に仕立てて、クライアントに説明したほうがよっぽど生産性は高いと思います。つまりは、記帳代行で報酬をいただくというよりは、経営サポートを行って報酬が発生するという感覚です。ですので、記帳代行で報酬がもらえなくなるという不安よりは、将来にわたってどのような付加価値を提供するか

というほうが心配の種だと思います。

　また、業務の一環として起業支援に取り組む事務所も多いと思います。定款の作成時に将来を見据えた事業展開について相談を受け、事業計画や資金計画にもアドバイスをしていると思います。金融機関にも同行しているのではないでしょうか。また、ふっと経営者に起こる得も言われぬ不安について解消できるのも、参謀としてそばにいる税理士の強みだと思います。パッケージ化された画一的な起業支援マニュアルに則って進める起業支援ではなく、時には夢を語ったり、不安を解消したりと、経営者とわくわくどきどきしながら進める起業支援はいつも楽しいものです。

　最近活発になっているアクセラレータープログラムはご存知でしょうか。官民問わず、個人や法人の起業（スタートアップ）を支援しています。数年前、友人に連れられてある公的機関主催のアクセラレータープログラムに参加したことがあります。プログラムの役割は、参加者のアイディアのブラッシュアップです。プログラムに参加してみて、実際にビジネスが始まるときには、士業の力が必要だと思いました。起業には税理士の関与が不可欠だと思います。アクセラレータープログラムに参加して起業家たちと知り合いになっておくというのも、一歩進んだ攻めの取り組みといえるのではないでしょうか。

　さて、経営者が会計事務所に期待しているのは経営サポートだと思います。職員が訪問して資料を預かって、記帳代行をして試算表を作って再訪問し、渡すとともにまた次の資料を預かってというループ作業は、会計ソフトが廉価で販売されている時点で価値がなくなっています。また、自計化している企業に赴いてチェックをして帰ってくる作業ではクライアントは満足していないはずです。経営者と向き合い、しっかりと会話をしてくることが、参謀たる税理士の仕事ではないでしょうか。

　会計事務所の将来が不安視されているのは、価値が低下した従来型の業務をこのまま続ければの話であって、たぶん、このまま同じ業務をやり続けていく方はいないと思います。だからこそ、この本を手にとってお読み

いただいているのだと思います。クライアントとして介護福祉業界のお客様を獲得してみようと考えたのであればチャンスです。そして、ゆくゆくは社会福祉事業へと横展開を図っていきませんか。

　ただし、そこは従来型の会計事務所の関わり方では意味がありません。一歩進んだ介護や社会福祉事業に強い会計事務所として、会計・税務のみならず、社会制度の将来、事業所理念、職員採用、研修制度、助成金、実地指導対応などの周辺業務についても助言できるように価値を高めていくことで、それに見合った報酬をいただくことこそ、会計事務所の将来の不安を払拭する近道だと思います。

2 　介護事業所の経営サポート

▍(1) 創業支援

　団塊の世代はすでに高齢者となっていますが、今後も高齢者数は増え続け 2025 年にピークを迎えます。そしてそのピークは 40 年続くといわれています。次頁の図は、内閣府が発表した『令和 2 年版高齢社会白書』で高齢化の推移と将来推計として示されている図です。この図からもその予測に納得がいきます。ところが、この図からもう 1 つ読み取れることは、高齢者は常に一定数が存在する一方で、実数は 2025 年以降さほど増えていかないということです。これを介護事業所の起業を支援する側からみると、介護事業所の数も 2025 年がピークだと理解できます。つまり、介護事業所の起業支援には期限があるということです。

●図 1-1-2　高齢化の推移と将来推計

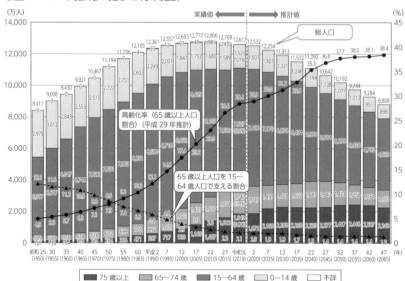

資料：棒グラフと実線の高齢化率については、2015 年までは総務省「国勢調査」、2019 年は総務省「人口推計」（令和元年 10 月 1 日確定値）、2020 年以降は国立社会保障・人口問題研究所「日本の将来推計人口（平成 29 年推計）」の出生中位・死亡中位仮定による推計結果。
（注 1）2019 年以降の年齢階級別人口は、総務省統計局「平成 27 年国勢調査　年齢・国籍不詳をあん分した人口（参考表）」による年齢不詳をあん分した人口に基づいて算出されていることから、年齢不詳は存在しない。なお、1950 年～2015 年の高齢化率の算出には分母から年齢不詳を除いている。ただし、1950 年及び 1955 年において割合を算出する際には、（注 2）における沖縄県の一部の人口を不詳には含めないものとする。
（注 2）沖縄県の昭和 25 年 70 歳以上の外国人 136 人（男 55 人、女 81 人）及び昭和 30 年 70 歳以上 23,328 人（男 8,090 人、女 15,238 人）は 65～74 歳、75 歳以上の人口から除き、不詳に含めている。
（注 3）将来人口推計とは、基準時点までに得られた人口学的データに基づき、それまでの傾向、趨勢を将来に向けて投影するものである。基準時点以降の構造的な変化等により、推計以降に得られる実績や新たな将来推計との間には乖離が生じうるものであり、将来推計人口はこのような実績等を踏まえて定期的に見直すこととしている。

　介護事業の起業を考えている人がいれば、2025 年までに始めるようアドバイスするとよいでしょう。もちろん、そのことを知っている起業家はすでに行動を起こしています。そのため、高齢者数の伸び率を上回る勢いで介護事業所が増えています。高齢者数よりも介護事業所数のほうが先にピークを迎えそうです。そこで行政機関が何を考えるかというと、2025 年を待たずにいつ事業者の参入規制を始めるかということです。

　参入規制は、都道府県や市区町村の介護保険事業計画を予定通りに推進させるために行います。計画には、介護サービスの定員や、見込まれる介護報酬が記載されていますが、介護事業所が増えすぎると、計画の見直しや財源の問題につながるためです。すでに、グループホーム、地域密着型特定施設入居者生活介護または地域密着型介護老人福祉施設入所者生活介護、地域密着型通所介護については、指定拒否制度（介護保険法第78条の2第6項第4号及び第5号）があります。特に小規模デイサービスは、参入事業所数の増加が顕著な状況にあります。市区町村の介護保険事業計画で定められた見込量にすでに達している場合や指定することによって超えてしまう場合、計画の達成に支障を生ずるおそれのあるときは、申請があっても却下されると想定されます。

　小規模以外の通常規模型のデイサービスや訪問介護についても供給過多と考えられています。そのため、今後なんらかの形で調整が行われていくものと思われます。通常規模型のデイサービスや訪問介護は、都道府県が許認可権限を持っています。そのため、実際に開設される市町村は、申請があったことを知ることができません。現行制度において、市町村が都道府県の行う居宅サービス事業者の指定に関与する仕組みとして「市町村協議制」（介護保険法第70条第10項）がありますが、指定拒否や指定にあたり条件を付すケースはまれです。ショートステイについては、市町村協議制の対象から外されています。今後は、より多くの介護サービスに対して市町村協議制（つまりは許認可に待ったをいえる）が設定されることで、指定拒否の流れが加速していくと考えられます。

　一方で、不足している介護サービスもあります。定期巡回・随時対応型訪問介護看護や（看護）小規模多機能型居宅介護です。この2つの介護サービスは行政としては増やしたい意向があるため、デイサービスやショートステイの起業を考えているのであれば、小規模多機能型居宅介護の可能性を模索したり、訪問介護や訪問看護の起業を考えているのであれば、定期巡回・随時対応型訪問介護看護について検討をしたりして、少し

でも認可されやすくなるようこちらから起業家に働きかけることも重要です。多くの施設で見学を受け入れているので、実際に起業家と行動をともにして情報を集めて、実現に向けて課題を整理していくことが大切です。決して机上で決めないことです。

　介護保険を使った介護サービスの提供は、行政機関からの許認可、つまり介護保険の指定する事業所というお墨付きを受けないと行うことができません。指定外の介護事業所となってしまうと、営業はできますが、利用者は介護保険を利用できないため、サービスはすべて介護保険外となります。保険外であれば全額利用者負担となってしまうので、利用する人はいません。時代は介護保険外サービスだと考える人もいるかもしれませんが、あくまで介護保険がある前提で、介護保険外サービスが有効となります。

▎(2) 事業計画書の作成支援

　事業会社の起業の際には、クライアントとともに事業計画書を作成されることが多いと思います。特に金融機関から融資を受ける際には、事業計画書は不可欠です。介護事業所の場合も同じで、おおむね以下のような流れで作成していきます。

① 商圏調査

　介護事業所の起業は、需要の見極めが必要です。いくら大きな事業所にしたいと考えていても、利用者がいなければ絵に描いた餅です。そのため、介護事業所が飽和気味の地域なのかどうか、これからの高齢者数の増加が見込まれないエリアなのかどうかについて、前もって商圏調査を行います。商圏調査資料は、客観的な資料として事業計画や資金計画にも利用できます。

　商圏調査は、複数の業者が廉価・無料で手伝ってくれます。廉価・無料なので実地で調査をするわけではありません。基本的には、市町村が発表

している「高齢者・介護保険事業計画」と独立行政法人福祉医療機構が運営する福祉・保健・医療に関する総合情報提供サイト WAM NET が提供するサービス提供機関の情報（各都道府県の介護サービス情報公表サイトへのリンク集）を使います。もちろん、人口統計の資料は、最新のものではありません。国勢調査の結果を利用するためタイムラグが生じています。しかし、一定の傾向をつかむのには役立つと思います。

さて、商圏調査の内容ですが、今後の高齢者数や要介護者数の予測が地図上に落とし込まれます。そして、そのエリアにある介護事業所を地図上で表示し、今後高齢者や要介護者が増える地域であるか、出店したい介護サービス事業者が多い地域なのかが一目でわかるようになっています。需要が見込まれ、同業者が少なければ、今が起業のチャンスだとわかる簡単な図式です。同時に高齢化率が高いものの人口密度が低い場合、通所系サービスだと送迎が大変になりそうだ、駅から遠ければ通勤の問題から職員募集に支障をきたしそうだと、事前に課題を洗い出すこともできます。いくつかエリアが絞れたら、実際にその町を訪れることが大切です。もちろん、自分が住む町ですでに需要があると肌で感じているのでしたら、わざわざ商圏調査を行う必要はありません。

② 経営理念、ビジョン、経営戦略

次は経営理念の作成です。起業にあたっては必ず理由があるはずです。その理由に基づいて、やりたい事業を実現させるためにも、経営理念は必須です。経営理念を使って対外的にそのビジネスを行う意義をアピールすることは、利用者の獲得、職員の獲得にはとても大切です。それに、将来訪れるであろう大小の波を乗り越えていくためにも指標がないと困ります。

経営理念が固まってきたら、事業所や組織が目指すビジョンを設定します。考え方が決まったら、将来の目標（姿）が必要だからです。この事業所や組織は、そこに向かって進むとなれば、利用者も安心して利用してく

れますし、職員も日々の業務を通じてそこに到達しようと努力してくれます。

　最後は経営戦略です。経営戦略は、ビジョンまでの道のりを5W1Hで表現した作戦です。人、モノ、カネ、情報、時間が武器です。この段階の事業計画は金融機関向けとして作成します。職員数、利用者数、稼働率、資格数、売上、利益など数値を示した事業計画に仕上げていきます。そのため、事業計画はキャッシュフロー計画書とリンクします。

③ キャッシュフロー計画書

　キャッシュフロー計画書は事業計画及び継続可能性の裏付けとなります。いくら言葉で説明しても、途中で資金が底をついてしまい継続ができない計画も考えられます。キャッシュフローは税理士が得意とする分野だと思います。

　ただし、介護事業所の場合は、キャッシュフローの作成について少し注意が必要です。すでに説明していますが、入金サイクルの問題があります。介護サービスを提供した月の翌々月の25日頃の入金となる問題です。開業したての介護事業所は、黒字倒産の可能性が高まります。売掛金がお金になるまでに、給与支払日が2回は到来します。営業するためには、職員の確保が先となるため、初月からフルの人件費がかかってきます。その一方でスタート月の稼働率（定員に対する利用者の利用率）は良くて30%くらいです。サービスにもよりますが、稼働率が90%を超えるのには少なくとも半年はかかります。待ちに待った入金日が来ても、しばらくは出金が入金を上回る状況が続きます。税理士として、損益分岐点を慎重に設定して、余裕を持ったキャッシュフロー計画書となるようアドバイスしてください。

　さて、居宅介護支援事業所や訪問介護事業所などのように開業当初はミニマムの人員構成で臨むことができ、利用者の増加とともに職員を増やしていく介護サービスがあります。こういった形態の場合、キャッシュフ

ロー計画書作成で注意すべきポイントは、いつ職員を増員するかで資金繰りが変わってくるということです。居宅介護支援事業所や訪問介護事業所は、1人で担当できる利用者数に上限が設けられています。

サービス名	職種	1人あたりの受け持ち利用者数の上限
居宅介護支援事業所	介護支援専門員	39人（内訳：要介護者35人、要支援者8人）※要支援者は2分の1換算 ※令和3年度改正で緩和
訪問介護事業所	サービス提供責任者	40人（ただし特例の場合は、50人）

　なお、令和3年度の介護保険報酬改正により、居宅介護支援事業所に限り、この上限が44件に見直されます。ただし、一定のICT（AIを含む）の活用や事務職員の配置を行っている事業所に限られます。

　介護支援専門員もサービス提供責任者も、上限近い利用者がお客様としていらっしゃれば収支バランスがとれ、資金繰りには困りません。ところが、人員を増やした途端に人件費が倍になります。しかし、利用者数は倍にはなりません。もちろん人員が増える見込みで翌月契約となる利用者が何人かはいらっしゃるかもしれませんが、増えた人件費を補うにはほど遠い状況です。そして、介護報酬が翌々月入金ということから、半年程度は支出が収入を上回る時期が続きます。そのつらい時期に資金がショートしないように事前に貯めておくか、融資を受ける準備をしておくかどちらかになります。

　キャッシュフロー計画書の作成で注意すべき最後のポイントは、季節変動の予測です。一度利用者と契約できれば、1年を通じて同じように利用してもらえるわけではありません。夏の暑い時期、冬の寒い時期は体調を崩してしまい利用をキャンセルする可能性が高まります。気候のよい春・秋と比べると5%ほど稼働率に開きがみられますので、7月～9月、12月～2月は売上目標を修正します。

　キャッシュフロー計画書には、見込み利用者数、稼働率の他に新規契約者数、契約終了者数についても記載します。毎月 10% 程度は利用者の入れ替えがあると予測しておけば、経営者も本腰を入れて営業する気になります。数字的にも保守的にみることでクッションを作っておけます。そして、キャッシュフロー計画書は 3 年〜5 年分作ります。介護報酬は 3 年に一度、介護保険制度は 5 年に一度見直しとなります。逆に考えれば、次の見直しまでは環境変化がないため、利用者の確保ができれば売上が見込めることになります。

　日本政策金融公庫等からの借入がある場合は、元金据え置きなどの理由で、初年度や 2 年目は本来の資金繰りよりも良い状況となります。据え置き期間が終わって数年間の予測の中でもしっかりとやっていけるかを試算することは自然な流れです。事業計画書とキャッシュフロー計画書をしっかりとリンクさせて、毎月の月次試算表の報告とともに予算と実績の比較、資金の見通しについて役立ててください。

(3) 人員、設備、運営基準

① 人員基準

　介護サービスは、それぞれサービス毎に決められた人員、設備、運営の基準があります。その中で人員の基準は、一番守るのが大変です。介護事業である以上、スタッフは誰でもよいわけではありません。例えば、訪問介護事業、通所事業、居宅介護支援事業の人員基準をみてみますと次の通りです。それぞれの介護サービスで求められる人員基準は異なります。

サービス区分	職種	資格要件	配置基準
訪問介護事業（ミニマム構成）	管理者	なし	常勤 1 名
	サービス提供責任者	介護福祉士等	常勤 1 名（管理者と兼務可）
	訪問介護員	初任者研修修了	常勤換算で 2.5 名以上（サー

		者等	ビス提供責任者を含めることも可)
通所介護事業（定員 10 名超の場合）	管理者	なし	常勤 1 名（他の職種と兼務可）
	相談員	社会福祉士等	
	看護職員	看護師等	
	機能訓練指導員	理学療法士等	
	介護職員	なし	
居宅介護支援事業（ミニマム構成）	管理者	主任介護支援専門員（例外規定あり）	常勤 1 名
	介護支援専門員	介護支援専門員	1 名以上（管理者と兼務可能）

※　居宅介護支援事業所の管理者の例外規定
　1　管理者要件（改正省令第 1 条）
　　令和 3 年 4 月 1 日以降、居宅介護支援事業所管理者となる者は、いずれの事業所であっても主任介護支援専門員であることとする。
　　ただし、以下のような、主任介護支援専門員の確保が著しく困難である等やむを得ない理由がある場合については、管理者を介護支援専門員とする取扱いを可能とする。
　・令和 3 年 4 月 1 日以降、不測の事態（※）により、主任介護支援専門員を管理者とできなくなってしまった場合であって、主任介護支援専門員を管理者とできなくなった理由と、今後の管理者確保のための計画書（別添）を保険者に届け出た場合
　　なお、この場合、管理者を主任介護支援専門員とする要件の適用を 1 年間猶予するとともに、当該地域に他に居宅介護支援事業所がない場合など、利用者保護の観点から特に必要と認められる場合には、保険者の判断により、この猶予期間を延長することができることとする。
　　（※）不測の事態については、保険者において個別に判断することとなるが、想定される主な例は次のとおり
　　　・本人の死亡、長期療養など健康上の問題の発生
　　　・急な退職や転居　　等
　・特別地域居宅介護支援加算又は中山間地域等における小規模事業所加算を取得できる場合
　2　管理者要件の適用の猶予（改正省令第 2 条）
　　令和 3 年 3 月 31 日時点で主任介護支援専門員でない者が管理者である居宅介護支援事業所については、当該管理者が管理者である限り、管理者を主任介護支援専門員とする要件の適用を令和 9 年 3 月 31 日まで猶予する。
　（出典：「指定居宅介護支援等の事業の人員及び運営に関する基準及び指定居宅サービス等の事業の人員、設備及び運営に関する基準等の一部を改正する省令の一部を改正する省令の公布等について（通知）」（令和 2 年 6 月 5 日老振発 0605 第 2 号））

　意外に思われるかもしれませんが、管理者には、資格要件がないことが多いです。居宅介護支援事業所の管理者は、今でこそ介護支援専門員に限定されていますが、平成16年〜17年頃までは資格要件はありませんでした。事務局の私が管理者をやっていたくらいです。

　さて、資格要件や配置基準はもっと細かく掘り下げることはできますが、まずは、どんな介護サービスにどんな職種が必要なのかを知っておけば十分です。その職種に就くことのできる資格については、都度覚えていけば問題ありません。関わらないサービスについては、サービス名を知っているくらいにしておき、関わる可能性があればそこから調べても間に合うからです。また、配置基準については、定員や利用者の見込み数で変わってくるので、ケースバイケースです。その都度必要数を計算します。そのため覚えておく必要はあまりありません。居宅介護支援事業所の介護支援専門員や訪問介護事業所のサービス提供責任者の必要数は、前項で説明した通りで理解をしておいたほうがよいです。これに対して、デイサービスの介護職の場合は、利用者15名までは介護職員は1名、15名を超える場合は、利用者5名に対して1名の介護職員が必要となるのが配置基準です。ところが実際の現場は、それでは回りません。経営者がどのようなサービスを提供するか、どのようなシフトを組むかでその事業所の介護職の最適な人数を決めていきます。

　ところで、創業時にネックとなるのは、職員の確保です。もう日本中の誰もが介護業界は人手不足だと認識していると思いますが、まぎれもない事実です。特に新規開設の場合は、多数の職員をかき集める必要があります。しかし、新設であれば、その事業所は認知されていません。法人が設立されていなければ、求人がかけられません。ないないづくしの事業所のため人集めは困難を極めます。

　多くの場合は、経営者の人脈によりある程度人を確保しているのですが、人脈なしや人脈を使わずに行う人集めは非常に厳しい状況といえます。箱もの事業の場合は、定員が決まっています。その定員に対して必要

な介護職員がいない場合は、フルオープンできません。最近は介護職員の確保が難しくなっているので、一部施設の閉鎖や受入れの辞退によって、定員未満の利用者数に抑えた経営を余儀なくされている介護事業所が増えています。そのため、事業計画で思い描いていた経営にならず、浮上できないまま厳しい状態が続く場合もあります。

　私も職員確保について相談を受けますが、はっきりいって特効薬はありません。ただし、職種や年代によっては効果的な方法はあります。経営者と二人三脚で募集方法を考えて列挙して、優先順位を付けていくといった支援となります。実際の募集は、通常の会計事務所による支援の域を超えますが、できるのであればウェブサイト構築、チラシの製作等さらに一歩進んだ支援を行うべきだと思います。

　とはいえ、効果的な方法はやはりウェブサイトとSNSの利用でしょうか。ウェブサイトは、法人格がなくても作れます。事業所のサービスはもちろんのこと、理念やビジョン、事業所のイメージ、一緒に働きたい職員像を伝えることはできます。無料で作成できるウェブサイトは複数ありますので、事業所のイメージ用、リクルート用と使い分けて上手に情報を発信します。そして、経営者自身の使うSNSを使って拡散させます。実際に、フェイスブックを使って一緒に働こうと呼び掛けた投稿を見て、2名の常勤介護職員の応募があり、採用したという経営者の方もいらっしゃいました。

　そして、やはり経営者や起業家のリアルな人脈がとても重要です。介護業界は一般的に横のつながりが希薄だといわれていますが、一部の人は勉強会や交流会を開催しています。そしてそこに多くの様々な職種の方が参加しています。掛け持ちで参加している方が多いので、顔馴染みとなります。その機会を活用して、拡散していくことで仲間が増えていきます。

② 設備基準

　設備の基準は、各介護サービスで法的に基準が決められています。特に

大きなこだわりがなければ、介護事業所の設計経験のある建築事務所が抜かりなく設計してくれます。居室の面積や廊下の幅、必要な設備など私も細かくは知りません。そこは専門家に任せてしまいます。私たちが関与するところは、経営者が思い描く内容を聞くことです。経営者が税理士に説明することで自分自身でどんどんと内容を固めていきますし、考え直すこともあります。この段階では、聞いてあげること、つまり傾聴がとても重要です。確固たるイメージがなければイメージが固まるまでは動かないことです。設計を進めたり、事業計画を練り始めたりと焦る気持ちはわかりますが、経営者の心変わりのために二度手間になる可能性があります。

　イメージが固まったら、それを骨子として肉付けをしていく支援をします。最近は特長のある介護事業所や差別化を図った介護事業所が増えてきています。カフェ型や、南国の島型、御用聞き型、男性利用者専門型など、工夫が凝らされています。介護事業を自分で始めたい人は、今まで自分が勤務していた事業所では自分のやりたいことができないと考えて起業します。つまり、イメージや理想を持っていることは間違いありません。私たちはそのイメージや理想をできる限り具体化できるように、しっかりと聴きます。

　税理士が設備のところでしっかりと関わる必要があるのは、お金の部分です。内装工事費やイニシャルで必要となる備品にどれくらいお金を掛けられるのかを把握しているのは、税理士です。通所型や入所型の介護サービスは古民家を使って安く抑える方法もありますが、箱もののため、どうしても出費が嵩んでしまいます。抑えるべきところについてしっかりとアドバイスをしないと、後で苦しくなるのは経営者だけでなく、それを止められなかった税理士も同様です。

③ 運営基準

　運営基準についても、各介護サービスで法的な基準が決められています。運営基準の具体的な中身は、記録の整備、介護計画の作成、利用料の

収受、緊急時の対応等運営上求められるルールです。法で定められた基準は、労働基準法のように最低限のルールであって、現場の運営基準はそれを上回ることが必然的に求められます。具体的なサービス内容となるので、経営者が自分の事業をどうしたいかで色がついていきます。ここでも傾聴を行い、経営者から聞き出していって、具現化させるといった支援となります。

とはいえ、1人で何でもやることはできません。実際に1人で動いても効率が悪いと思います。可能であれば、創業支援は、特化したコンサルタントや士業と組むことをお勧めします。私の場合も、社会福祉事業に強い他士業やコンサルタントと行動をともにします。許認可については、資格の問題もあるので、その道の士業に依頼してしまったほうが早いです。そして、設備や運営についてもコンサルタントを活用して、最近のトレンドを取り入れたほうがよい場合も多いです。会計事務所として全体の動きはみながら、そして自分の知識や経験をブラッシュアップしながら、守備範囲の事業計画やキャッシュフロー計画書の作成を抜かりなく進めます。

介護を含む社会福祉の業界は、社会保険を担う公的サービスの性格が強

知っておきたい 介護用語　サ責（させき）

サービス提供責任者のことです。

訪問介護事業所で、訪問介護サービスの実施計画を立て、訪問介護員を指導・管理する職種です。サービス提供責任者となるための資格要件として、介護福祉士、実務者研修修了者、（旧課程）ホームヘルパー1級課程修了者のいずれかを満たしていることが求められています。なお、訪問介護事業所には1名以上のサービス提供責任者の配置が義務付けられています。

いため、法律や行政との関わり合いがつきものです。また、税法に専門用語があるように介護業界にも専門用語があり、それを理解できないと何を言われているのかわからないと思われるかもしれません。介護業界の常識というのも、よそ者を寄せ付けない原因かもしれません。

　しかし、創業・起業となればそのようなことは問題ではないと思います。事業として成り立つのか、継続できるのかは事業計画やキャッシュフロー計画書で検討できることであり、まさしく税理士の出番です。わからないことは相互に確認しながら進めていくのは、ビジネスの常道です。

　会計事務所が業界のことになかなか踏み込めずにいるために、介護事業所から単に会計屋さんと思われている気がしてなりません。以前に訪問した株式会社が経営するデイサービスでは、来てくれているのが行政書士なのか税理士なのかわからないと言われて愕然としたことがありました。その株式会社の顧問税理士は何をやっているんだと腹立たしくなりました。創業支援の絶好の時期はまだ続きます。1事業所でも2事業所でもよいので創業から支援することで、介護事業所に慣れ、会計事務所の本領を発揮してもらいたいと思います。

▌（4）資金調達、資金繰り（政府系金融機関、補助金、寄附金等）

　創業する介護サービスの種類によって、必要となる資金の額が変わってきます。訪問系サービスや居宅介護支援事業所は、アパートの一室でも開業できるため初期投資額が少なく済みます。内装はいじらないので、机と椅子、パソコン、簡易な応接セットで事足ります。一方で、通所系や入所系は建物の準備や内部造作、備品類の準備で初期投資額が必要になります。内装工事の内容により異なりますが、たいてい2千万円程度はかかるでしょう。まずは、初期投資額が多額となるサービスなのか少額で済むサービスなのかを理解しておきます。

　全額借入金で創業することはできませんので、創業の相談があった場合にはどれくらい自己資金が貯まっているのかもしっかりとヒアリングをし

ます。100万円なのか、500万円なのか、1000万円なのか、その金額でその本気度を測ることができます。併せて、どれくらいの期間をかけて準備してきたかも聞いておきます。創業を希望しているからと時間を割いてせっかく相談に乗ったとしても、冷やかしの場合もあります。自身の質問の答えを聞き出したいだけで、資料を集めて途中でいなくなってしまう場合もあります。最初の面談は注意しながらの対応をお勧めします。

　さて、融資を受ける金融機関として最初に思いつくのは日本政策金融公庫ではないでしょうか。公庫では、創業支援を重要な取り組みとしてとらえています。特に新創業融資制度は、無担保・無保証で融資を受けることができるため、利用しない手はありません。介護事業や障害者福祉事業等のソーシャルビジネスは、企業活力強化貸付の対象となっているので、利率も低く抑えられています。かつかつの資金繰りとならないようにしっかりと準備をして十分な融資を獲得します。

　必要な資金は、初期投資額だけではありません。事業が順調に進んだ場合でも、事業規模拡大のために人員を増やした場合に、一時的に資金流出が増えるため、その時にも資金がショートしないような融資額が必要です。居宅介護支援や訪問系サービスの場合は、その時期の見極めが大切です。事業を通じて資金を貯めていくのか、融資に頼って最初から人員を増やして攻めていくのかでは、まったく経営戦略が異なりますので、事業計画において拡大をする時期を明記するはずです。経営者の性格によって変わる部分かとは思いますので、無理や不安を抱えながらの事業とならないように配慮します。だからこそ、法人設立時点から開業までと開業後3年〜5年のキャッシュフローで資金の増減を確認していきます。

　介護事業にも損益分岐点があります。資金繰りの改善のためには、いかに早くそこに到達し、そしてそこに居続けられるかどうかが重要です。その損益分岐点ですが、厚生労働省老健局老人保健課が行っている「介護事業経営実態調査結果」にヒントが隠されています。この調査は3年ごとに行われており、最新の調査は令和2年度に行われていますので、この令和

2 年度調査結果の中から指針となるデータをいくつかご紹介します。

　この調査では、延べ利用者数別の集計や定員別での収支状況がまとめられています。例えば、訪問介護事業の場合では、月の延べ訪問回数がどれくらいであれば、黒字となるかの目安が実績で表されています。抜粋しますと以下の通りです。

●訪問介護（予防を含む）（延べ訪問回数別集計表）　　　　　　　　　（月額）

延べ訪問回数／月	200 回以下	201〜400 回	401〜600 回	601〜800 回	801〜1000 回	1001〜1200 回	1201〜1400 回
介護料収入（千円）	486	1,176	1,846	2,589	3,169	3,805	4,560
利益率（税引き前）	−7.5%	−1.0%	0.9%	3.8%	2.3%	4.2%	1.7%

　上記から、事業として成り立たせるためには、月に 401 回以上の訪問回数が損益分岐点だとわかります。そして、おおむね訪問回数が増えるほど利益率は好転していくので、目標が設定できます。また、その訪問回数を実施するには利用者数は何人になるのか、ヘルパーは何人必要となるのか逆算できます。売上は増えるが入金がなく、職員数が増え支払いが増える時期がおのずとわかり、どの時点で資金が不足するのか予測できます。

　次に居宅介護支援事業です。この事業は、もともと赤字事業とされています。独自では採算がとれないため、他の介護サービスに併設することで事業継続が可能となる現実があります。それでも、居宅介護支援事業は、在宅介護サービスを利用するために必要なケアプランを作成する事業であるため、赤字だからといってやらないというわけにはいきません。むしろ、介護支援事業が自社内にあったほうが自社の介護サービスの利用促進になります。そこで、赤字が少なくなるケアプラン数はどのあたりなのか、黒字化が可能なケアプラン数はあるのかを探る必要が出てきます。

●居宅介護支援（実利用者数別集計表）　　　　　　　　　　　　　　（月額）

ケアプラン 数／月	40人 以下	41〜 60人	61〜 80人	80〜 100人	101〜 150人	151〜 200人	201人 以上
介護料収入 （千円）	332	526	803	1,016	1,493	2,225	3,663
利益率（税 引き前）	−6.7%	−7.5%	−5.7%	−5.0%	−0.8%	1.2%	1.8%

　この調査結果から、居宅介護支援事業所が採算ベースに乗るプラン数があることがわかりました。151人以上になると単独の事業としても成り立つことがわかります。これまでの既成の事実を踏襲して赤字で仕方がないと考えるか、ケアプラン数が151人以上になるように事業を拡大するかで、経営の仕方が大きく変わってきます。ケアプラン数を増やすためには介護支援専門員の数も増やさなければいけません。もちろん売上が立つ前に給与支払があります。それも2回もです。当然に資金繰りへ影響しますので、改めていいますが、余剰資金が貯まるまで規模拡大をストップさせるのか、融資によって得た資金で先に介護支援専門員を確保して一気に規模を拡大させるかでキャッシュフローの作り方が変わります。

　最後に通所介護事業をみてみましょう。この事業は、利益率の高い介護サービスとして介護保険創設当初から注目されています。介護報酬の改定の都度報酬削減が行われていますが、それでも利益率は他の介護サービスに比べれば高止まりしています。とはいえ、中途半端な利益率では、例えば改定で5%ほどの介護報酬削減が行われてしまうと薄利のビジネスになってしまうので、2桁近い利益率をめざす必要があります。そのためにはどれくらいの延べ利用者数が必要なのでしょうか。

●通所介護（予防を含む）（延べ利用者数別集計表）　　　　　　　　（月額）

延べ利用者数／月	300人以下	301～450人	451～600人	601～750人	751～900人	901人以上
介護料収入（千円）	2,358	3,425	4,784	5,954	6,853	9,590
利益率（税引き前）	－1.8%	0.0%	2.1%	4.4%	4.6%	6.4%

　延べ利用者数を月の営業日数で除すれば1日の利用者数を求めることができます。その利用者数を上回るような定員が必要です。上記の表では、901人以上／月の利用の場合、利益率は6.4%です。この場合、901人を月の営業日数の25日（日曜日が休みと仮定）で除すると1日の利用者数は36.04人です。そうなると定員は37名以上が必要だとわかります。ただし、37名の利用定員に対して、37名の利用者と契約したとしても、体調不良やショートステイの利用等により、当日10%～15%程度の利用がキャンセルされる可能性があります。実際のところデイサービスの稼働率は85%を超えれば上出来です。おのずと利用がキャンセルされても37名は維持できるように定員の設定を考えるべきだということがわかります。以上を踏まえれば、定員40名のデイサービスを行うには設備基準としてどれくらいの面積が必要なのか、トイレの数はいくつ必要か、介護職員数は何人必要かを割り出すことができます。また、そのためには初期投資額はいくらかかるのか、運転資金として軌道に乗るまでどれくらい確保しておくべきかも判明します。

　資金には自己資金や融資の他に補助金や助成金があります。補助金は行政機関から受けるものですが、市町村などからの経営支援目的の補助やハローワーク等の雇用環境の改善を目的としたものが代表的です。市町村からの補助は一般的には知られていないので、会計事務所として関与できませんが、助成金については情報を集められます。情報の提供にとどめるか、手続を代行するか、代行業者を紹介するかは様々ですが、第3の資金

調達先として助成金の活用は積極的に行うべきです。

　ところで、社会福祉法人の場合は寄附金を受けることが多くあります。利用者やその家族、役員や家族会などが寄附を行う場合が多いのですが、こちらについては、申し出があるまではわかりません。寄附を求めることもできませんので、いただけたらありがたいというスタンスでキャッシュフロー計画書や予算には入れないほうがよいと考えます。

▍(5) 介護保険外事業のススメ

　介護報酬は改定の都度、基本報酬が減っていくという負のスパイラルに入っています。介護事業者の誰もが、今後介護報酬が増えることはないだろうと予測しています。そのため、このまま介護保険内で事業を展開しているとじり貧になる可能性があります。会計事務所がこのまま同じことをし続けたら厳しい将来が待っているように、介護事業者にも厳しい将来が待っているのです。経営者であれば、そうなる前に、事業規模の拡大や他の介護サービス事業の展開など売上や利益を増やす努力をするのは当然でしょう。

　一方で、純粋に介護保険内事業だけを進めたいと思っている介護事業所はどうしたらよいでしょうか。介護保険内に限ってサービスを提供し続けた結果、満足してもらえるサービスの提供ができなくなるかもしれません。今までできた介護保険内サービスが、改正により介護保険外となり提供できなくなることも考えられます。平成28年に業界を激震させた、いわゆる軽度者切り捨て議論はなくなったわけではありません。

　昨日までは提供できた介護サービスが、今日からはできませんといって利用者に納得してもらえるでしょうか。経営者は介護サービスをきちんと提供していると自負していても、実は選択肢の少ない中で利用者に我慢してもらっている状態になっているだけかもしれません。ケアプランを作成する介護支援専門員からの評判も悪くなりそうです。混合介護（介護保険内と介護保険外のサービス）を提供する介護事業所に利用者を移されてし

まっても文句はいえないでしょう。

　ところで、国は不足する介護保険の財源を"選択と集中"により効果的に使用していくため、地域包括ケアシステムを進めています。介護保険のカバー領域が狭まる分、不便になるので代わりのサービスが必要です。有償、無償、廉価を問わずに地域で暮らす高齢者にとって、介護保険外サービスの開発が急務です。量の確保とともに質も確保されなければいけません。

　平成28年3月31日に公表された「地域包括ケアシステム構築に向けた公的介護保険外サービスの参考事例集」はセンセーショナルでした。100ページを超える超大作で、全国で進められている介護保険外サービスの好事例を紹介しています。国は、介護保険外サービスをやってほしいのです。もはや、介護保険外サービスをやらないという選択肢はありません。やらないと地域の中で介護事業所の存在意義が保てません。もちろん、その介護保険外サービスはボランティアすれすれの事業かもしれません。それでもやるべき理由は、介護保険外サービスは、フロントサービスとして位置づけられるからです。ゆくゆくは、介護保険サービスへの利用につながるように利用者の囲い込みを図ることが目的です。介護保険外サービスから介護保険サービスへの導線をいくつも作っておくことが、これからの介護事業所にとっての介護保険外サービスの位置づけなのです。

　介護保険外事業が採算のとれる事業に成長すれば、介護報酬がこのまま削減され続けても生き残れる自信につながります。介護保険外事業とは文字通り介護保険外なので、介護保険に縛られずに行える事業です。値段の設定やサービス内容は事業者が決めればよい自由なサービス事業といえます。その介護事業所の利用者が必要としているサービス、その事業所のある地域で必要としているサービスを見極めて提供できれば、誰からも喜ばれるはずです。

　一方で、介護保険事業とは縁がない通常の事業会社も参入できるのが介護保険外事業の特徴です。介護保険事業や介護保険外事業は大きな産業の

くくりでいうとシルバー産業です。2,000万人とも3,000万人ともいわれる高齢者数は、日本で残された最後の大きなビジネスターゲットかもしれません。良いサービスが開発されればすぐに真似されるかもしれません。しかし、高齢者の行動範囲はそれほど広いわけではありません。情報収集するにしてもまんべんなくとはなりません。大きな価格差やサービス内容の違いがなければ、継続して同じところを利用してもらえるはずです。

　会計事務所としては、介護保険外事業についてもきちんとその必要性を伝えるべきです。前述の「地域包括ケアシステム構築に向けた公的介護保険外サービスの参考事例集」を読んでいる介護事業者は、今はそう多くないと思います。少なくともこの事例集に目を通して、それを自分なりに解釈し、可能であればウェブサイトでさらなる情報を収集して、介護事業者に紹介するだけでも喜ばれると思います。そのほかに、介護保険外事業のセミナーは頻繁に行われています。そのようなセミナーに参加して情報を収集し、オリジナルのレジュメを作って、クライアントに提案する価値はあります。経営者として、介護保険外事業に興味を持ち、実現可能と考えれば、事業計画やキャッシュフロー計画など会計事務所の仕事も増えていきますし、クライアントの規模が大きくなれば顧問料のアップも期待できます。

　私たち税理士も介護事業所が今の仕事のままでよいと思うことがないよう、常に前へ前へと導いてあげることが大切です。経営者は日々の業務で視野が狭くなっていたり、忙しすぎて思考が固まっていたりするおそれがあります。俯瞰的にみられる立場にある会計事務所からの提案には意外性があってよいのではないでしょうか。

　今後さらに介護保険外事業の競争が激しくなります。ただし、介護保険外事業に傾倒しすぎずに、本業である介護保険事業をおろそかにしないことが大切です。

▌(6) 社会保険労務士との連携

　税法が税理士の専門分野であるように、介護保険法は社会保険労務士の専門分野です。ただし、介護保険を得意としない社会保険労務士もいらっしゃいますので、介護事業所をクライアントにしたいと考えた時は、介護に強い社会保険労務士との連携がお勧めです。

　介護事業所に対して営業がしやすいのは社会保険労務士です。ハローワーク系の助成金申請は、成功報酬型が多く介護事業所のお財布が痛まないので、話を聞いてもらいやすく、受注もしやすい状況です。これは、介護事業に限った話ではないのでご存知の方も多いかと思います。さらに、介護事業の特性を織り込んだ就業規則の見直し、非常勤や離職者が多い前提の人事考課の導入など非常にニッチである一方で確実な需要があります。はっきりいって、税理士が単独で介護事業所に伺って話を聞くのはなかなか難しいと思います。社会保険労務士との提携・協力関係の構築が必要な最大の理由です。

　さて、社会保険労務士が力を発揮するのが、介護職員処遇改善加算の獲得のための環境整備です。介護職員処遇改善加算は、平成 21 年度に創設された介護職員処遇改善交付金を廃止し、平成 24 年度から新たに始まった介護職員の給与アップのための加算です。この加算はプラスアルファでもらえるお金です。使途は、介護職員の給与等（給与アップした分の法定福利費を含む）に限られていて、必ず介護職員の給与等として支払わないといけません。事業所規模の大小を問わず、加算の申請ができます。

　この処遇改善加算を得るためには、職員が働きやすいような職場環境の整備が必要です。条件となっている主な環境の整備は、キャリアアップ制度です。これは、どれくらいの期間、どのような役職についたら、どんな資格をとったら、いくらの給与がもらえるのか道筋をつけてあげる制度です。目的は、職員が安心して働けるようにすることですが、介護事業所にしっかりと支払を約束させるための宣言ともいえます。

　平成 29 年 4 月にこの処遇改善加算が改正されました。これまでの処遇改善加算額を増額させる改正です。本来、平成 30 年 4 月の介護保険制度改定のタイミングから改正されるべきものでしたが、1 年前倒しされています。さらに、令和元年 10 月からスタートした介護職員等特定処遇改善加算と併せて確実に加算を算定することが大事です。国としては、少しでも早く改正を行い、介護職員の賃金をアップさせて職員確保に役立たせてほしいという思いがあると考えています。ただし、今回導入された最高額の加算を獲得するには、さらに高いレベルの労働環境の整備が必要です。就業規則への文言の盛り込み、賃金規程の修正などを経ることで加算の申請が可能となります。まさに社会保険労務士の独壇場です。

　しかしながら、最高レベルの処遇改善加算をとることを目的に整備を進めた結果、その後に労務問題が発生することが考えられます。「管理者ポストがない」「給与が上がり過ぎてしまった」等です。ここはやはり事業計画とキャッシュフロー計画書に就業規則・給与規程・人事考課を連携させる必要があります。社会保険労務士との連携はここでも意義があります。すでに提携済の社会保険労務士や社会保険労務士法人がいらっしゃる先生が多いと思いますが、介護業界については、介護特化と謳っている社会保険労務士の先生とともに行動するのがよいと思います。

▎(7) 労働保険、社会保険

　介護事業所の労働災害は年々増加傾向にあります。介護というと腰痛のイメージがありますが、事実その通りで、例年最も多い労災事故です。ただし、腰痛は業務との関連性について立証がしにくい場合があります。数字に表れていない事故がもっとあるかもしれません。

　次に多い労災事故が、利用者を支えて歩行していたところ、利用者がバランスを崩して一緒に転倒してしまう労災事故です。また、私たちは日頃気づきませんが感染症という労働災害もあります。疥癬、MRSA 感染症、ウイルス性肝炎は、利用者から介護等を通じて感染し、発症したものであ

れば労働災害になります。日々の業務に追われ、職場でけがをしたにもかかわらず、労災申請ができることに気づいていない経営者や従業員もいるかもしれません。

　また、労働基準法に対する理解が不足している場合、有給休暇や超過勤務手当そのものが頭にない経営者もいらっしゃいます。中には、非常勤職員や登録型ヘルパーは有給休暇がないと思っている方や、超過勤務をさせるための36協定の存在を知らない方もいます。私たち税理士が一般のクライアントに経営アドバイスとしてこれらの情報を提供しているのであれば、介護事業所にも同じように対応すべきですし、提携した社会保険労務士がいれば、専門家として説明・対応してもらうのが最も望ましいです。

　そのほかに、社会保険についても、協会けんぽの加入事業所であれば、3月や9月に予定されている保険料の変更の話もしておくことで給与天引きのミス防止につながるかもしれません。また、健康保険の傷病手当の使い方を年に1度程度簡単に説明しておくことで役立つことがあるかもしれません。経営には、会計・税務のみならずマネジメントの一環である雇用・労働環境も同じように大切なのです。

▌(8) 稼働率向上サポート

　介護保険制度が導入される前は措置制度であったため、介護事業所の収入は安定していました。介護保険制度には、利用者数の増減により収入も増減するという至極当たり前の市場経済が持ち込まれています。介護という社会福祉事業に経営という観点を持ち込んだことについてはいまだに賛否両論あるかとは思いますが、現実は経営をしていかないとならないわけですので、やるしかありません。

　経営がうまくいっているかどうかの指標は稼働率です。箱ものの介護サービスには定員があり、訪問介護や居宅介護支援事業は1人当たり抱えられる担当数が決まっているので、いかに上限いっぱいまで利用していただくかがカギとなります。一般的に、施設系では95%以上、通所系では

85% 以上は確保したい数値です。この数値は安定時期の目標とする割合なので、開業仕立ての場合は 30% であったり、季節変動を加味して 5% 下げたりします。稼働率の計算方法はとても単純で、月の利用者数の合計をその月の営業日数×定員数で除して求めることができます。

　経営者のみならず、中間管理職、一般職クラスでも稼働率は計算できるので、稼働率が高ければ、自分たちはがんばっていると直接認識できます。わかりやすい目標なので積極的に活用すべきです。

　ところが、この稼働率だけを目標にするとトラップにはまることがあります。稼働率は単純に頭数を使っているので、みているのは率だけで、実際の内容はわかりません。実際の内容とは、要介護度です。介護保険は要介護度が高いと報酬が高くなり、要介護度が低いと報酬は低くなります。稼働率を上げるために要介護度の低い利用者を増やすと、今度は利益率が下がり、収支のバランスがとれなくなります。とてもがんばって稼働率を上げたのにボーナスが下がったら、現場の士気は下がってしまいます。

　経営者は、稼働率とともに要介護度の高い利用者の獲得を事業所の基本として、営業部隊や生活相談員に理解してもらう必要があります。そして、現場職員にも伝えておく必要があります。要介護度が高くなると重度化対応、医療対応が必要となります。現場職員にとっては、少し気合いがいるかもしれません。そのため、介護事業所で働くメンバー全員がこの事業所は要介護度の高い方の利用が多いということを理解していないと必ず不満が出ます。前に勤めていた事業所ではこんなに重度者はいなかったのにといった声が出ると、それが伝播して、この事業所はおかしいといわれかねませんので、あらかじめ説明しておくことが肝心です。

　もちろん、あからさまに売上が増えるから重度者を積極的に受け入れると説明してしまっては、お金の亡者と陰口をたたかれてしまいます。事業計画を使うのが望ましいですが、その事業所の使命として重度化対応すると前置きして、後は正直に、売上を増やして職員の給与を安定的に支払いたいとしたほうがすっきり理解してもらえると思います。

▌(9) 職員採用支援

① 労働環境の整備

　職員の募集を行う際、介護事業所側は、何の制約もなく、フルタイムで働ける人を採用したいと思っています。しかし、フルタイムで働ける人の獲得は競争率が高く、なかなか難しいのが現実です。そこで、もう少し対象を広げて検討することが必要です。

　例えば、介護の仕事が未経験、子どもを育てている、親の介護をしているなど様々な理由のある方々にも介護の仕事に就いてもらいたいと考え、採用の門戸を広げることは良いことです。実際に、フルタイムは難しくともポイントとなる時間帯で働いてもらえれば事業所にとって十分なこともあります。そこで、このような方々が就業できるようにするためには、介護事業所側での環境整備と職員の意識改革が必要です。それを怠ると、せっかく来てもらってもすぐに辞められてしまいます。見直すポイントは、下記の４つです。

　　ⅰ　シフト（勤務時間や勤務日数）の弾力化
　　ⅱ　残業を減らすための生産性の向上（ICT 活用）
　　ⅲ　研修の充実
　　ⅳ　職員のお互いさまの関係作り

ⅰ　シフト（勤務時間や勤務日数）の弾力化

　まず最初に、シフトの考え方を改めなければいけません。シフトとは介護事業所の勤務ローテーション表のことをいいます。入所系や休みのない介護事業所では、人がいないという事態は許されません。そこで、常に誰かが勤務するように勤務時間がたすきとなっています。シフト表は基本的に１日８時間、週５日のフルタイム勤務をベースとしています。介護事業所は、このシフト表作りに慣れているため、これにあてはめようとします。しかし、働く日数や時間に制約のある人に、この勤務を強いることは

できません。例えば、保育園に子どもを預けて働く人の場合は、保育園の送り迎えの時間を差し引いた1日6時間勤務や週3日勤務など、軽減したシフトを導入しないと勤務の継続は不可能です。

もちろん、変則的なシフトになるので、シフト作成者はやりくりが大変になります。それでも、介護事業所側から現状働ける人たちに則したシフトに変えていかなければ、この先数十年も人手不足が続く中でどうやって事業を継続していくのでしょうか。ないものねだりしない、今いる戦力を有効に活用していく。そのために布陣を変えていくのは自然なことです。

現在多くの事業所で採用されているシフトは、世の中に労働力が十分にあり、募集してもすぐに採用できるような黄金期の考え方のシフトです。その考え方を続けていてはいつまでたっても充足できません。これを管理者のみならず現場全体で理解をしていかないと新しいシフトの導入はできません。一番の抵抗勢力になるのは経営者かもしれませんし、ベテラン介護職員かもしれません。それでも、粘り強くその必要性を説いていくしかありません。

ⅱ 残業を減らすための生産性の向上（ICT活用）

残業を減らすための生産性の向上は、もう当たり前のことですが、介護事業所ではまだまだ認識不足です。ICTを売り込みたい企業は一生懸命アプローチしていますが、介護事業所側では導入の先送りがされています。確かに、使い勝手のよいソフトがないかもしれません。また、1つ1つのソフトやシステムはよいとしても、それぞれが別々に機能するため統合されておらず、結局不便ということもあります。例えば、ナースコール用のPHS、介護記録用の端末、離床センサーや外線用端末など、すべてが個別システムであるが故に、3つも4つも端末を携帯しなければいけなくなります。そのような機器を身につけて介護はできません。

それでも、統合が進み始めています。私がお付き合いしている介護コンサルタント事業者では、統合されたシステム開発を進めており、1つの端

末で受信・操作できるようになっています。介護記録や実績の入力など
は、日々細切れの時間を使って入力すれば、時間外勤務は激減します。対
人サービスであることから、接遇を行っている時間は最大限確保し、間接
業務は最大限削減することで生産性は向上します。

iii 研修の充実

　私たちの知る事業会社では、研修は当たり前のように行われています。
介護事業所でももちろん研修が行われています。しかし、根本的に異なる
のはビジネスマナー研修の有無です。名刺の渡し方、言葉遣い、挨拶の仕
方、いわゆる報連相などビジネス社会では常識とされていることを学びま
すが、介護事業所では決定的に欠如しています。外部の人に会わないとい
う理由から介護職は名刺を作ってもらえません。そのため、名刺の渡し方
は教える必要がないと考えられてしまいます。挨拶や報連相などは学校で
教えてもらっているはず、言葉遣いは社会人なのだから大丈夫だろうとさ
れているわけです。

　しかし、そうではなくて、ブランクの後に再就職する方もいるのです。
そこの不安を介護事業所側でわかってあげて、助走のためにも基本の研修
を行うこと、社会人として名刺を作成し、就業した実感をきちんと持たせ
てあげることが大切です。

iv 職員のお互いさまの関係作り

　これは介護事業所に限ったことではありません。職場環境もそうです
が、職員一人ひとりが、フルタイムでなく、様々な制約を抱える職員をど
のように迎え入れるかです。誰でも病気で休んだり、遅刻早退したり、家
族の看病により勤務変更したりということはよくある話です。急な連絡が
入っても、「大変ね。がんばって」と応援してあげるくらいの気持ちの余
裕を持てる職場であると、長く勤めてもらえるはずです。

② 職員募集のための情報発信

　フルタイムの介護職員が欲しいという介護事業所はごまんとあります。しかし、これは本当にないものねだりです。上場企業であればネームバリューがあり可能かもしれませんが、中小零細規模の事業所では困難を極めます。口を開けて待っているだけでは来ません。作戦が必要です。税理士の皆様にはぜひ作戦を知ってもらって、介護事業所に伝えてほしいと思っています。

　私の知る施設の管理者の多くは、自らを広告塔とし発信しています。外部イベントではコメンテーターやパネリストを務め、また、自らイベントを開催するなどして介護業界の仕事の面白さを発信します。決して自分の施設に来てほしいという内容ではありません。介護業界の底上げのためにまい進しています。楽しそうに話をする姿、講演後に話す内容、一緒にお酒を飲むことなど本当に泥臭いですが、その結果、一緒に働きたいという人が門をたたいています。介護は人が行うサービスなので、イメージを伝えにくい仕事です。だからこそ、人となりが生きていきます。

　最低限やるべきことはメインのホームページと求人用のホームページの設置です。介護事業所でホームページを持っているところはまだまだ少ないです。あっても更新されていないページやとりあえず作ったようなページも散見されます。そのようなところは、就業先として選ばれないことは誰でもわかることだと思います。ホームページは人となりと同じように“施設なり”、“事業所なり”を手軽に発信できる場です。24時間365日休みなく発信してくれます。

　ホームページは工夫が必要です。利用者やその家族、ケアマネジャー等利用者側につながる情報発信はもちろん必要ですが、就職を希望する人へも有益な情報を発信します。ところが、こちらの就職希望者へ向けた情報発信には工夫がみられません。まったく応募したいという動機につながらないのです。なぜでしょう？　それは、ご利用者の写っている写真、働いている職員の写真、活動状況や言葉がないからです。建物や設備の写真だ

け、利用時間や介護保険の仕組み等文字ばかりのページでは、どんな人が
働いていて、どんなサービスが提供され、利用者はどのようにそれを受け
ているのかわかりません。

　これから働こうと考える人にとっては、その職場がどのような職場なの
かが知りたい情報です。伝えるべきことは、うちの事業所は、どんな特徴
のある事業所なのか、どんな人が働いているのかということです。介護職
員のいきいきと働く姿の写真の掲載など、工夫次第では応募に結びつきま
す。管理者や求人担当者が応募者の立場に立って考えれば、当たり前に欲
しい情報だと思います。

　なお、利用者や職員の顔写真をホームページに掲載する場合は注意が必
要です。必ず本人に確認することがエチケットです。特に利用者は、キー
パーソンとなる家族からも同意書をもらうことが望ましいと思います。職
員の場合は、採用時に承諾を得ておくとよいでしょう。

　ホームページ、ブログ、SNS等を使って情報を発信していき、施設の
魅力を伝える努力を日々行う必要があります。特に大変なのが日々の情報
の更新だと思います。忙しい介護事業所で更新をおろそかにすると、すぐ
に季節は変わりイベントが終わっていきます。職員の中で情報発信担当者
を決めて就業時間内に発信できるようにするとよいと思います。残業でと
なるとおろそかになりやすく、残業時間が他の業務に費やされてしまう可
能性もあるからです。

　現場職員がご利用者の様子を写した写真やコメントが掲載されている
と、介護関係者もよくみてくれます。介護事業所があまり情報を発信しな
いため、他の事業所がどんなことを行っているのか知らないからです。自
分の勤める事業所、自分の勤めていた事業所とどう違うのか興味がありま
す。介護事業所は常に発信することが大切です。

③ 職員募集方法

　職員募集は逆転の発想で行います。社会福祉系の大学や専門学校出身者

を採用して即戦力で現場投入する時代ではありません。全くの未経験者を採用して育てる時代です。介護職員初任者研修や各種団体による介護講座を受講させて、自施設で実務経験を積ませるようにします。未経験者の職員募集にはネット求人や学校訪問など複数方法がありますが、1つの求人方法に絞らず、複数のチャネルを使いながら発信し、まずは自施設に興味を持ってもらう、ホームページを見てもらう、施設見学に来てもらう、1日体験をしてもらうなどして時間をかけて就業意欲を高めていくことが大事です。

　介護事業所として研修を受け入れることも大きな求人活動になります。介護職員初任者研修の実習施設はもちろんのこと、福祉系大学や専門学校と提携して学生の実習場所を提供します。学生は、研修場所を気に入って就業することもあります。学生とじっくり接する時間が確保できるゴールデンタイムです。管理者や現場のリーダーからの声かけも必要ですが、直接指導する現場の職員に「うちで働かないか」と声かけしてもらったほうが効果が高いかもしれません。

　介護事業所は常に人が足りず募集をしています。しかし、募集方法に工夫がみられないばかりか、人に投げっぱなしで自ら動かない場合が本当に多く見受けられます。介護事業所には、「待っているだけでは人を採用できません。動いて獲得しませんか」と働きかけてください。会計事務所が職員採用についても相談できる相手だとなると、その後の付加価値にもつながります。

▌（10）営業支援（広報、広告等）

　介護事業所は、サービスごとに集計してみると、日本全国に20万以上の事業所があるといわれています。ちなみに、私たちの生活に密着しているコンビニエンスストア主要7社の店舗数合計は55,897店舗（2021年2月度JFAコンビニエンスストア統計調査月報より）となっています。いかに介護サービス事業所が多いかがわかると思います。しかし、コンビニ

エンスストアであれば誰もがその利用方法や利便性はわかるものの、こと介護事業所になると、利用方法や利用することでどんなサービスが受けられるかがわかりません。間違いなくブラックボックスだと思います。

　例えば、デイサービスと小規模デイサービスとがあった場合に、その違いについては、文字通り大きいか小さいかの違いくらいしかわかるはずもなく、これが、小規模デイサービスと小規模多機能居宅介護になると「お互いに小さいと思うけど、何なの？」と、もう理解することを拒否してしまうかもしれません。介護業界に就業していないとわからない「身近ではない存在」が介護事業所なのです。

　そして、いざ介護が必要になると、これまで縁のなかった介護支援専門員にほぼ託す形でケアプランを作成してもらい、介護事業所の利用が決まっていきます。利用者やその家族は、その介護事業所の是非を判断することができず、また、他の選択肢を出す術もないので、いわれるがまま利用していくことが一般的ではないでしょうか。これが一般の方に突如訪れる介護サービスの使いはじめだと思います。

　さて、日本は世界でも類をみない超高齢化社会に突入します。2025年には65歳以上人口は3,657万人（人口比30.3%）、2042年には3,878万人とピークを迎える予測が立てられています。3人に1人が高齢者です。ここまででしたら、誰でも理解している内容ですが、さらに1歩踏み込んでみてみたいと思います。それは地域性です。

　日本全国一律に高齢者が増えていくわけではありません。すでに高齢化がピークを迎えていて高齢者人口が微増にとどまる地域があります。それは地方です。一方で、高齢者人口がまだまだ増え続ける地域が都市部です。厚生労働省の「今後の高齢者人口の見通しについて」では、特に介護が必要となる75歳以上人口については、次のように予測されています。

● 75 歳以上の人口の見通し

	埼玉県	千葉県	神奈川県	大阪府	愛知県
2010 年 <>は割合	58.9 万人 <8.2%>	56.3 万人 <9.1%>	79.4 万人 <8.8%>	84.3 万人 <9.5%>	66.0 万人 <8.9%>
2025 年 <>は割合 （ ）は倍率	117.7 万人 <16.8%> (2.00 倍)	108.2 万人 <18.1%> (1.92 倍)	148.5 万人 <16.5%> (1.87 倍)	152.8 万人 <18.2%> (1.81 倍)	116.6 万人 <15.9%> (1.77 倍)

	東京都	鹿児島県	島根県	山形県	全国
	123.4 万人 <9.4%>	25.4 万人 <14.9%>	11.9 万人 <16.6%>	18.1 万人 <15.5%>	1419.4 万人 <11.1%>
	197.7 万人 <15.0%> (1.60 倍)	29.5 万人 <19.4%> (1.16 倍)	13.7 万人 <22.1%> (1.15 倍)	20.7 万人 <20.6%> (1.15 倍)	2178.6 万人 <18.1%> (1.53 倍)

　介護事業所は、上記の増加率を見込んでその増加する地域に出店しています。出店の際は、さらに細かく条件を絞って出店エリアを決めています。つまり、利用を見込んで先に事業所を開業するわけです。また、高齢者人口の増加率が低い地域であっても緩やかに増加するため、介護事業所自体の進出がないわけではありません。

　このことから、高齢者の増加率が高い地域であっても低い地域であってもそれなりに利用者の獲得が大変になることがわかります。同業者と競争しながら、いかに介護事業所のことを知らない利用者やその家族に存在を知ってもらい、選択してもらうかというと、営業活動しかありません。

　介護事業所の営業は、直接的営業と間接的営業に分けられます。介護業界では、居宅介護支援事業所・地域包括支援センターとそれ以外の介護事業所に分けると理解しやすくなります。これは、ケアプランを立てる側とそのケアプランに掲載してもらう介護サービス事業者側という分け方です。この関係から、介護サービス事業者側の直接的営業の対象は、居宅介護支援事業所・地域包括支援センターとなります。ケアプラン作成時に、プランを立てる介護支援専門員に自事業所のことを思い出してもらえれば、利用者への紹介から利用へとつながる可能性が高まるからです。

　居宅介護支援事業所・地域包括支援センターへの営業は、直接訪問して行います。主な営業内容は、自事業所のサービス内容、空き情報の提供です。介護支援専門員はケアプラン作成のプロですので、介護サービス事業者の基本的なサービス内容は熟知しています。しかし、それぞれの介護事業所がどんな理念の下でどんな差別化を図ったサービスを提供しているのかは、介護支援専門員にもわかりません。食事やレクリエーションは、介護事業所の自由裁量に任せられています。また、機能訓練の内容や利用時間についても差別化を図れる部分です。

　介護支援専門員にとっても、介護事業所の特色がわかっていると、利用者やその家族に勧めやすくなります。介護支援専門員といえども、利用者やその家族に介護事業所を勧めるに当たっては、他の同じようなサービスをする介護事業所との違いを伝えないといけません。利用者やその家族からなぜその介護事業所がよいのか尋ねられたとき、明確に説明できないと不信感につながってしまうからです。近いから、空いているから、といった単純な理由では納得してもらえません。近いうえに、機能訓練が充実していて、食事もおいしい等、利用者が納得できる理由が必要です。

　このことから、介護事業所側はしっかりと自事業所の独自性を打ち出すこと、そしてそのことをしっかりと介護支援専門員にアピールできることが求められます。ところが、営業を嫌う介護事業所が多いのも事実です。そもそも介護業界は、営業を行わなくても利用者が次から次へと増えていく特異な業界なので、その必要性はないとする考え方があります。特に社会福祉法人にその傾向が強いです（それでも最近の社会福祉法人では、営業部やマーケティング室を置いてあるところもあります。理事長等の上層部が危機感を感じ取っている証拠です）。また、介護を福祉ととらえて、福祉は奉仕であるべきだとする社会通念が根強いことから、世間からお金儲けととらえられないように営業は慎んだほうがよいとする考え方が根強くあります。

　以上から会計事務所としては、やることは1つです。論理立てて営業の

必要性を説いていく必要があります。経営者や管理者と会う機会があれば、営業についてどのような見解を持っているのかヒアリングして、営業はあまり…という場合はその必要性を伝えます。

　次に間接的営業です。これは、ホームページの活用やイベントの企画といったことになります。ホームページについてはいわずもがなでしょう。自事業所を営業するのにこれほど便利なツールはありません。ホームページに最も掲載してほしい情報は、どんな職員が働いていて、どんな雰囲気で介護サービスが行われているのかです。もちろん理念やビジョンは必要です。その介護事業所の根本にあたるので気になりますが、それらはどちらかというと職員向けのものです。利用者やその家族、そして介護支援専門員にとっては、日々の介護サービスが安全・安心であり、そのうえで楽しく利用できるのかが最も知りたい情報です。

　職員の名前、性別、顔写真、年齢、資格、入職年、どんな気持ちで介護サービスを行っているのかがわかると親近感が湧きます（前述のとおり、職員の同意を得て掲載してください。）。こういう人が働いているのならば行ってみようと重い腰が上がります。人によっては、頭の中で利用し始めて、実際に利用する時には利用したことがあるかのような錯覚に陥って、すでにファンとして来てくれる場合もあります。介護事業所の間接的営業のポイントは「安心・安全・楽しい」をどれほど伝えられるかです。

　また、季節のイベントも、有効な間接的営業方法です。普段はなかなか中に入れない介護事業所ですが、イベント時は地域に開放して誰でも中を見ることができるため、最高の宣伝になります。イベントは楽しいもので、そこで働く職員が露店の担当をしたり、盆踊りやフラダンスをしたりします。それを見た近所の人はその介護事業所に親近感を持ってくれます。また、介護支援専門員も見にきてくれるので、自分で体験したイベントについて、利用希望者やその家族に自分の言葉で感想を伝えてくれます。

　利用者は奪い合いの状態になってきました。誰もが超高齢社会の到来を

予見して、介護サービスの利用者は増えると思っていますが、高齢者の増加よりも介護事業所数の増加のほうが先行しているのが現状です。決して千客万来ではない状況ですので、利用者から選ばれる必要があります。

　特別養護老人ホームに限っては、さらに深刻な状況です。平成 27 年 4 月以降、入所基準が要介護度 3 以上となりました。ただし、原則が要介護 3 以上ではないと利用できないということで、要介護度が 1、2 の方がまったく利用できないわけではありません。そこは勘違いしやすいポイントなので、知っておいてください。ただし、経営という観点から、要介護度が低い方の入所は敬遠されます。要介護度が低い方が入所されると、報酬が少なくなるからです。

●特別養護老人ホーム基本報酬　　　　　　　　　　　　　（1 単位：10 円）

ユニット型個室	基本単位／日	1 日報酬	一か月報酬	1 年報酬	1 年間の差額
要介護 1	638	6,380 円	191,400 円	2,328,700 円	±0 円
要介護 2	705	7,050 円	211,500 円	2,573,250 円	＋244,550 円
要介護 3	778	7,780 円	233,400 円	2,839,700 円	＋511,000 円
要介護 4	846	8,460 円	253,800 円	3,087,900 円	＋759,200 円
要介護 5	913	9,130 円	273,900 円	3,332,450 円	＋1,003,750 円

　上記の表からわかるとおり、要介護度 1 と要介護度 5 の方の基本報酬の差額は 1 年間でおよそ 100 万円に上ります。わずか 100 万円とお思いになりますか？　特別養護老人ホームの平均利益率は、厚生労働省の発表した「令和 2 年度介護事業経営実態調査結果」によると平均 1.6％ です。1 億円の収入で 160 万円の利益ということです。100 万円は大きいと思いませんか？

　実際によくある定員 100 名のユニット型特別養護老人ホームの年間売上を試算してみると次の通りになります。

ユニット型 個室	人数	1年報酬	ユニット型 個室	人数	1年報酬
要介護1	10人	23,287,000円	要介護1	0人	0円
要介護3	30人	85,191,000円	要介護3	30人	85,191,000円
要介護4	30人	92,637,000円	要介護4	30人	92,637,000円
要介護5	30人	99,973,500円	要介護5	40人	133,298,000円
合計	100人	301,088,500円	合計	100人	311,126,000円

　要介護度が1の方が10人いる場合と、要介護度1の利用者は0で要介護度5の方が10人多くいる場合とを比較すると、年間の収入が1,000万円違います。しかし、要介護度1の利用者がいらっしゃるからといって、職員の配置人数は減らせません。要介護度1で認知症を発症されている場合は、逆に職員がより多く必要になるくらいです。さらに、要介護度1が要介護度5に比べて介護が楽だということもありません。1,000万円あれば、介護職員を2人〜3人雇用することができます。経営力の向上、とりわけ収入の確保という点からいうと、できる限り介護度の高い方に入所していただくことが重要になってきます。

　しかし、要介護度の高い方が利用対象となった特別養護老人ホームは、有料老人ホームやサービス付き高齢者向け住宅がライバルになります。要介護度の高い方は、利用料も高額になります。これまで特別養護老人ホームは利用料が安かったため人気の高い介護施設でしたが、度重なる改正で、有料老人ホームやサービス付き高齢者向け住宅と変わりない利用料となっています。そうなると、建物がきれい、食事がおいしいなど、民間の施設と特別養護老人ホームを天秤にかけて入所を決める利用者や家族が当然出てきます。「社会福祉法人が経営する特別養護老人ホームです」と待っているだけでは利用者は来てくれません。だからこそ、利用者が笑顔で過ごす写真、イベントの写真などを使ってホームページでアピールしていくことが大切だということを理解してもらわないといけません。

3 社会福祉法人制度改革に伴う対応

▌(1) 財務会計に関する事務処理体制の向上に対する支援

　社会福祉法人は、公共性が強い法人ということはすでにご理解いただいていると思います。そのため、例えば購入する備品や請負業務の金額が以下の表の金額を超える場合は、社会福祉法人の経理規程により入札（一般競争契約や指名競争契約）が行われます（社会福祉法人における入札契約等の取扱いについて（平成 29 年 3 月 29 日雇児総発 0329 第 1 号他））。

契約の種類	金額
1.　工事又は製造の請負	250 万円
2.　食料品・物品等の買い入れ	160 万円
3.　前各号に掲げるもの以外	100 万円

　ただし、合理的な理由により、競争入札に付することが適当でないと認められる場合においては、随意契約によることができるとされています。

●随意契約によることができる場合

売買、賃貸借、請負その他の契約でその予定価格が表に掲げられた契約の種類に応じ定められた額を超えない場合
契約の性質または目的が競争入札に適さない場合
緊急の必要により競争入札に付することができない場合
競争入札に付することが不利と認められる場合
時価に比して有利な価格等で契約を締結することができる見込みのある場合
競争入札に付し入札者がないとき、または再度の入札に付し落札者がない場合
落札者が契約を締結しない場合

　入札の実施は、手間や時間がかかります。もちろんルールですから実施は義務です。しかし、上記のような合理的な理由がある場合は、社会福祉法人は随意契約を行うことができます。この随意契約を実施する場合に公正に行われているのかが非常に重要です。きちんとした業者から見積書を入手し、内部決裁を経て施設長や理事長がきちんと決裁を行っているかどうか記録に残しておく必要があります。決裁書や起案書と呼ばれるものですが、都道府県や市区町村が行う実地指導では必ずチェックされます。

　さて、社会福祉法人にはいろいろなステークホルダーがいます。理事、評議員、監事、職員、利用者、利用者家族ですが、その中には、社会福祉法人とのビジネスを望んでいる人がいることを想定しておくべきです。その立場を利用して不当に優先的な契約を結ぶおそれも出てきます。第三者として介在する会計事務所は、そういった不正行為が起きないように、理事長や施設長、事務長、経理係等に対して日頃から注意喚起をしておかなければいけません。また、会計処理で多額の仕訳が出てきた場合は、決裁書や起案書を必ず見せてもらいます。日頃からこうしたチェックを行うことは、会計事務所が社会福祉法人に関与するうえでの使命だと考えています。

▎(2)　財務会計に関する内部統制の向上に対する支援

　社会福祉法人は、1年間の予算書を作成し、その予算書をもとに、日々の事業を行っていきます。予算は突発的な出来事を除いては、それぞれ組まれた数字の中で、毎月毎月消化していきます。そのため、急に思い立って何かを新たに始めることや新たに購入することはできません。年度途中で行政からの要望があり何かを始めなければいけない時には、理事会で承認をしたうえで、補正予算を組んで対応します。

　そのように気をつけていたら、予算通りにことが運んで実績も予算通りいくはずなのですが、現実はやはり予算と実績に乖離がみられます。まず乖離が一番に考えられるのは収入です。生身の人間、しかも介護が必要な

高齢者をお客様としている事業であるため、予定通りということはありません。稼働率は水物です。その年の暑い・寒いという気候に大きく左右されますし、降雨や降雪という天気の影響もあります。そして、インフルエンザ等の流行りもあります。そして、利用者が亡くなられたり、入院されたりすることもありますので、予算通りに行くことのほうが不思議かもしれません。

　一方で費用のほうで予算通りに行かない勘定科目としては、人件費支出が挙げられます。最近は介護職員の採用がスムーズに行かないことが多い状況です。速やかに補充されなければ、職員の残業が増えていきます。職員の補充がうまくいかないために一時的に派遣スタッフに頼る場合は、派遣職員費支出が増えていきます。直接雇用職員より派遣スタッフのほうが費用がかかるのは当然です。残業代が増えても、派遣スタッフを使っても予算と実績は乖離していきます。その他の費用の勘定科目は相対的に予算に近い動きをします。

　介護事業は人件費の占める割合が 50%〜70% ですので、人件費が予算通りに行かないと、その影響は実は大きなものとなってしまいます。そのため、会計事務所は予算と実績の乖離が起きた場合に、その乖離がどの程度なのか、月次決算をスピードアップして介護事業所に伝えていく必要があります。社会福祉法人が悪いのか会計事務所が悪いのかわかりませんが、例えば 4 月の月次決算が 6 月の中旬にならないとわからないようなところが少なくないようです。社会福祉法人の経理規程では、月次報告を翌月までと定めています。翌月は、15 日ぐらいから 30 日くらいと社会福祉法人側で任意に決めることができますが、翌々月というルールはありません。

　世の中がスピードを上げて会計処理し、いかに早く経営判断に使用するかという状況なのに、社会福祉法人と会計事務所の関係は時間が止まったまま、というところもあるようです。新たに介護事業に進出される会計事務所であれば、既存の会計事務所と差別化を図るためにも、翌月末までに

月次試算表を完成させて、または、社会福祉法人側で作成した月次試算表のチェックを完了させてスピードをアピールする必要があると思います。

また、予定されていないリース契約や固定資産の購入等、予算を無視した行動にいち早く気づくためにも月次決算は重要です。契約書や請求書がなくても、預金通帳の印字から出金はわかります。何度も書きますが社会福祉法人は公共性の高い法人ですので、お金の使い方には透明性が求められます。理事会は数か月に1度しか開かれませんし、評議員会に至っては年に1回の開催かもしれません。毎月訪問する会計事務所が実は外部の人間の中では最も訪問回数が多く、そして、内情に気づける存在なのではないでしょうか。

毎月の訪問の都度、現物の預金通帳を確認してください。丁寧にコピーをしてくださるかもしれませんが、必ず現物の預金通帳の確認が必要です。社会福祉法人は複数の預金通帳を持っていることが多いので、すべてに目を通します。また、数か月に1回は必ず小口現金の実査を行います。もちろんクライアントのことは信用していますが、だからといって全面委任は、会計事務所の責任を放棄したようなものです。

可能であれば金庫の中を見せてもらいます。ここでは、金券のチェックを行います。最近は少なくなりましたが、それでもビール券や商品券をも

知っておきたい 介護用語　監査対策

介護事業所は、都道府県や市町村から数年に一度実地指導を受けることになっています。当日書類が整っていない場合、行政指導が行われるため、書類の整備を行います。また、必要に応じて当日のロールプレイングを行うこともあります。こういった一連の準備を監査対策といいます。

らうことがあります。税務調査では、これらの金券がきちんと計上されているか確認されます。社会福祉法人であれば法人税が非課税の法人が多いので、計上漏れで余計に税金を支払うということはありませんが、これらで飲み食いがあれば、当然源泉所得税の対象になりますので、決して大丈夫ということはありません。そして、このような管理がされていると、いつの間にか金庫からなくなってしまうことも考えられます。不正の温床になりやすいので、しっかりと帳簿に計上し、換金されていないのであれば、毎月枚数を数えるということが必要です。

社会福祉法人制度改革は、公共性の高い法人としてさらに透明性を高めることが求められ、税金で事業をしている事実を再確認させられる改革です。行政機関はもちろん一般国民から、社会福祉法人に対して疑念を持たれないように、適切な運営、適切な会計を行うことが求められています。税理士の使命は、税理士法第 1 条に「税務に関する専門家として、独立した公正な立場において、申告納税制度の理念にそって、納税義務者の信頼にこたえ、租税に関する法令に規定された納税義務の適正な実現を図ることを使命とする」とあります。行政機関も国民も、社会福祉法人の透明性の担保として税理士に期待をしていると思います。

私たち税理士は、責任ある良い仕事を行うことで、社会福祉法人からの信頼を獲得するとともに頼られる存在となって、会計のほか、人事や経営等社会福祉法人の内部にまで指導できる存在であり続けたいと思います。

4 会計事務所からの情報発信

介護事業所からの情報発信が大切だと書きましたが、会計事務所にも同じことがいえます。介護事業所の立場では、会計事務所はみな一緒に見えると思います。そのため、ホームページで介護サービス関連の税務や会計サポートにも対応できることを PR することや、名刺・パンフレットで差

別化を図ることで選ばれる可能性が高まると思います。私の場合は、名刺、事務所パンフレット、ホームページのすべてに介護サポートと記載して一貫性を保っています。そして、介護業界の方が開催する勉強会に参加して、名刺やチラシをお渡ししています。色合いや字体に特徴を持たせていることから覚えてくれる確率が高いようです。結果として、勉強会で名刺をお渡しした方からご紹介を受けることができています。

また、ホームページ経由で税理士変更を行っていただいた介護事業所の方にどんな単語を使ってインターネット検索したのか聞いたところ、「介護＋税理士」という回答をいただきました。検索してヒットしたホームページをじっくり見て、一度電話してみようと行動を起こされたということです。税理士の変更を考えているお客様は真剣にホームページを見ていらっしゃるようで、自分が納得できなければ、メールや電話までのモーションは起こさないようです。しばらくホームページの更新が行われていないようであれば、一度見直しをお勧めします。

ブログやSNSでの発信も効果的です。介護に限らず時事ネタを発信することが大切です。ブログの内容が良い場合は、大手ポータルサイトのトップニュースに掲載される場合があります。私も以前に、ある大手ポータルサイトのトップページに掲載されたことがありますが、その反響の大きさは今でも忘れられず、今回こうして執筆に至っているのがその証拠です。

私たち税理士が専門家として書いたブログ記事は、信頼のある記事として閲覧されます。そのため、ブログやSNSは忘れずにホームページとリンクしておきます。リンクがあれば、記事は誰が書いたのかと興味をもって自事務所のホームページに来てもらえます。インターネットにあがった情報は、将来にわたって何度でも見てもらえる可能性があります。ブログもSNSもホームページも24時間発信している営業マンであり、有効に活用することでお金のかからない集客が可能です。

これまでにブログのような情報発信や特徴のあるホームページを利用し

てこなかった会計事務所であっても、これから始めれば良く、手遅れということはありません。積極的に情報発信を行うことで、他の会計事務所との差別化が簡単にできます。さあ、一緒に介護事業所の経営サポートを行いませんか？

参考資料

知っておきたい介護用語集

用語	内容
あ	
按分処理	複数のサービスに係る費用の場合、一定の按分割合に基づいて各サービスに配賦します。この配賦のことを按分処理といいます。1つの建物で複数の介護サービスを実施している場合の水道光熱費や事務費、1人の職員が複数の管理者を兼務している場合の人件費は按分処理が必要になります。按分処理しなければ、正しい損益計算ができなくなります。
嚥下（えんげ）	嚥下とは、食べ物を飲み込むことです。高齢者がお餅を詰まらせやすいのは、飲み込みがうまくできなくなるからです。また、誤って飲み込んで気道に食べ物が入ってしまうこともあります。
か	
介護職員処遇改善加算	平成24年3月まで介護職員処遇改善交付金として介護職員1人当たり月額1.5万円を交付されていたものが、平成24年4月から介護職員処遇改善加算として介護報酬に組み込まれました。全額を介護職員に給与として支払うことが求められます。介護職員は、常勤、非常勤、派遣職員に関わらず対象とされ、処遇改善により支払われた法定福利費についても介護職員処遇改善加算にすることができます。
介護職員等特定処遇改善加算	介護職員処遇改善加算の2階建て部分として令和元年10月にスタートした新たな処遇改善加算です。ベテラン介護職員のさらなる定着率の向上を目指し、賃金を全産業の平均年収440万円へ引き上げるための取り組みとして始まりました。対象者はベテラン介護職員、ベテランを除いた介護職員、介護職員以外の職員となります。
疥癬（かいせん）	疥癬とは、ヒゼンダニが皮膚の最外層である角質層に寄生し、人から人へ感染する疾患です。介護事業所の場合は、介護職員が媒介して他の利用者や職員にうつしてしまいます。感染するとかゆみが出ます。飲み薬や塗り薬で治療します。
介福（かいふく）	介護福祉士のことです。介護福祉士とは、社会福祉士及び介護福祉士法により定められた介護・福祉分野の国家資格です。介護サービスによっては、介護福祉士が一定割合以上勤務する場合に加算（例：サービス提供体制強化加算）を請求できます。そのため、ヘルパー資格よりも好条件で採用されます。
加算	基本報酬のほかに、事業所の努力によって得られるプラスアル

	ファの報酬です。介護サービスの種類ごとに規定されています。例えば、デイサービスでは、介護福祉士が一定割合以上勤務する場合のサービス提供体制強化加算、特別養護老人ホームでは、看護師を人員配置基準より多く配置する場合の看護体制加算、介護サービス共通の介護職員の給与を上げるための介護職員処遇改善加算等があります。
臥床（がしょう）	臥床とは、横たわることをいいます。寝ることと考えれば良いでしょう。介護記録では、「〇時に臥床」と記載されます。似た言葉で就寝があります。臥床と就寝を区別して使う場合、同じ意味で使う場合と事業所によって異なりますので、耳にした時に確認してみることで理解が深まると思います。
監査対策	介護事業所は、都道府県や市町村から数年に一度実地指導を受けることになっています。当日書類が整っていない場合、行政指導が行われるため、書類の整備を行います。また、必要に応じて当日のロールプレイングを行うこともあります。こういった一連の準備を監査対策といいます。
管理者	介護事業所のトップである施設長や責任者のことです。法令により、特別養護老人ホームのトップは施設長となります。その他、介護老人保健施設、介護療養型医療施設、在宅介護サービスの場合は、それぞれの法令で管理者としています。なお、実際に使用する呼称は事業所が独自に決められますので、例えば、センター長と呼んでも構いません。そのため、必ず名刺で確認しておくことが良いと思います。オーナーや理事が管理者を兼務している場合があるため、より上級の役職でお呼びしたほうが良いこともあります。気になるようでしたら、初対面のうちにその方か周りの職員に聞いておくことをお勧めします。
記録	介護事業所では様々な書類を整備しており、それを作成することをいいます。介護記録、看護記録、機能訓練記録、生活相談記録のように職種で作成するものの他に、身体拘束の記録、苦情の記録、事故の記録のような事業所の記録もあります。紙の記録が多い状況のため、ICT の導入が求められています。
ケアマネ（ケアマネジャー）	介護支援専門員のことです。ケアマネージャーと表記されている場合もありますが誤りですので正しく発言・表記してください。介護保険上も介護業界でもケアマネジャーと呼びます。「ケアマネージャー」と呼んだり書いたりすると、「この人は介護のことを知らない人だ」と思われてしまいますので注意してください。ケアマネジャーは、利用者やその家族から相談を受けたり、ケアプランを作成したりします。そのほか、関係諸機関との連絡や調整を行います。
経理規程	社会福祉法人が備え付けている経理に関するルールです。厚生

	労働省でひな形が用意されています。経理規程で注意してみておきたいのが、小口現金の限度額、利用料等を現金で受け取った場合の金庫で保管できる日数、月次収支計算書の理事長への報告期限等です。厳格に規定しているにも関わらず、実行できていないケースが散見されます。必要に応じて、できる範囲まで規定を緩和する提案も必要です。できないままの規定で運用していて、実地指導の際に指摘を受けてしまうのは大変残念です。
経理区分	サービス区分のことです。介護保険のサービスは、経理区分としてそれぞれのサービスを区分して経理することが原則となっています。区分できていないと実地指導で指摘されるばかりではなく、1つ1つの介護サービスが事業として成り立っているのかさえも判断できません。
減算	基本報酬の他に、何らかの理由によって自ら報酬を下げることをいいます。原因としては、定員を超過して介護サービスを提供したり適切な職員が配置できなかった場合などがあり、自主的に報酬を減らして対応します。ただし、「自主的」だからと減算の申出を怠ると、実地指導で指摘を受けた場合に、報酬の返還に加えて指定取消等の大きなペナルティに発展する可能性もあります。正直に行うことが望ましいです。
誤嚥（ごえん）	食べ物や飲み物を誤って飲み込んでしまい、気道に入れてしまうことをいいます。私たちは、飲み込みがうまくできなかった場合は、せきこみ、むせるといった反射行動で気道に入らないように対応できますが、高齢者の場合はそういった反射行動が起きずに気道に入ってしまうことがあります。この場合、誤嚥性肺炎という病気になって、亡くなることもあります。
国保連（こくほれん）	正式名称は、国民健康保険団体連合会です。介護事業所が介護報酬を請求する先です。市区町村等保険者の代理でレセプトの審査や支払い業務を行います。また、苦情処理の窓口を設けて介護保険利用者からの苦情や相談を受け付けています。なお、国保連は各都道府県に1つずつある公団体です。東京都の場合は、東京都国民健康保険団体連合会といい、千代田区飯田橋にあります。
さ	
在宅療養支援診療所	自宅に往診してくれる診療所です。24時間365日体制となっており、夜間でも診療所の職員と連絡がとれるようになっています。緊急時には、他の医療機関と連携して対応できるため、その地域で主たる責任を持って診療にあたる診療所となっています。

サ責（させき）	サービス提供責任者のことです。 訪問介護事業所で、訪問介護サービスの実施計画を立て、訪問介護員を指導・管理する職種です。サービス提供責任者となるための資格要件として、介護福祉士、実務者研修修了者、（旧課程）ホームヘルパー1級課程修了者のいずれかを満たしていることが求められています。なお、訪問介護事業所には1名以上のサービス提供責任者の配置が義務付けられています。
施設長	特別養護老人ホームの管理者のことです。介護老人保健施設や介護療養型医療施設の場合は、法令上は管理者ですが、便宜上、施設長と呼ぶことが多いようです。また、特別養護老人ホームで複数の介護サービスを展開している場合は、1人の施設長が他の管理者を兼務することが多いです。そのため、特別養護老人ホーム以外の所属の職員であっても一括りで施設長と呼んでいるようです。
市町村特別給付事業	介護保険法第62条で定められた、市町村が独自に行える事業で、要介護状態の軽減若しくは悪化の防止または要介護状態となることの予防に資する保険給付として市町村が条例で定める保険給付のことをいいます。一般的には横出しサービスと呼ばれます。サービスとして代表的なものは、紙おむつ支給、寝具乾燥サービス、移送サービス、配食サービス、見守りサービス等があります。
実地監査	実地指導が行われて重大な不正が見つかった場合、指導から監査に切り替わります。監査となると行政処分となるため、指定取消など重い処分となることもあります。また、通報などにより虐待等が行われている恐れがあると考えられる場合は予告なく監査が行われます。
実地指導	社会福祉法人指導監査とは、社会福祉法第56条第1項及び第70条の規定に基づいて所轄監督庁が社会福祉法人に対して実際に赴いて行う実地の指導及び監査です。社会福祉法人が、遵守すべき事項を守って運営しているかの実態調査です。所轄監督庁とは、都道府県や市区町村です。この実地指導は3年に一度といわれていますが、介護事業所数が増加したために対応できていない状況のようです。この実地指導のほかに集団指導というものがあり、都道府県や市区町村が1つの部屋に介護事業所の責任者を集めて注意喚起をするというものもあります。また、書面調査というものもあります。これは、紙面や表計算ソフト上の質問事項に答え、それを所轄監督庁へ郵送やメール添付で返送するというものです。上記の規定の他に、老人福祉法第18条第1項及び第2項、介護保険法第23条または第24条第1項の規定により、社会福祉法人以外の法人についても行われます。

社会福祉充実残額	社会福祉法人が保有する財産のうち、事業継続に必要な財産（控除対象財産）を控除した後の財産です。社会福祉充実残額が生じる場合には、法人が策定する社会福祉充実計画に基づき、既存事業の充実や新たな取り組みに有効活用する仕組みを構築しなければいけません。
社会福祉制度改革	平成 28 年 3 月 31 日に可決・成立・公布された社会福祉法等の一部を改正する法律に基づいて行われる社会福祉法人の経営組織のガバナンスの強化、事業運営の透明性の向上等の改革のことです。評議員会の設置義務化、評議員の理事や職員の兼務の禁止など内部統制と法人内部の情報公開が強化されました。
社福（しゃふく）	社会福祉法人のことです。社会福祉法により、社会福祉事業を行うことを目的として、設立される法人です。特別養護老人ホームを経営できる唯一の民間団体です。一方で公益性の高い法人であるため税金の優遇や手厚い補助金を受けることがあります。都道府県や市区町村に 1 つずつある社会福祉協議会も社会福祉法人です。
褥瘡（じょくそう）	床ずれともいいます。長い間同じ姿勢でいる場合に体重で圧迫されている部位の血流が悪くなって、皮膚の一部が赤くなったり、ただれたりしてしまいます。寝たきり状態等となると自分で体位変換ができないため、定期的に体の位置を入れ替えて褥瘡予防を行います。
自立支援	自立とは、人に頼らず自分で考えたり行動したりすることです。高齢者に限らず、身体や精神の老いや障害等により 1 人でできないことが出てきます。この場合、できないところだけを支援してあげて、その他の部分はその方に自分で行ってもらうことで自立につなげるという考え方です。なんでもやってあげるという介護過多、支援過多にならないように距離を保って接することが実は難しいことです。
送迎	通所系のサービスを利用する場合に、自宅と介護事業所の片道や往復を自動車で送り迎えすることです。送迎にかかる報酬は、基本報酬に含まれています。利用者によっては歩いて通所される方もいらっしゃいます。その場合、送迎なし減算として報酬が少なくなります。例えばデイサービスの片道の送迎減算は 47 単位（およそ 470 円）です。
総合事業	正式名称は、介護予防・日常生活支援総合事業です。市町村が中心となって、地域の実情に応じて、住民等の多様な主体が参画し、多様なサービスを充実することにより、地域の支え合いの体制づくりを推進し、要支援者等に対する効果的かつ効率的な支援等を可能とすることを目指すものです。

相談員（生活相談員、ソーシャルワーカー）	利用者やその家族に対して相談援助を行う職種です。また、利用者やその家族と介護職員等との間に入って調整を行います。この職種に就くには、社会福祉士や社会福祉主事任用資格が必要ですが、同等以上の能力を有すると認められる者でも就くことができます。
ソフト食	一般の方が食べる食事の形態を普通食といい、嚥下（飲み込むこと）や咀嚼（噛むこと）が難しい方に対しては、食材を刻んだり、ミキサーにかけて流動化したりと食べやすい形状にします。しかし、刻んでしまうと食べ物がぼろぼろになって食欲が湧かなかったり、流動化してしまうと飲むことになり食べた感じがしなかったりと、食事とならない場合があります。そのため、見た目はその食材そのままのようにゼリー状で復元し、一方で舌でつぶせるような柔らかさを保った食事をソフト食といいます。
た	
地域包括ケアシステム	高齢者の尊厳の保持と自立生活の支援の目的のもと、可能な限り住み慣れた地域で、自分らしい暮らしを人生の最期まで続けることができるように、地域にある様々なサービスや人々の協力を得てできる、包括的な支援・サービス提供体制のことをいいます。医療と介護の連携も地域包括ケアシステムの一部です。
定款	事業会社と同様に社会福祉法人にも定款があります。社会福祉法人の場合は、厚生労働省からモデル定款が発表されており、基本的にはこのモデル定款が使用されています。定款に記載されていない事業は原則として行えないため、新たに介護サービスを開始する時、介護保険で介護サービス名が変更となった時等は忘れずに定款も変更してください。
伝送	介護事業所が毎月 10 日までに前月のサービスに係る報酬を国保連に請求しますが、そのレセプトの送信がインターネットを介して行うため、伝送といわれています。この伝送方法は、介護保険制度創設時からありましたが、当時はそのシステムが信用できないといって、レセプトデータをフロッピーディスクにコピーして、国保連に持参するという事業所もありました。笑い話の 1 つです。
な	
日誌	利用者の生活や利用の様子を書き込んだ記録です。利用者一人ずつの記録となっていて、勤務に入る前に読んで、利用者の状況を把握します。熱がある、血圧が高い、食欲がない、トイレ

	の回数等の情報は介護サービスを提供する上で重要です。また、病気の場合にもそれまでの生活記録として参照されます。利用者の家族によっては、普段どのように過ごしているか質問してくる場合もあるので、この日誌を使って説明します。
は	
評議員会	平成29年4月1日以降必置機関となった議決機関です。評議員は、社会福祉法人に関係しない者に限定されています。ところが、評議員には、社会福祉法人の適正な運営に関して識見を有する者としてふさわしい人を選ぶとなっているため、人選が大変になりました。実際には、地域の福祉ニーズに通じている人（地域にある福祉施設の関係者や民生委員）、法律や経営に明るい人（弁護士や税理士、コンサルタント等）が選任されているようです。
福祉サービス第三者評価	福祉サービスの評価を専門とする業者が、介護事業所の利用者やその家族、職員などに対して、書面アンケートや対面インタビューを通じて、サービスの質を評価し、また、課題を見つけより良い事業所となるように支援します。評価結果は、インターネットで公表されます。
福祉自動車	介護事業で使用される自動車の多くは福祉車両に改造されています。代表的なタイプであるワンボックスの場合は、車いす用リフトが備え付けられています。リフトを地上に下ろして車いすごとリフトに乗り、車の中へ移動します。また、軽自動車の場合は車高が低いため、スロープを出して車いすごと乗りこみます。乗用車タイプは、助手席や後部座席のシートが動きながら90度回転して、車外まで突き出て乗降できるようになります。この場合は、車いすから自動車のシートの移乗が必要です。
訪看（ほうかん）	訪問看護の略称で、訪問介護事業所のことです。医療系の介護保険サービスです。看護師等が自宅に訪問して利用者の療養生活のケアや診療の補助を行います。介護保険のほかに医療保険の訪問看護が行えます。自費での訪問看護も利用可能で、介護保険の枠を超えて利用する終末ケアを行う場合等に利用されます。
ま	
ミキサー食	嚥下や咀嚼が難しく普通食を召し上がれない方に対して提供される食事の形態をいいます。食材ごとにミキサーにかけて流動化させます。ペースト食ともいいます。形がないため元が何かわからなく、色だけの違いになるので、食欲が湧きにくいことがあります。

や	
ユニット型個室と 従来型多床室	特別養護老人ホームはユニット型特養と従来型特養に区別されます。ユニット型特養は全室が個室となりこれをユニット型個室といいます。プライバシーが守られ、自宅で使用していた家具が持ち込めるので自分の部屋と考えることができます。一方で従来型特養には、従来型個室と従来型多床室があります。従来型個室はユニット型個室と比較して居室面積は狭いですが、自分の部屋と考えることができます。従来型多床室は、多くは4人部屋で、間仕切りはカーテンや可動式の家具が使われるためプライバシーの問題があります。
ら	
理事会	理事会は、理事と監事で構成される業務執行を決定する機関です。監事は理事の業務執行について監督します。理事長または業務執行理事が、3か月に1回以上、自己の職務の執行状況を報告しなければならない定めがあるので、理事会は年4回以上開催することになります（定款で4か月を超える間隔で年2回以上とすることも可能です。3月、5月～6月の他に9月～10月に中間の理事会を開催する法人が多いようです。）。
良眠（りょうみん）	よく眠れていることです。少なくとも眠りにはいってから1時間以上経過した後に巡回した際に起きてしまうことがなく眠り続けていれば、良眠と判断できます。良眠の確認は夜間が多いので、1人勤務の時は利用者の方がよく眠っているのを見るとほっとします。
レセプト	介護報酬を請求するために作成されるサービスの実績表です。介護保険請求ソフトで作成します。各介護サービスで様式が分けられていますが、クライアントの提供する介護サービスのレセプトだけ理解できれば良いと思います。税理士としては、レセプトを1枚ずつ確認することはなく、介護サービスごとの報酬、利用料、日常生活サービス費等の合計額を確認して伝票を作成します。

著者プロフィール

藤尾 智之（ふじお ともゆき）

税理士・介護福祉経営士

1996年、法政大学経済学部卒業。

2000年、社会福祉法人親の家に入職し、特別養護老人ホームの事務長として会計、給与計算、人事労務、総務、感染症予防、建物営繕に従事する一方で、法人事務局として理事会や評議員会の運営も行う。事務職でも介護はできたほうが良いと考え、率先してヘルパー2級を取得。その他、法人併設の訪問介護事業所管理者も務める。

2011年に税理士試験に合格し、大手税理士法人を経て藤尾真理子税理士事務所に入所、2020年1月にさすがや税理士法人を設立し現在に至る。介護分野、障害分野を中心とした社会福祉事業に特化した経営サポートを展開している。現在は、社会福祉法人の理事や監事、相談役を務め、法人内部から経営指導を行っている。

サービス・インフォメーション

―― 通話無料 ――

①商品に関するご照会・お申込みのご依頼
　　　　　TEL 0120 (203) 694／FAX 0120 (302) 640
②ご住所・ご名義等各種変更のご連絡
　　　　　TEL 0120 (203) 696／FAX 0120 (202) 974
③請求・お支払いに関するご照会・ご要望
　　　　　TEL 0120 (203) 695／FAX 0120 (202) 973

●フリーダイヤル（TEL）の受付時間は、土・日・祝日を除く
　9：00〜17：30です。
●FAXは24時間受け付けておりますので、あわせてご利用ください。

改訂版　税理士のための
介護事業所の会計・税務・経営サポート

2021年7月5日　初版発行

著　者　　藤　尾　智　之

発行者　　田　中　英　弥

発行所　　第一法規株式会社
　　　　　〒107-8560　東京都港区南青山2-11-17
　　　　　ホームページ　https://www.daiichihoki.co.jp/

税介護事業所改　ISBN 978-4-474-07550-4　C2033（7）